エヴェレストより高い山

登山をめぐる12の話

ジョン・クラカワー
森　雄二／訳

朝日文庫

本書は2000年５月、小社より刊行されたものです。

エヴェレストより高い山　目次

図版作成　谷口正孝

エヴェレストより高い山——登山をめぐる12の話

世界でもっとも古く、もっとも広く流布した物語は、冒険の物語である。それは、命の危険を冒して神話の国に旅し、異界の話を持ちかえる人間の英雄の物語だ。……語りの芸術そのものが、冒険を語る必要から生まれたと言えるかもしれない。つまり恐ろしい遭遇に生命を賭する人間こそ、元来語るに値するものなのである。

ポール・ツヴァイク『冒険者』

危険を冒すということは、その人間が無能であり、事態が何かしらうまく行っていないことを示している。冒険というのは――とくにそれを経験しなかった人間にとっては――あとで振り返ってみれば充分面白いものだ。だがその場にいる者には、通常それは、恐ろしく不愉快な経験である。

ヴィルヤウマー・ステファンソン『エスキモーとの生活』

アイガーの夢

映画『アイガー・サンクション』の前半部で、クリント・イーストウッドは次の暗殺指令を受けるために薄暗いC2本部を奥へと進んでいく。CIAとおぼしきこの組織のボスであるアルビノの狡猾な男、ドラゴンが彼に言う。「ターゲットの名はまだつかんでいない。わかっているのは、やつがこの夏アルプスで山に登るということ。登ろうとしている山もわかってる。アイガーだ」

クリント・イーストウッドはターゲットが登るルートをあっさりと言い当てる――「北壁だ、それしかない」――彼はその問題の岩壁をよく知っている。「あの壁には二度アタックした。そして、二度とも死にかけた……。もしターゲットがアイガーをやろうとしてるなら、おれが手を下すまでもない」

アイガー北壁登攀《とうはん》の問題点は、二〇〇〇メートルに及ぶ石灰岩とブラック・アイスの垂直の壁の突破に加えて、数ある恐ろしい神話を乗り越えなければならないことにある。どんなルートであれ、一番難しいのは肉体の動作ではなく心の動き、つまり恐怖心をコントロールする心理的運動なのである。そして、アイガーの放つ不気味なオーラの前では誰もが心の平静を失ってしまうのだ。北壁《ノルトヴアント》で起きた数々の恐ろしい伝説的な事件は、新聞や雑誌が書き立てた二千を超す記事のおかげで、その細部に至るまで世界中の人々の集合的無意識に刻み込まれている。『アイガー――死の壁』といったタイトルがついた本のカバーを見ただけで、私たちの頭にはこんな文章が浮かんでくる。

「北壁は数百人を撃退し、四十四人もの命を奪った……墜落者は――ときには何年も経ってから――干からび、手足をもぎとられた姿で発見された。あるイタリア人登山家の死体は、ロープにぶら下がったまま、人の手の届かない場所で、三年ものあいだ不気味な姿をさらしていた。あるときは壁を覆う氷に封印され、またあるときは夏の風に揺られながら」

クリント・イーストウッドはさておき、この山の歴史はブール、ボナッティ、メスナー、レビュファ、テレイ、ハストン、ハーリンといった英雄的な登山家たちの苦闘に彩られている。北壁登攀史の里程標とも言えるさまざまな個所の名称――〈ヒンターシュトイサー・トラヴァース〉〈氷の管〉〈死のビバーク〉〈白い蜘蛛〉――は、東は東京から西はブエノスアイレスまで世界中からやって来る実践的アルピニストにとっても、また下から眺めるだけの登山家にとっても、非常になじみ深いものとなっている。それらの名を口にしただけで登山家の手には冷たい汗が滲み出る。壁の上を絶え間なく落ちてくる落石や雪崩は北壁の名物である。アイガーの厳しい天候もまた有名だ。たとえ、ヨーロッパ中の空に雲ひとつなくとも、ここアイガーには激しい嵐が吹き荒れている。ドラキュラ映画の舞台となるトランシルヴァニアの城の上にいつでも暗雲がかかっているように。

言うまでもなく、こういう厳しい条件があるからこそ、アイガー北壁は世界中の登山家たちの征服意欲を搔き立ててやまないのである。

北壁が初めて登られたのは一九三八年のことだが、以来、百五十を超えるパーティが登攀に成功している。中には、一九八三年にわずか五時間半で単独登攀をなしとげた者すらいる。だからと言って、米国空軍軍曹カルロス・J・ラゴーンに、アイガーは観光登山になったなどと言ってはいけない。昨秋、マーク・トワイトと私は、ホテルやレストランが軒を連ねるアイガーの麓の町クライネ・シャイデックを見下ろす場所にテントを張っていた。そこへ、ぱんぱんに膨らんだザックを背負ったラゴーンがふらりとやって来たのだ。北壁を登りに来たと言う。話をするうちに、彼がイギリスにあるアメリカ空軍基地からの無許可外出者であることがわかった。部隊長はラゴーンがアイガーに登ろうとしていることを知ると、彼の外出申請を受理しなかった。にもかかわらず、ラゴーンは隊を離れた。「この山をやることで、降級させられるだろう」と彼は言った。「空母に攀《よ》じ登れば昇進できるんだろうけどな」。不幸にしてラゴーンは航空母艦には登らなかった。

一八六四年以降、スイスの気象観測簿には、九月はもっとも降水量の多い月と記されて

アイガー周辺

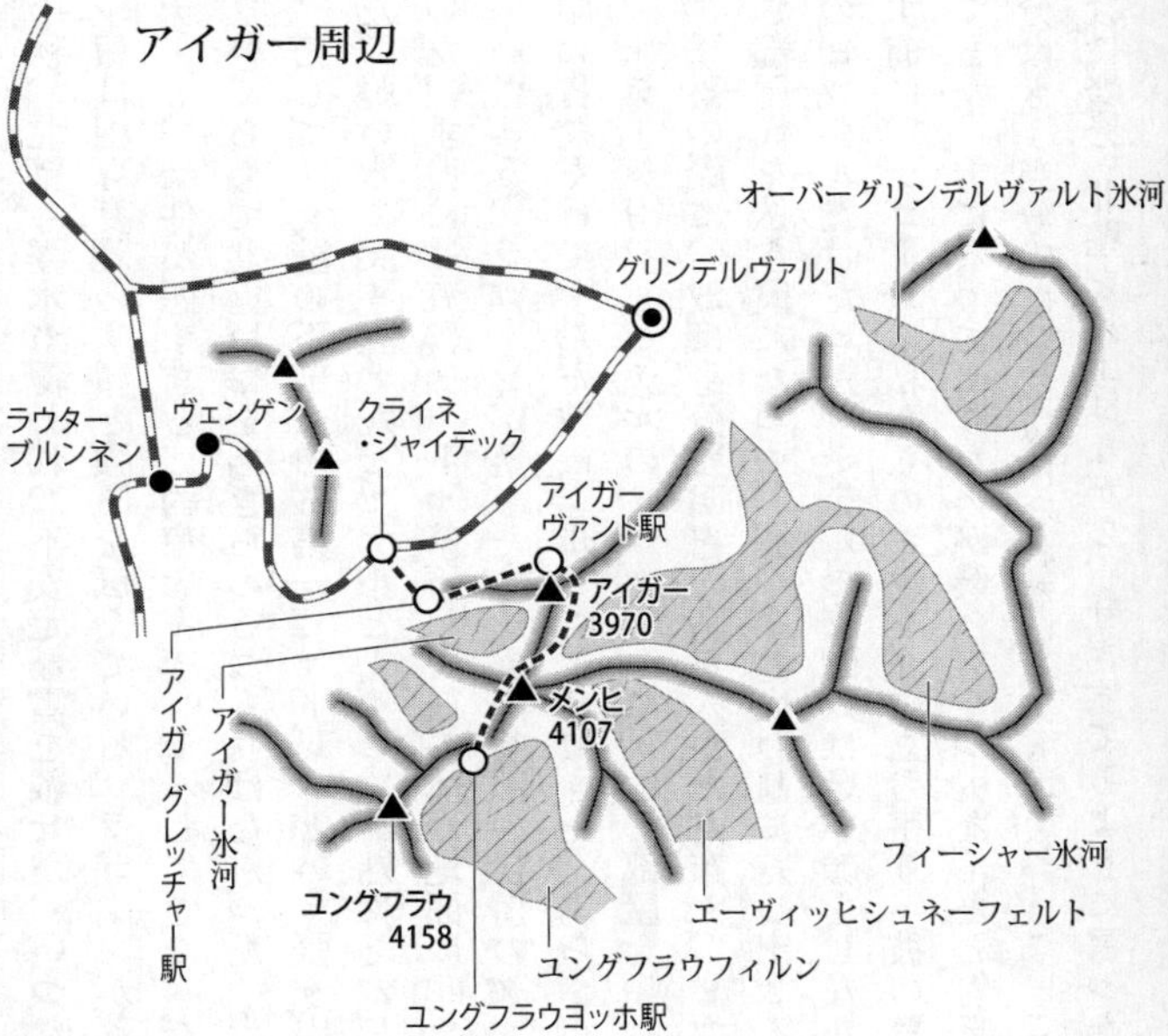

オーバーグリンデルヴァルト氷河
グリンデルヴァルト
ラウター
ブルンネン
ヴェンゲン
クライネ
・シャイデック
アイガー
ヴァント駅
アイガー
3970
メンヒ
4107
アイガーグレッチャー駅
アイガー氷河
ユングフラウ
4158
ユングフラウヨッホ駅
ユングフラウフィルン
エーヴィッヒシュネーフェルト
フィーシャー氷河

いる。そしてこの秋、北壁も霧氷で覆われ、不安定な雪を載せた、いつにも増して悪い状態だった。天気予報は相も変わらず雪と強風を伝えている。ラゴーンが落ち合うはずだったニ人のパートナーも、条件が悪すぎると約束をキャンセルしてきた。だが、ラゴーンはパートナーがいないぐらいで北壁登攀をあきらめるつもりはなかった。十月三日、彼は一人で登り始めた。そして、北壁の下部にある第一バットレスという張り出した岩の最上部で、ミスを犯した。脆い氷に突き立てたピッケルとアイゼンが外れたのだ。気づいたときには空を飛んでいた。垂直に一五〇メートル落下し、彼の体は地面に叩きつけられた。

奇跡と言っていいだろう、ラゴーンが落ちたのは壁の基部の粉雪のクッションの上だった。擦過傷と背中の打撲だけですんだ彼は、歩いて戻ってきた。ふらふらしながらブリザードの中を抜け、ステーション・ホテルのビュッフェに入って部屋を頼み、二階へ上がって眠りに落ちた。墜落の際に、彼は身分証明書と金が入った財布と、ピッケルを一本なくした。翌朝、いざ部屋代を払う段になって、彼が金の代わりに差し出せるものといえば、残ったもう一本のピッケルだけだった。ホテルの支配人はいい顔をしなかった。シャイデックから逃げ出す前に、ラゴーンは私たちのキャンプに立ち寄り、彼の登山用具を買わないかと持ちかけてきた。力になってやりたいが僕らも空《から》っ尻《けつ》なんだと答えると、ただでくれると言う。自分はもう当分山に登る気になれないだろうから、と。「こいつはとんでもない山だよ」、彼は最後に北壁を見上げながら、吐きすてるように言った。そして、足を引きずりながら、怒り狂った部隊長の待つイギリスに向けて雪の中へと消えていった。

ラゴーンと同じく、マークと私も北壁登攀のためにはるばるスイスまでやって来ていた。マークは私より八歳年下で、左耳にピアスを二つつけ、パンクロックの歌手みたいに髪を紫色に染めていた。彼はまた、熱狂的なクライマーでもあった。私とマークのちがいは、マークがいまアイガー北壁登攀に大いなる闘志を燃やしているのに対して、私はかつてアイガー北壁登攀に大いなる闘志を燃やしていたという点だ。マークぐらいの年頃には、下垂体が恐怖心という微妙な感情を遮断するホルモンを過剰に分泌するらしい。その結果、命がけの登攀を快楽と混同する傾向がある。私は親切めかして北壁の登りがいのあるピッチはすべて彼にリードを任せる腹だった。

ラゴーンとちがい、マークと私は壁の状態が良くなるまで登るつもりはなかった。北壁全体は凹状にえぐれたような形をしているから、雪が降れば雪崩を避ける場所がない。夏の北壁を登るには、順調に運んだとしても、熟練したパーティで二日か三日かかるのが普通だ。秋には、日も短く、氷結個所も増えるので、三、四日はかかる。いまアイガーを登って降りてくるには、不測の事態が起きなかったとして、好天が最低四日間続くことが必要だと私たちは考えていた。一日目は新雪が落ち尽くすのを待ち、続く三日で北壁を登り、西の斜面を下るというわけだ。

シャイデックに滞在中、私たちは毎朝テントから這い出すと、雪の吹きだまりを踏み分けて駅へ行き、ジュネーヴやチューリッヒに電話して今後四日間の天気予報を訊いた。来る日も来る日も返ってくることばは同じだった。不安定な天気が続き、平野部は雨、山岳部は雪が降るでしょう。悪態をつきながら待つ以外、できることは何もなかった。待つというのは実にいやなことだ。退屈な日々にはアイガーの神話が特に重くのしかかってきて、余計なことをあれこれと考えずにはいられなかった。

ある日の午後、私たちは気晴らしにユングフラウヨッホへ登る登山電車に乗り込んだ。クライネ・シャイデックからアイガー――ユングフラウ山群の鞍部まで登るラックレールの鉄道（歯形軌条と車両につけた歯車を嚙み合わせて急勾配を登る列車）だ。だが、これがまちがいだった。鉄道は一九一二年にアイガーの脇腹にあけたトンネルを進んでいく。トンネルの中ほどに中間駅（アイガーヴァント駅）があり、そこには垂直の北壁の内側から外を望むことのできる大窓が並んでいる。

窓からの眺めは目も眩むほどで、窓際には嘔吐袋――飛行機の座席のポケットに入っている例のやつ――が用意されている。窓ガラスのすぐ向こうで雲が渦を巻き、下を見ると、北壁の黒い断崖がオーバーハングした岩肌に氷柱をぶら下げ、霧氷に覆われて、靄の中へと吸い込まれるように消えていた。小さな雪崩が軽やかな音を立て落ちていく。もし、登ろうとしているルートがいま眼下にある光景と似かよった場所なら、私たちが深刻な事態に陥るのは火を見るより明らかだ。こんな場所を登るのは、不可能とは言わないまでも、命がけであることにまちがいない。

アイガーの上にいると、実物に圧倒されて、想像の産物はかすんでしまう。アイガーヴァント駅は私がここ数年繰り返し見ている夢とどことなく似ていた。夢の中で私は猛吹雪の中、永久に続く断崖を必死で登っている。と、岩壁にドアを見つける。そのドアは暖炉のある暖かい部屋へと続いている。テーブルの上には湯気の立つ食べ物が並んでいて、ふかふかのベッドも用意されている。そして、夢ではいつも、そのドアには鍵がかかっているのだ。

実は、大きな窓がついた中間駅からトンネルを四〇〇メートルばかり下ったところに、ほんとうに木製の小さなドアがあり――そのドアには鍵はかかっていない――それを開けると北壁へ出られるのだ。北壁のノーマル・ルートはそのすぐそばを通っており、このドアを使って猛吹雪から逃れた登山家はひとりやふたりではない。

だが、こういった退避路はそれ自体が危険を招くこともある。一九八一年、アメリカの名立たるクライマー、マグズ・スタンプは吹雪のせいで北壁単独登攀の中止を余儀なくされた。そして、このドアを使ってトンネルへ入ってきて、一・五キロほど先にある出口に向けて歩き出した。ところが、太陽の光を目にする前に、彼は線路を登ってくる列車と出くわした。アイガーの内部はトンネル掘りには相当の苦労を要する硬く黒い石灰岩だ。そのため、工事の際に予定の幅までトンネルを広げることができなかった。スタンプは列車と側壁の隙間が三〇センチかそこらしかないことにすぐ気づいた。スイスの鉄道は定刻どおりの運行を誇っている。その列車の機関士も、間の抜けた登山家が線路を歩いているからといって、簡単に列車のダイヤを乱す気などなさそうだった。スタンプにできることと言えば、息を吸って腹を引っ込め、側壁に頭を押しつけて、岩にぺったりとへばりつくことだけだった。結局、彼は列車をやり過ごして生還した。だが、それは彼が山の表面で体験したどのピンチにも増して恐ろしい事件だった。

天気の回復を待ち続けて三週目に入ったとき、マークと私は雪から逃れて気晴らしをするために、列車に乗ってヴェンゲンとラウターブルンネンへ降りて行った。名所をまわり、土地のビール、ルーゲンブロイを飲んで楽しい一日を過ごしたまでは良かったが、シャイデックへの最終列車に乗り遅れ、テントまでの長い道のりを歩いて帰るはめになった。マークは暗くなる前にテントに着きたいからと、猛烈な勢いでヴェンゲンをあとにしたが、私は、雪深いアイガーの山陰に帰るのにわざわざ急ぐこともあるまい、あと一、二杯ビールをひっかけてから出かければハイキングもいくらか楽しいものになるだろう、と考えた。

私がヴェンゲンを発つ頃には日はすっかり落ちていた。オーバーラントの山道は険しかったが（スイス人は山道をジグザグに作ろうとは考えもしないようだ）、道幅は広く、整備されていて迷うことはなかった。が、それ以上にありがたかったのは、その道には、マークと私が一週間前の雨の夜にグリンデルヴァルトからシャイデックへ歩く途中で（このときも列車に乗り遅れた）出くわしたような帯電ゲートがひとつもないことだった。帯電ゲートは牛が山に入り込むのを防ぐためのものだが、闇の中、ビールを飲んだ目にはゲートはまったく見えない。そしてそれは、身長一八〇センチの男の腰のベルトの下、きっかり一五センチのところにあるきわめて敏感な部分に一撃を食らわし、その上、ずぶ濡れのナイキを履いた足に、まだ犯していない罪まで懺悔したくなるほどの強い電流を流し込むのだ。

ヴェンゲンからの帰途は順調だった。だが、高木限界まで登ったとき、ボーイング747のスロットルレバーを全開にしたような轟音が断続的に聞こえ始めた。そして、ラウバーホルンの肩をまわりヴェンゲンアルプに向かおうとしたその瞬間、最初の突風に襲われた。どこからともなく吹いてきた一陣の風に、私は尻もちをついた。アイガーから吹き降ろすフェーンだった。

ベルナー・オーバーラントのフェーン――南カリフォルニアで周期的に山火事を起こすサンタアナや、ロッキー山脈から轟音とともに吹き降ろすチヌーク風の親戚――は度肝を抜かれるほど強力だ。そしてまた、フェーンは異常なほど陽イオンを大量に含んでいて、それが人を狂わせると考えられている。ジョーン・ディディオンは著書『ベツレヘムに向け、身を屈めて』にこう書いている。「スイスではフェーンが吹くと自殺率が上昇し、スイスのいくつかの州の法廷ではこの風を罪状軽減の事由に加えている」。フェーンはアイガーの伝説によく登場する。乾いた、比較的暖かい風で、アイガーの雪と氷を溶かし、大雪崩を発生させる。一般的には、フェーンが吹き荒れたあとは気温が急激に下がり、危険な硬い薄氷《ベルグラ》が岩壁を覆う。北壁で起きる悲劇はほとんどの場合、元をたどればこのフェーンと密接な関係がある。『アイガー・サンクション』の中で、クリント・イーストウッドが危うく殺《や》られそうになるのもこのフェーンだ。

私には牛の放牧地を通る山道でフェーンをやり過ごすのが精一杯だった。もし、北壁の上でこの風に吹かれたらと思うと体がガタガタ震えた。風のせいで目の中は砂だらけになり、何度も足をすくわれた。強風に襲われるたびに膝をついてひたすら身を低くし、風が弱まるのを待たなければならなかった。そんなふうにして、ようやくシャイデックにたどり着き、ステーション・ホテルのドアを開けてふらふらと中に入ると、そこには強風のせいで行き場を失った鉄道員やコック、メイドやウェイター、そして旅行者がひしめきあっていた。外で荒れ狂っている風は驚くほど躁的なパワーをシャイデックの人々に与えていた。宴は最高潮に達している。ある一角には、ジュークボックスから流れてくる騒々しい音楽に合わせて踊る一団があり。また別の場所には、テーブルの上に立ち、ドイツの祝宴の歌を大声で歌う者がいた。ウェイターに向かってビールやシュナップスを求める声がいたるところで飛び交っていた。

私が騒ぎに加わろうとしたそのとき、マークが血走った目をしてやって来るのが見えた。彼はいきなり言った。「ジョン、テントが飛ばされた！」

「おい、今はテントなんかどうでもいいじゃないか」、私はウェイターに合図を送りながら答えた。「今夜は上に部屋を借りよう、テントは明日の朝張り直せばいい」

「ちがう、ちがう、全然わかってないな。ただ風で潰されたわけじゃないんだ。とんでもないところまで飛ばされてるんだ。黄色いやつは張ってあった場所から五〇メートルくらい離れたところで見つかったが、茶色のほうは消えちまった。探したけど見つからない。もしかしたら、今頃はグリンデルヴァルトまで飛ばされてるかもしれないんだぞ」

テントは丸太やセメントブロック、それに凍った地面にしっかりと埋め込んだアイススクリューに縛り付けてあった。さらに、テントの中には食糧と登山用具を合わせて少なくとも九〇キロの荷物が置かれていた。風で飛ばされるなんて信じられない。だが、ほんとうに飛んでいってしまったのだ。消えたテントのほうには、二人のシュラフと、着替え、そして私の登山靴、ガスコンロとポット、いくらかの食糧などが入っていた。もしそれが見つからなければ、北壁登攀を待ち続けた数週間は無に帰してしまう。私はジャケットのジッパーを上げ、荒れ狂うフェーンの中へ取って返した。

まったくの偶然で、問題のテントは張ってあった場所から四〇〇メートルばかり離れたところで見つかった——風にもみくちゃにされ、グリンデルヴァルトへ向かう線路の真ん中に落ちていた。引き裂かれたナイロンの布地と折れ曲がったポールが複雑に絡み合っていた。さんざん苦労してテントをホテルへ運んだあとで、コンロがあらゆる物の上にブタンガスを撒き散らし、一ダース分の生卵の黄身が服やシュラフにべったりと付いているのに気づいた。だが、テントがシャイデックを転げまわったにもかかわらず、貴重な登山用具は何もなくなっていなかった。私たちはそういったものをすべて部屋の隅に投げ出すと、祝杯をあげに宴に戻った。

その夜、シャイデックの風は時速一七〇キロを記録した。風は私たちのキャンプ地にごみを撒き散らし、土産物屋のテラスにあった大きな望遠鏡を倒し、さらにはトラックほどもあるスキー用のゴンドラを駅の正面の線路まで吹き飛ばした。だが、深夜には突風はおさまって、気温が急激に下がり、翌朝にはフェーンで溶かされた雪に代わって新しい粉雪が三〇センチほど積もっていた。ところがジュネーヴの測候所に電話すると、驚いたことに、二、三日後には天気が回復し、しかもそれはしばらく続くだろうと聞かされた。「おいおい」と私は思った。「ほんとうに登らなきゃならんみたいだな」

少なくともあと五日間は雪は降らないと気象学者が請け合ったとおり、十月八日に太陽が戻ってきた。その朝、私たちはフェーンのあと北壁に積もった雪が落ちるのを待った。

それから、股までもぐる吹きだまりを分けて登攀ルートの取付きまで登り、大急ぎで繕ったテントをそこに張った。早々とシュラフに潜り込んだが、私は恐ろしくて寝たふりさえできなかった。

午前三時、北壁登攀を開始する時間だったが、雨が降っていて、大きな氷塊と岩が次から次へと岩壁を転がり落ちてくる。登攀はひとまず中止だ。私はひそかに胸をなでおろし、寝床に戻ると、たちまち深い眠りに落ちた。午前九時、鳥のさえずりで目が覚めた。空はふたたび晴れ上がっていた。大急ぎで荷物をまとめる。だが、北壁を登り始めたとき、私の胃は一晩中犬に噛まれていたみたいな状態だった。

北壁に登った友人たちからはノーマル・ルートの最初の三分の一は「なんてことはない」と聞かされていた。そうではなかった。少なくとも今の壁のコンディションでは。技術的な困難はほとんどなかったとはいえ、危なっかしい登攀が続いた。降り積もった不安定な粉雪の表面に薄い氷の膜が張っている。ラゴーンが落ちたわけがよくわかった。足元の雪はいつ崩れてもおかしくないように思えた。壁の傾斜がきつい場所では、雪は薄く積もっているだけで、そんなところでピッケルを振るっても雪のすぐ下にある岩に弾かれてしまう。ゆるんだ雪や氷にも、その下にも、どんな確保点も見つからない。そんなわけで、登り始めて最初の六〇〇メートルのあいだ、ロープはザックに入れたまま、二人揃って〝単独登攀〟を続けた。

背中の荷物は邪魔だった。ルート上部を探ろうと上体をうしろに反らすたびに私たちを奈落の底に引きずり込もうとする。必要不可欠なものだけを持ってくるよう努力したのだが、アイガーの脅威の前では無駄な抵抗だった。私たちは吹雪で立ち往生した場合の予備の食糧や燃料、衣類、そして一艘の船を沈ませるほどの登攀具をかつぐはめになった。何を持ち、何を置いていくかを決めるのは難しかった。考えた末、マークはシュラフの代わりに、ウォークマンとお気に入りのカセットテープを二本持っていくことにした。絶望的な状況に陥ったとき、デッド・ケネディーズを聴くと心が安らぎ、アングリー・サモアンズは温かいシュラフにくるまって寝るより価値があるらしい。

午後四時、〈赤い断崖《ローテ・フルー》〉と呼ばれるオーバーハングしたスラブの基部に着くと、ようやく今回の登攀で初めてしっかりとした確保支点が得られた。頭上のオーバーハングした岩は、時折うなりを上げて通り過ぎる未確認落下物体から私たちを守ってくれる。そこで、日没まではあと一時間以上あったが、ビバークすることに決めた。雪の斜面と岩が接するあたりを除雪して細長いプラットホーム状のテラスを作ると、二人の真ん中にコンロを置き、頭をくっつけ合った比較的楽な姿勢で横になることができた。

翌朝は三時に起き、夜の明ける一時間前に小さな岩棚に別れを告げ、ヘッドランプの明かりを頼りに登り始めた。ビバークした地点からロープ一本分登ったあたりで、グレード5・4のピッチをマークがリードし始めた。マークは5・12を登れるクライマーだから、私は彼がぶつぶつと独り言を言い始め、進行が止まったのを見て心配になった。マークは左へ、次いで右へと移動を試みたが、あるはずのホールドはすべて、垂直の壁を覆っている卵の殻ほどに薄く脆い氷の層に隠れていた。マークは薄氷の皮膜の下にある目に見えない石灰岩のでっぱりにアイゼンの爪とピッケルのピックを引っかけて、微妙なバランスを保ちながら、絶望的なくらいゆっくりと、数センチずつ登っていった。五回もスリップしたが、いずれも一メートルばかり落ちただけで自力で止まった。

私の頭上でマークが悪戦苦闘しているうちに二時間が過ぎた。朝日が顔を出した。私はだんだん苛立ってきて、ついに声を張り上げた。「マーク。リードがいやなら、やめてもいいぞ。おれが代わるから」。このはったりは効いた。マークは決意も新たにそのピッチにアタックし、まもなくそこを突破した。私は彼が確保してくれているスタンスまで登ったが、心の中は不安でいっぱいだった。二五メートル登るのに三時間近くを費やしてしまった。北壁の頂までは、トラヴァースも計算に入れて、あと二四〇〇メートル以上登らなければならない。そして、これから先の登攀の多くは、今の二五メートルよりずっと難しいはずだった。

次のピッチは悪名高い〈ヒンターシュトイサー・トラヴァース〉だ。登攀不可能なオーバーハングをいくつか迂回しながら四〇メートル続いており、北壁の上半部にたどり着けるか否かの鍵となるピッチだ。ここは一九三六年にアンドレアス・ヒンターシュトイサーによって初めて突破された。彼は滑りやすいスラブを見事な技術でリードしたが、その上のピッチで三人の仲間と共に嵐につかまり、退却を余儀なくされた。しかし、嵐のせいで岩壁はベルグラで覆われ、クライマーたちはこの微妙なトラヴァースを戻ることができなかった。四人の男はともに非業の死を遂げたのだった。その悲劇が起きてから、クライマーはここを戻る道を確保するために、苦心してでも必ずトラヴァースの壁にロープを残置するようになった。

〈ヒンターシュトイサー・トラヴァース〉のスラブは厚さ五センチの氷で覆われていた。確かに氷は薄かったが、静かにピッケルを刺せば、充分に効く堅さだった。さらに、古く擦り切れてはいるものの、残置されたロープが氷の皮膜からところどころ顔を出していた。アイゼンの前爪を蹴り込んで氷の上を慎重に蟹のように横に進みながら、古いロープがつかめるときはちゃっかりとそれを利用して、私たちはその難所を首尾よく登っていった。〈ヒンターシュトイサー〉を過ぎると、ルートは真っすぐに上に向かう。私が十歳のときから夢にうなされてきた数々の名所——〈燕の巣〉〈第一雪田〉〈氷の管〉——を通って。マークがリードした〈ヒンターシュトイサー〉のすぐ下のピッチほど困難な登攀はなかったが、確保支点はほとんど得られなかった。どちらか一人が滑落すれば、二人揃って地獄へ直行だ。

時間が経つにつれて、張り詰めていた緊張の糸がほぐれていくのを感じた。だが、〈氷の管〉の卵の殻のように脆い垂直の氷壁をリードしているとき、突如として自分がいま置かれている現実に圧倒された。体が宙に投げ出されずにいるのは、うちの冷蔵庫の内部をびっしりと覆っている霜に似た媒介物に数ミリだけ刺さっている二本の薄い金属の突起のおかげなのだ。一〇〇〇メートル以上も下にある大地を見下ろすと、目が眩んであやうく意識を失いかけた。登攀を再開するには、目を閉じて何度も深呼吸を繰り返さなければならなかった。

〈氷の管〉の五〇メートルのピッチを登り詰めると、壁の半分より少し上に位置する〈第二雪田〉の下部に出た。それを登れば、夜をもっとも安全に過ごせると言われている〈死のビバーク〉がある。一九三五年、北壁の最初の挑戦者マックス・ゼードルマイアーとカール・メーリンガーが吹雪の中で息を引き取ったテラスだ。その恐ろしげな名に似合わず、このテラスは北壁でもっとも安全で、もっとも快適なビバークができる場所である。だが、そこにたどり着くには、〈第二雪田〉を斜めに五〇〇メートル以上登り、さらに〈アイロン〉と呼ばれる岩柱の頂点までの複雑な一〇〇メートルを登らなければならない。

午後一時、昨夜の〈赤い断崖〉の下のビバーク地を出てから八時間が経っていたが、その間私たちが登ったのはたったの四〇〇メートルほどだった。〈第二雪田〉はやさしそうに見えたが、そのあとに控える〈アイロン〉にはかなり苦労しそうで、日没までの五時間で六〇〇メートル以上先の〈死のビバーク〉にたどり着くのは到底不可能に思えた。もし、

〈死のビバーク〉に着く前に暗くなったら、岩棚のないところで夜を過ごさなければならなくなる。北壁の中でもひときわ悪名高い、〈白い蜘蛛〉と呼ばれる雪田から降って来る雪崩や落石の危機にさらされた場所で。

「マーク」私は言った。「降りたほうがいい」

「なんだって！」彼は驚いて答えた。「なぜ？」

私は、遅々とした登攀速度、〈死のビバーク〉までの距離、壁の状態の悪さ、気温の上昇による雪崩の危険の増大などを理由に挙げた。話をしているあいだにも、〈蜘蛛〉から小さな雪崩が雪煙を上げて降ってくる。十五分後、不承不承ながらマークも私の意見に同意した。私たちは下降を始めた。

確保支点が得られるところでは、必ず懸垂下降で下り、そうでない場所では、這い降りた。日が沈む頃、〈難しい割れ目〉と呼ばれるピッチの下で、マークがビバークできそうな洞穴を見つけた。その頃には、二人とも撤退を決めてよかったんだろうかと思い始めていた。その晩、私たちはほとんど口をきかなかった。

夜明けに、ふたたび下降を始めると、下の壁から人の声が聞こえた。と、すぐに二人のクライマーが姿を現わした。男女のペアで、私たちが二日前に蹴り込んだステップをものすごい勢いで登ってきた。その流れるように軽快な動きを見れば、彼らがきわめて優秀なクライマーであることは明らかだ。男のほうは、有名なフランス人アルピニスト、クリストフ・プロフィだとわかった。彼は私たちのステップに対して礼を言うと、また二人揃って人間ばなれのしたすばやい動作で〈難しい割れ目〉へと登っていった。

昨日私たちは、壁の状態が良くないという理由で、すっかり怖気《おじけ》づいた。だが、その翌日に、二人のフランス人はまるで日曜の散歩でもしているかのように、同じ壁を軽快に登っていくのだ。私はマークを見やった。彼は今にも泣き出しそうな顔をしていた。そこからは、私たちは別々のルートをたどって神経を擦り減らす下降を続けた。

二時間後、私は北壁の基部の雪の上に降り立った。全身に安堵の波が押し寄せてきた。ついさっきまでこめかみと腸を締めつけていた万力が、ふいに消えてなくなった。やったぜ！　生きて戻れたんだ！　私は雪の上に坐り込み、声を上げて笑い始めた。

マークは数百メートル離れた岩の上に坐っていた。近づいてみると、彼が泣いているのがわかった。歓喜の涙ではなかった。マークにしてみれば、北壁から生きて戻っただけでは成功とは言えないのだ。私はつい口を滑らせた。「おい、あのフランス野郎が成功したら、俺たちもヴェンゲンへ行って食糧を調達して、もう一度挑戦しようぜ」。この私の提案でマークはたちまち元気を取り戻した。そして、私が前言を翻すまもなく、双眼鏡でフランス人クライマーの登攀状況を観察するために、テントへ飛んでいった。

だが、このときようやく、北壁に関する私の運勢は良いほうへと傾いた。クリストフ・

プロフィとパートナーは、私たちが最初にビバークした〈赤い断崖〉の基部まで登りはしたものの、大きな雪崩が近くを通り過ぎるのを見て怖くなり、私たちと同じように引き返してきたのだ。翌日、私はアイガーでの自分のつきがまた変わってしまう前に、故郷へ向かうジェット機に乗り込んだ。

ギル——伝説の男

コロラド州プエブロのすぐ西で、グレート・プレーンズの広大な平原がロッキー山脈の波打つ大地に変わり始める。ヒイラギガシとサボテンのあいだに、風雨にさらされた煉瓦《れんが》のような色と手触りの、高さ五メートルはある一塊の巨大な石《ボルダー》が、乾いた草原から顔を出している。石は横に長く、砂の地面から上に行くにつれてゆるやかにオーバーハングしている。まるで、海岸に長いあいだ置き去りにされて錆《さび》の浮いた船のようだ。岩登りの経験がない人には、ボルダーの表面はほとんど手がかりがないように見える。丸く膨らんだ部分があちこちにあり、小さな穴がいくつかあいていて、ところどころに鉛筆のように細い横に走る皺があるだけだ。このずんぐりとした砂岩は、人間にはとても登れるとは思えない。が、まさにそれゆえに、ジョン・ギルはそれに引きつけられるのだ。

ギルは体操選手が使うチョーク（炭酸マグネシウムの粉）を指にまぶすと、自信に満ちた足取りでボルダーの基部へと向かう。石の肌の小さな割れ目に指をかけ、豆粒ほどのでっぱりにつま先をかける、と、どうしたことか、彼の体はすっと地面から浮き上がる、まるで空中浮遊をしているかのように。ギルにとってこの傾斜のきつい大石の表面は、指の力と独創的な動きと意志の力で解くジグソーパズルなのだ。彼はパズルのピースをひとつひとつはめ込んでいく。小さなホールドからホールドへと微妙に体重を移し、ボルダーのてっぺんまであと一メートルというところまで登ると、彼は指先だけでぶら下がった。どうやら、身動きが取れなくなったらしい。足はなす術もなく宙に浮いている。そんな危なげな体勢から片手をもっと高い位置に伸ばそうとすれば、落ちてしまうにちがいない。筋肉に過大な負荷がかかっていることなど少しも感じさせない聖人のように穏やかな表情で、ギルは大石の頂を見た。そして、わずかに両肩を下げたかと思うと、次の瞬間、ちっぽけなホールドから石のてっぺんに向かって跳んでいた。彼の体は石から完全に離れ、落ちる直前にわずか数センチ上に上がっただけだった。が、今まさに体が地面に引っ張られようとした瞬間、ヘビがネズミに襲いかかるように、彼は左手を頂へとさっと伸ばし、がっちりと石を捕らえた。数秒後、ギルは石のてっぺんに立っていた。

ジョン・ギルは、世界中の登山家たちにとって生きた伝説であり、このスポーツの最高のメンバーたちに畏敬の念を抱かれている男だ。普通、登山界の神話となるのは、ヒマラヤやアラスカやアルプスの高峰で、あるいはヨセミテの花崗岩《かこうがん》の大岩壁で、死をものともせずに偉業を打ち立てた人物だが、ギルは高さ一〇メートルに満たない石を登るだけでその栄誉を手に入れた。ボルダーより大きなものには何ひとつ登らずに、ヘルマン・ブール、サー・エドマンド・ヒラリー、ロイヤル・ロビンズ、ラインホルト・メスナーといった精鋭たちの仲間入りをしたのである。

たしかに、ギルは小さなものしか登っていないかもしれないが、どう控え目に見てもそれはやさしいとは言えない。彼が登るボルダーのほとんどはオーバーハングしていて、能力の劣るクライマーには、立ったりつかんだりできないのはもちろん、裂け目や窪みすら見つからない。つまり、ギルが登る、ごみ収集車や郊外にあるこぢんまりとした家ぐらいの大きさのずんぐりした花崗岩や砂岩のルートには、大きな山一座分の難問が圧縮されて詰まっているのだ。多くの登山家にとって、ギルの登るボルダーのてっぺんに立つよりも、エヴェレストの頂上に立つほうが簡単だと言っても過言ではない。

実際のところ、ギルは頂上というものはさほど重要ではないと考えている。「ボルダリング」のほんとうの喜びは、ゴールに到達することより、登攀行為それ自体にあるというわけだ。「ボルダラーは、成功と同じくらいフォームに関心がある。ボルダリングは純然たるスポーツではなく、形而上学的で、神秘的で、知的な意味を含む登攀行動だ」とギルは言う。

ギルは五十代前半。背が高く、体はしっかりと鍛え上げられている。目は憂いを帯び、身のこなしは滑らかで隙がない。彼の話し方はその動作と同じだ――ゆっくりと、ことばを慎重に選びながら、文法的にも完璧な文章で話す。熱い陽射しが照りつける南コロラドの平原の町プエブロ。かつて鉄鋼で栄えていたこの町にある質素な二階家にギルは暮らしている。同居人は妻のドロシーと、彼が軽蔑したふりをしている食べ過ぎで丸々としたペット数匹。たしかに腕や肩が多少がっちりしてはいるものの、平らな地面に立っていれば、ギルの表情や体つきには、神話にまでなった人物であることを思わせるものはない。恐ろしく急な岩を攀じ登る行為によって、引力の法則の大きな抜け穴を発見したと言われた人物であることを示すものは何もないのだ。薄くなり始めた髪と、手入れの行き届いたヤギ髭は、どちらかと言えば物腰の柔らかな数学教授といった雰囲気だ――そして、彼は事実数学者なのである。

ギルが優秀なボルダラーであると同時に数学者であるのは単なる偶然ではない。一見何の関係もなさそうに思えるこの二つの活動には、大きな共通点があると彼は考えている。「僕がクライミングをやり始めた頃、何人もの数学者クライマーに出会った」。ギルは感慨深げに語り始めた。「『岩を登っていて出会う数少ない人の中に、なぜこれだけ多くの数学者がいるのだろう？』と考えた。一方はほぼ純粋に知的な作業で、もう一方は主に身体的行為ではあるけれど、ボルダリングと数学の研究にはある共通点が存在する。それはパターン認識に関わるものだと思う。つまり、パターンを分析したいという人間の本能と結びついているのだ」

ギルはこんなふうに言う。「一見不可能に見える数学上の証明は、直観の大きな飛躍によって解かれる。そして、ボルダリングにも同じことが言える」。ボルダーのルートのことを、クライマーたちが「問題《プロブレム》」と呼んでいるのは偶然ではない（たとえば、「ヨーロッパから来た連中が誰も登れなかった川の向こう岸の難しいプロブレムを、とうとうカウクが登ったって知ってるかい？」という具合に使う）。

オーバーハングした砂岩の塊にしろ、かなり難解な定理の証明にしろ、ギルがすすんで取り組んでいるプロブレムの多くは、これまでに誰もやりとげていないものばかりだ。「誰も登っていない岩を見つけるのが楽しいんだ。岩の表面にあるホールドのパターンを思い描き、それから登る。もちろんパターンがわかりにくく、難しそうな岩であればあるほど満足度も増す。そこには創造的な何かがある。洞察力と直観力を働かせて大きな飛躍を可能にしさえすればの話だが。ボルダリングのルートは、個々の極小なホールドをひとつひとつ見ていくのではなく、プロブレム全体を見ることで完成される」

意欲的なボルダラーや数学者にとっては、単にひとつのプロブレムを解くだけでは充分ではない、とギルは強調する。「ボルダリングでも数学でも、目的のひとつは興味深い答え——欲を言えば、予想外の答え——を得ることだ。それも、洗練された方法でスムーズに、そしてできるだけ単純にね。つまり、スタイルが重要なんだ」。さらにこう付け加える。「ボルダラーや数学者になるには、生まれながらの探求心が備わっていなければならない。最前線にいよう、何かを発見してやろうという激しい熱意が必要だ。その報酬は、どちらの活動においても、絶えざる啓発だ。そしてそれは、実に素晴らしい感覚だよ」

大学教授の一人息子だったギルは、少年時代、数年おきにちがう町へ引っ越していた。「当時は、一人で過ごすことが多かった。運動が得意でもなかったし、スポーツのチームに入ったことも一度もなかった」。一人で森の中を歩きまわることが多く、木登りが好きだった。また、両親によれば、七、八歳のときに出かけた家族旅行で、車が切り通しを通りかかるたびに彼は車を停めさせ、近道を登ったという。

「中学、高校と聖歌隊のメンバーだった。当時の僕はかなり凡庸な少年だったと思うよ」。だが、アトランタの高校に入ったギルは、西部で少しクライミングをしたことがある女の子と出会い、その子に誘われて、ある週末にグループでジョージア州の北部へロック・クライミングに出かけた。しばらくみんなの登り方を眺めてから、ギルは実際にやってみた。「僕はかなり不器用だった。でも、ロック・クライミングは素晴らしく面白かった。それまで、あれほど何かに興奮したことはなかったね。クライミングを知って世界が変わった。まさに、岩の何かに憑かれてしまったんだ」

一九五四年夏、彼は高校を卒業すると、ある友人と一緒に車でコロラドへ行って山登りをした。ギルは不器用だったかもしれないが、大胆でもあった。ある日、ロングズ・ピークの急峻な東壁を一人で登っていると、彼を常軌を逸した観光客だと勘違いした山岳ガイドが助けに来た。ガイドは壁の上部でギルに追いつき、話しかけた。「下で思っていたほど、僕がおかしなやつじゃないとわかると、ガイドは一緒に頂上まで登った」。それ以外にも、同じような胸躍る登攀を続け、夏が終わる頃には、ギルは自分の天職を発見したと思った。

その秋、ジョージア工科大学に入学したギルは、体操の授業を受けることになった。そのクラスで、オリンピック選手による吊り輪の演技を映画で見せられ、初めてこのスポーツに接したギルは「完璧な演技をしている体操選手の身のこなしに驚いた。非常に難しいことをやっていながら、すごく楽に、やすやすとこなしているように見えた」。彼はその映画に強い印象を受けた。それは彼に啓示を与えたのだ。ロック・クライミングは形にとらわれない体操の一種にほかならないのではないか、とギルは考えた。彼は古典的な登山の限界を打破しようと、さっそく体操のやり方を取り入れ始めた——科学的なトレーニング法、精神訓練、滑り止めのチョークの粉。

ギルは険しい岩山を探して、ジョージアとアラバマの山岳地帯をすみずみまで歩きまわった。だが、この二つの州には大きな岩壁が少なかったため、彼の目は自然と小さな露岩や大石《ボルダー》に向くようになった。そういうスケールの小さな対象に飽きてしまわないよう、会得したばかりの体操の技を駆使して、自分の小さなアルプスから挑戦的要素を最後の一滴まで搾り取った。こうしてボルダリングというスポーツが誕生した（ギルが出現するずいぶん前から、登山家たちはボルダーを登っていたが、それはあくまで〝本物の〟登山に備えるためのトレーニングのひとつにすぎないと考えられていた。それ自体を最終目的としてボルダリングを追求したのはギルが初めてである）。

大学生のあいだは、夏休みになるとよくティートン山群やロッキー山脈の奥地にまで出かけていった。西部を初めて旅した際には、グランド・ティートンなど有名な山をいくつか登った。だが、彼は自分自身の関心が、より小さな（そして、より困難な）岩の塊へと向かっているのに気づいた。パット・アメントが書いたギルについての小伝『マスター・オブ・ロック』（邦訳『ジョン・ギルのスーパー・ボルダリング』）の中で、イヴォン・シュイナードは一九五〇年代後半にティートンでギルとともに過ごした日々を回想している。シュイナードによれば、ギルは夏の数か月のあいだティートンに住みつき、クライミングだけをして暮らしている数少ない変わり者のひとりだった。「オートミールを食べて、一日五セントで暮らしていた」。また、その頃すでにギルは、山の頂上まで足を延ばすこともなくなり、「どこに達するわけでもなく、純粋にクライミングだけのために岩場を登っていた。アメリカ山岳会の見地からすれば、そんなものは愚にもつかない登攀でしかなかった」。

ギルはまもなくロープを使う従来のクライミングをやめ、低いが極端に難しいボルダーを一人で登ることに集中した。古い考えに固執する登山家たちの中には彼の行動を嘲笑《あざわら》う者も少なくなかった。また、ギルのやっていることに注目した人たちですら、彼が怖気づき、高所恐怖症にかかったため、地面から六メートル以上高いところへは上がれなくなったと思い込む者が多かった。実は、彼は一人きりで探求に没頭していたのだ——重力、石、筋肉、そして精神の限界をあらゆる角度から研究し、クライミングが地形的な高みを超えて自分をどこへ導いてくれるのかを知ろうとして。

登山というスポーツには正式な運営組織や公式の規則といったものがまったくない。にもかかわらず——いや、おそらくそれゆえに——アメリカのベテラン登山家たちの結束の固い共同体が、常にゲームをどのように進めるべきかという強固な方針を打ち出し、集団の圧力という陰険なやり方で、登山家たちをその方針に従わせてきた。

ギルは言う。「一九五七年に僕は早くも、主流派の方針はとても拘束力が強く、ひとつの考え方で登山家をがんじがらめにしようとしているのに気がついた。それが気に入らなかったんだ。なにしろ、僕はクライミングの自由なところが好きなんだから。僕が育ったのは柔らかな樹々の茂る深南部で、湿度が高く、抜けるような青空はめったに見られない。あそこでは土地は全体的に平らで、自然は人を拒まない。初めて西部へ行ったときは、あまりのちがいに驚いたよ。いくつもの大岩壁と、スケールの雄大さと、広々とした空間に圧倒された。どちらかというと部屋に閉じこもって育った僕にとって、こういった大自然の中で味わえる爽快な気分こそがクライミングの醍醐味だった。そこには自然環境への大いなる挑戦と、自由の満喫があったから」

「主流派の考え方という巨大な力を初めて実感したとき、つまり登山界という共同体が個人の登攀にまでその強大な力を行使するとわかったとき、僕はクライミングで実験をしたいという思いを持った。誰かの足跡をたどったり、非公式のルールに——たとえそれが成文化されていないルールであろうと——従ったり、自分のクライミングをひとつのカテゴリーに押し込むことには興味がなかったのだ。主流派の制限の多い考え方に従わないですむ一番簡単な方法は、一人で登ることだ。人と一緒に登るのはもとより、クライマーが集まるキャンプ場に泊まることさえ、僕のやろうとしている実験には大きな障害になる。たった一人で登ったときにこそ、内なる素晴らしい冒険が体感できると悟ったんだ」

最近では、余暇をソフトボールのグラウンドやバスケットコートで過ごす代わりに、クライミング・シューズとチョーク袋を持って、ボルダーに向かう十代の若者を見かけるのはあたりまえのことになった。とっつきやすく、単純で、簡単に刺激を味わえるボルダリングというスポーツは、いまや大いに人気を博している。三十年前にギルが、この世界最小の登攀を専門に始めたとき、巨大な流れに彼が一人で対抗したことは忘れられがちだ。近頃、彼はボルダラーたちに、既存のボルダリングという肉体運動に没頭しすぎるのは考えものだと警告している。ロックスター気取りのボルダラーたちに、精神的な部分へ目を向けよと言い続けている。

『ボルダリング覚え書――垂直の道』というエッセイにギルはこう書いている。

クライミングの探求に常につきまとう疑問がある――それは人を共同体へ引き戻すものなのか？　それとも内面への道に導いてくれるのか？　この疑問によって生まれた緊張は、幻滅を知ることでますます高まる。ついには、人は虚無に到達する。その時点で人間に内在する自発的な本能が、この道の出発点に導いてくれる……それから先は、クライミングの外的世界に常に超然としていられるようになり、また、ときには逆にそういった世界と深く関わることができるようになる。この二つの世界が融合したとき、哲学的で神秘的な次元が現われるのだ。

ギルの書く文章は、彼が行なう数学的な証明と同じく、ときとして奥深く難解になる。だが、それは、垂直な場に対する情熱を彼と共有している人々にとっては明快に、真実として鳴り響く。クルーカットの若い天才クライマーが、山岳雑誌に載ったボルダリングに関するギルの文章を一字一句引用することも珍しくはない。中年の紳士的な数学教授がボルダリング界の教祖となったのだ。黄緑色のタイツをはき、鼻の穴に金色のピアスをつけ、ウォークマンのヘッドホンから響いてくるジェーンズ・アディクションやファイン・ヤング・カニバルズの世紀末的な音楽に合わせて登る若い世代の手本となったのである。

ぜひ言っておきたいのだが、もしギルが単なるボルダラーだったら、つまり卓越したボルダラーでなかったとしたら、彼や彼の革新的な考えに注意を払う者はいなかっただろう。ギルが変人ではなく、英雄と見なされている所以《ゆえん》は、ときに彼がその神秘的な道から踏み出して、世間で普通に行なわれているクライミングに「深く関わる」点だ。彼はそこで、ほかのクライマーと同じように伝統的なルールに則った勝負ができることを証明するのである。

クライミングはきわめて競争の激しいスポーツだ。正式に競い合う場がないために、クライマーの正確な順位を決定するのは難しい。だが、一九五〇年代に南カリフォルニアで、ルートの難易度を表わす、難解だが驚くほど正確な基準が考案されたおかげで、クライマーの評価に関してある程度の判断基準ができあがった。ヨセミテ・デシマル・システムと呼ばれるその基準は、登攀技術の難易度を当初5・0から5・9までの等級で表わしていた。

クライミングを始めて何年も経たないうちに、ギルは昔ながらのロープを使った登攀により、ディサポイントメント・ピークを始めとするティートンのいくつかの岩壁で、この基準の最高難度である5・9のルートを何本か開拓した。ギルがボルダリングに専念するようになった一九五〇年代末には、彼が作ったプロブレムの大半は難しすぎて、当時の

5・9までの基準では表わすことができなかった。ギルはデシマル・システムの上限がそこまで伸ばされる二十年以上も前から5・12の岩を登っていたのだ（ほかのスポーツと同じように、登攀の水準もこの三十年のあいだでかなり上がっている。六〇年代には5・10という等級が加わり、七〇年代には5・11、八〇年代には5・12、5・13、5・14という等級まで加わった）。

一九六一年、ギルはあるボルダー・プロブレムを完成した。いまも伝説となっているスインブルの北壁、サウスダコタ州のニードル山群にある一〇メートルのオーバーハングした岩塔である。ギルのこのルートは、究極のプロブレムが要求するあらゆるもの——指先しかかからないホールドで体を支えながら行なう、信じられないほど連続した、繊細かつパワフルな一連の動作——を、いや、それ以上のものを要求する。岩は駐車場のガードレールの脇から真っすぐにそびえている。壁の上部から落ちれば死ぬか、あるいはそれよりもっと悪い結果を招くにちがいない。あれから三十年近く経ったこれを書いているいまでも、ギルがロープなしで行なったそのプロブレムは再登されていない。

ギル本人でさえ、何が彼をスィンブルの登攀へ駆り立てたのかはっきりとわからない。彼は言う。岩の構造は「美しく、とてもすっきりしていて、ホールドはほんとうに少なかった。あの頃の僕は、いまほど安全性に気を使っていなかった。最近じゃあ、通りを渡るにも、車道に踏み出すにもロープをつけたいぐらいだ。あのときは、危険度が高くてなおかつ困難な何かをやらなければならないと感じていた」。

ルートをじっくりと観察して、「これを登るために、どんな動きが必要とされるか」を見きわめ、当時配属されていたモンタナの空軍基地にあるジムでひと冬トレーニングを積んだ。「左右から指ではさみつけるタイプの練習をやった。水平のホールドがなくなってしまうところに、はさみつけて支持しなくてはならない小さな礫《れき》がいくつかあるのに気づいていたからね。水平のホールドはかなり下のほうでなくなってしまうんだ。そこで、体育館の壁の表面に飛び出しているナットやボルトをホールドにしたルートを考えた。ボルトを指ではさみつけて体を引き上げるんだ。その冬、僕はほとんどスィンブルのことだけを考えていた」

春になると、ニードル山群があるブラック・ヒルズに戻り、試登を開始した。ルートの下半分を何度も登ったり降りたりして、動きを覚え、自信をつけていき、「完全に我がものにした」と彼は言う。「何度も登り降りを繰り返して、最後に自分を極度の興奮状態に追い込み、ついに壁の上部に突入し、運良く成功を収めた。この点はほかのいろいろなスポーツと同じだ。自分の精神を高揚させるだけでなく、最後はまるで催眠術にかかったように心を空っぽにして、訓練によって強化された本能に頼って登る」

スィンブルの登攀は彼の人生のターニング・ポイントとなった。それからまもなく彼は結婚し、自分が危険だと感じるような登攀をやめた。「危険には中毒性があると思う」と彼は言う。「僕は中毒にはなりたくなかった。落ちるわけにはいかないものを登っていると、緊張が高まるだけでなく、性格まで変わってしまう。ことばではうまく言えないけれど、ロープなしで危険な場所を登ると、普段とは異なる精神状態になることがわかった。手足がとても軽くなり、呼吸が浅くなる。当時は意識しなかったが、血流に変化が起きていたことも確かだ。生命の危険のあるルートでは、自分の肉体がそういう異常な状態に陥ることに気づいたんだ。精神面では、気分がハイになり、極度に緊張していながら、ある意味でリラックスした状態。それは感動的な瞬間だし、登っているあいだずっと、このリラックスした気分が続くこともある。たしかに魅力的ではあるけれど、僕はそれにはまりたくなかった」

当時、ほかのロック・クライマーに比べてギルがずば抜けて優れていた理由は、岩に向かうときの彼の実験的で開かれた態度に帰することができる。岩の上にいないときは、体操のトレーニング器具で体を鍛え、一本指で懸垂ができるほど強靭な肉体を作り上げた。早くから禅を学び、筋肉を鍛えるように心も徹底的に鍛え上げた。瞑想を好み、登攀の前には一枚の木の葉や山の景色に全神経を集中させる。その結果、心が落ち着き、体の準備ができ、穏やかな自信に満ちて、危うい個所を乗り越えられるのだ。ギルにとって登攀の最終目的のひとつは、極度の緊張状態にあっても心の平静を保つことにある。「技術的な苦労を意識しなくなる段階にまで達して初めて、ルートを心で感じることができる。もがいていたのでは動きの楽しさを味わえるはずがないからね。クライミング技術を学び、筋力をつけて、究極の軽さを感じられる域に達するべきだと思う。もちろんその感覚は幻想ではあるけれど、幻想を感じられる域にまで達するのは素晴らしいことだ。僕自身、その軽さの感覚を得られないときは、ひとつのプロブレムを完全に征したとは思えない」

ギルは五十四歳になったいまでも、充分にトレーニングを積んだ二十二歳のロック・クライマーをはねつけるようなプロブレムを登ることができるが、この二十年のあいだに、彼のボルダリングはいっそう、純粋な難しさ以外のものを追い求めるようになった。彼が言うところの、「より少ないものの中から、より多くの道を見いだす」ことに努めているのだ。一〇メートル以上のものには登らないという噂に反して、ギルは実際に——ロープなしに単独で——自分が比較的簡単だと見なしている自宅近くの二五〇メートルの岩壁にある何本かのルートを定期的に登っている。「運動感覚的瞑想」の訓練のためだという。

「何度か興味深い経験をした。こういう長く簡単なルートを何度も登るために、ある意味で〝鍛えすぎた〟からね。これらのルートをすっかり自分のものにしてしまったので、この登攀を意識レベルで考える必要がなくなった。登攀の流れや型にすっかりはまり込んで、自分が誰なのか、何なのかという感覚を失い、岩の一部になる——実際、岩の内外《うちそと》を縫うように進んでいると感じるときもあるんだ」

「こんなことをどこまで話していいのかわからない」。ギルは柔らかなバリトンで、ためらいがちに言った。「頭がおかしくなったと思われるのはいやだからね。でも、登攀能力と数学的能力の両方を伸ばすために――石の結晶ひとつに長い時間集中したり、難解な数学の問題に没頭したりして――何年も精神と肉体を鍛えていたおかげで、いともたやすくある種の神秘的な経験ができるようになった」

ギルはさらに続けた。「一九七〇年代の半ば、カルロス・カスタネダの本に傾倒していた親しい友人が、僕にその作家の本を読むよう熱心に勧めたんだ。それまで幻覚症状を起こすようなドラッグをやったこともなかったし、ドラッグそのものにもまったく関心がなかったから、カスタネダの本を読むのはあまり気がすすまなかった。ドラッグに関する本ばかりだと思ってたからね。でも、そうではないと説得されて読んでみたら、とたんに夢中になってしまった。たしか、彼の二作目だったかな――はっきりとは覚えていないけれど――主人公が夢を見る技術を習得し、そのやり方を説明していた。僕はそれに強く引かれてしまってね、実際に試してみた。そしたら、なんと一回で成功したんだ！」

「夢を見ている状態、あるいは夢うつつの状態にはさまざまな段階があって、現実とのあいだを行ったり来たりする。完全に意識はある。目が覚めている状態より、もっとはっきりと意識があると言ってもいいくらいだ。ときには、町の上を飛ぶとか、そういうこともできるけど、大抵は普段どおり引力の法則に支配されている状態にある。ただ、どこか別の場所にいるだけでね」

「この夢うつつの状態に一番すんなり入れるのは真夜中だということに気づいた。目が覚めた状態から、ゆっくりと眠りの中へ漂っていくときにね。それから、登っているときにも同じような状態になる。特に、長く簡単なルートを一人で登っているとき――自分が岩に縫い込まれていくように感じるときに。そして、もうひとつの現実、軽さの感覚にもかなり迫ることができる。そうなると、その登攀はほんとうに超越的な詩になる。この夢うつつの状態を経験するほうが、まだ誰も登っていない極端に困難なプロブレムをやるより、僕にとってははるかに重要だと思っている」

ギルは最近、ますますボルダリングの形而上学的な面、登攀における内的経験にこだわるようになってきた。あるとき、ワインを少し飲んだあとで、「最高の精神状態」が念動能力を引き出し、ほんのわずかだが空中浮遊ができるのではないかと真剣に考えたことがあった。「たとえ、数十グラム軽くなっただけでも大変なちがいだ。これまでに自己の限界を超えた人々を何人も目にしてきたからね」。数百人、いやおそらく数千人の優れたクライマーがジョン・ギルのボルダー・プロブレムの取付きで膨大な時間を費やし、地面から両足を浮かせようとむなしい努力を重ねてきた。普段なら彼らの大半は、念動力云々などということばを耳にしても一笑に付すにちがいない。だが、ギルが空中浮遊の話をすると、彼らは一心に耳を傾けるのだ。

ヴァルディーズの氷

アラスカのヴァルディーズという小さな町は、二つの大事件で有名になった。ひとつは、一九六四年の聖金曜日にチュガッチ山脈の麓と細い入り江のあいだにへばりついている人口四千人のこの町を襲い、三十三人の犠牲者を出した北米記録史上最大の地震である。より記憶に新しいもうひとつは、これまた環境に未曽有の大打撃を与えた北米最大の石油流出事故である。この事故では、三八〇〇万リットルを超える大量のノース・スロープ油田の原油が流出した。

一九八九年に起きたこの流出事故の原因は、ひとりよがりと、企業の強欲と、タンカーの船長の飲酒癖、そしてマーフィーの不変の法則に帰せられている。つまり、漏れた石油が別の海域ではなくヴァルディーズ湾《アーム》に流れ出したのは、この土地の特殊な気候のせいなのだ。ヴァルディーズはアラスカ縦断パイプラインの終着点であり、また、流出事故を起こしたエクソン・ヴァルディーズ号のような超大型タンカーもこの地を目指す。なぜなら、ヴァルディーズはアメリカ大陸最北端の不凍港だからである。

ヴァルディーズ湾の水は一年中凍らないが、それを囲む大地は氷ばかりだ。いくつもの分厚く青い氷河の舌端がヴァルディーズの町のすぐそばまで迫っている。冬の数か月のあいだ、気温は零度を上回ることがないうえ、絶えず海からの湿った空気にさらされているため、町の中心部にある通りは硬い薄氷で覆われ、足元を危うくする。だが、もっとも印象的な結氷は、町のすぐ背後に何列にも並んで鋭いサメの歯のように屹立している一〇〇〇メートル級の山々の崖の下部に見ることができる。

夏には、この断崖から溢れ出した雨水が数百もの滝となって流れ落ちる。十一月になると滝は真ん中あたりまでかちかちに凍りつき、そこを落ちてくる水しぶきは、冬の寒さで摩天楼のような高さの氷柱へと姿を変える――亜北極のほのかな光の中で薄い青緑色と瑠璃色に淡く輝く大氷柱と、いかにも脆そうな不気味な氷のカーテン。

ヴァルディーズの中心街から約二五キロで、町からの唯一のハイウェイはチュガッチ山脈の硬い岩の尾根を横切るキーストーン・キャニオンに入る。両岸の崖の高さが二五〇メートルにおよぶ狭い裂け目だ。谷底を流れるロウ川は一気に海に注いでいる。冬になると、全長わずか四キロしかないこの峡谷の両岸の垂直あるいはオーバーハングした岩壁から、五十本以上の凍結した氷瀑が下がる。

十年前、ヴァルディーズの船舶業者であるボブ・パドウィルはキーストーン・キャニオンの恐ろしげな崖の下を車で通りかかった。彼はこう回想する。「たまたま上を見上げたら、ブライダル・ヴェール滝の中間あたりにあるレッジに立つ、小さな人影が見えた」。ブライダル・ヴェールはこの峡谷最大の滝のひとつで、十一月から五月にかけて、青く繊細な氷柱が格子細工のように積み重なる五十階建てのビルくらいの高さの氷瀑に変わる。パドウィルによれば、滝の上にいる人影は「足を踏み鳴らし、手を叩きながら、上にいる第二の小さな人物へとロープを繰り出していた。その第二の人物は、翼を広げた鷲のような格好で氷に張りついていた。なぜそんなことをしているかはもちろん、どうしてそんなことができるのかもわからなかった。そいつらは酔っ払ってるとしか思えなかったね」。

実際には、彼らは酔ってもおらず、パドウィルがもうひとつ懸念したように、奇抜な方法で自殺を試みているわけでもなかった。二人は氷瀑を登攀していたのだ。なぜなら、昔から言われるように、滝がそこにあるから。正気の沙汰とは思えないかもしれないが、パドウィルが目撃したものは、登山という由緒あるスポーツを論理的に極端まで推し進めていった結果登場した、最新の形式にほかならない。それから一年もしないうちに、パドウィル自身が熱狂的な氷瀑クライマーとなってしまった。

二百年前、登山がアルプスで創始されたときには、それは驚くほど単純なスポーツだった。山――それは高ければ高いほど良しとされた――に行き、頂上を目指す、ただそれだけ。だが、やがて高い山はすべて征服され、名声を得ようとする登山家は、すでに登頂されている山のさらに難しい壁や稜に挑戦するようになる。こうして、より大いなる課題、未登の垂直の場を探求し続けた結果、多くの登山家にとって、地理的に意義深い頂はもはや興味の対象ではなくなってしまった。難しく、急峻で、大量のアドレナリンを放出させるようなルートでありさえすれば、登る対象はヒマラヤの高峰であろうと、イギリスの石切り場であろうと、どちらでもかまわないというわけだ。そしてもちろん、アラスカのヴァルディーズにある凍結した滝であろうとも。

一九八七年一月二十五日、ワウィー・ザウィーと呼ばれるヴァルディーズの滝に、たまたまジョン・ウェイランドとボブ・シェルトンが挑んでいた。ワウィー・ザウィーはオーバーハングした崖の縁から真っすぐに垂れ下がっている高さ一三〇メートルのすっきりした一本の氷柱だ。二人が使う太さ一〇ミリの登攀用ロープの長さは九〇メートルしかないため、巨大な氷柱を二段階――登山用語で言うところの〝二ピッチ〟――に分けてアタックすることにした。一段階目は、六〇メートル登ったところにある氷柱の裏側の小さな窪みまでだ。

午前九時、シェルトンは最初のピッチを登り始めた。ピッケル（四〇センチのグラスファイバーのシャフトに、一五センチの金属の細い刃《ピック》がついている）を両手に持ち、アイゼン（片足に十二本ずつ長さ五センチの金属の爪がついていて、そのうち二本は靴のつま先より前に水平に飛び出ている）を登山靴の靴底につけて。彼は慎重にピッケルを振るってピックを食い込ませ、氷に一センチほど蹴り込んだアイゼンのつま先の爪に乗ってバランスを取りながら、育ちすぎた蜘蛛のようにワウィー・ザウィーの垂直の壁を這い登った。フロント・ポインティングと呼ばれる登攀技術である。

できるだけ登攀の安全を確保しようと、六メートルから一〇メートルごとに小休止し、アイススクリュー（一端に穴のあいた、ねじ山を切った長さ二〇センチほどのアルミやチタン製の管）をねじ込むと、スクリューの穴にカラビナ（開閉自在なゲートがついたアルミニウム製のD字形の環）をかけ、それに安全ベルト《シット・ハーネス》につながったロープを通していく。

この方法によれば、たとえばアイススクリューをねじ込んだ場所から五メートル登ったところで、自分と氷をつないでいるか細い金属のピックやアイゼンの爪が外れた場合、ウエイランドの確保《ビレイ》（ロープを繰り出しながら、クライマーが墜落した場合には即座に止める安全確保の方法）によって墜落が止まるまで、約一三メートル落ちることになる。アイススクリューの場所まで五メートル。そこからさらに五メートル落ち、その上、落下の力を吸収するためにロープが三メートルほど伸びるからである。かつてトロツキーの暗殺に使われた武器の実用モデルを体のまわりで回転させながら一三メートル落ちたら、かなりの重傷を負うことが予想される。シェルトンは「リーダーは落ちるなかれ」という格言をしっかり心に刻み込むことにしていた。

重力とワウィー・ザウィーの脆い氷との二時間に及ぶ腕が痛くなるほどの格闘を続け、シェルトンは滝の基部から三〇メートルのところにある巨大なツララ状のオーバーハングにたどり着いた。頭上の氷柱はぼろぼろの日よけのように張り出している。「できるだけぴったりと体をかがめて、オーバーハングの下側を登った」。シェルトンは思い起こす。「そして、必死にアイススクリューを一本ねじ込んだ。それから、オーバーハングの先端から上体を乗り出し、ピッケルを上部の氷柱に叩き込み、落ちるかもしれないぞとジョニーに怒鳴ってから、そこに突っ込んだ。両腕でぶら下がり、懸垂をして、フロント・ポインティングで上部氷柱を登り始めたんだ」

ところが驚いたことに、上部氷柱の完全に垂直な氷は、蜂の巣のような気泡の集合体で、恐ろしく頼りなかった。氷というより、まるで脆い発泡スチロールのようだ。だが、越えたばかりのオーバーハングを下るのは不可能である。そこでシェルトンは、もっと上に行けば氷の状態が良くなるだろうと期待して、登攀を続けた。しかし、氷の状態は良くなるどころか、さらに悪化した。燃えるように痛む両腕で幾度となくピッケルを振るって表面の脆い氷を切りはらい、何でもいいからピックが硬いものに刺さらないかと、空しい努力を続けているうちに、腕は硬直し、ピッケルを握っていることすら困難になってきた。

「突然、完全に腕力が尽きて、氷から剝がされてしまった」

〝剝がされる〟、これは、墜落を表現するクライマー特有の言いまわしだ。シェルトンの場合、真っさかさまにものすごい速さでオーバーハングの縁を通り過ぎ、墜落の衝撃で、一番上のアイススクリューがカナッペに刺した爪楊枝のようにスッポリと脆い氷から抜けたときには、ほんとうにこのまま行ってしまうように思えた。つまり、地面まで一気に落ちて叩きつけられるのではないかと。だが、その日曜日、シェルトンはついていた。二番目のアイススクリューが効き、二〇メートル落ちたところで伸縮性のあるナイロンのロープがぴんと張って、彼の体は跳ねるようにして止まった。怪我は打撲だけだった。

言っておくが、ワウィー・ザウィーのような垂直の氷瀑が、クライマーの登攀対象になったのはごく最近のことだ。理由は単純で、一九六〇年代の後半までは、誰ひとりとしてそれを登る手段を持っていなかったのである。たしかに、アルピニストは登山の初期から凍った壁や岩溝《ガリー》を登ってきた。だが、それは傾斜が垂直よりはるかに緩いときに限られていた。

十九世紀には、登山家は底に鋲を打った登山靴を履き、原始的な重いピッケルでステップとホールドの長い列を刻むという骨の折れる作業を続けながら、モンブランやその周辺にそびえる針峰の傾斜四〇度から五〇度の斜面を克服していた。一九〇八年、イギリス人登山家オスカー・エッケンスタインによって、十本の爪が下向きについたアイゼンが発明されると、登攀可能な傾斜の限界がもう少し垂直に近づいた。

一九三〇年代になると、アイゼンのつま先に真っすぐ前に突き出た二本の爪が付け加えられ、一九六〇年代の半ばには、ピッケルのピックの先に歯が刻まれた。このような改良により、クライマーたちはステップを刻む必要がなくなり、フロント・ポインティングという大胆な登攀法を行なえるようになった。こうして、当時の一流の登山家たちは、フランス・アルプスやスコットランド高地、北アメリカのロッキー山脈などで、傾斜七〇度に及ぶ険しい氷の溝《アイス・ガリー》に爪を引っかけながら登れるようになったのだ。

クライマーたちはさらに限界を伸ばそうとしたが、残念ながら彼らが手にしている貧弱な登攀具では不可能だった。イヴォン・シュイナード——フランス系カナダ人で、引き締まった体形のカリフォルニアっ子。おそらく一九六〇年代最高のアイス・クライマー——は言う。「七〇度以上の氷壁を登ろうとすると、当時の最良のピッケルでさえ、全体重をかけたとたんにすぽっと氷から抜けて、目にぶつかることがよくあった」

シュイナードは独学で鍛冶技術を身につけ、当時、自分でデザインし製作した独創的なピトンやカラビナなど、さまざまな登山用具を売って細々と生計を立てていた。一九六六年にモンブラン山群の巨大な氷壁を登った際に用いた道具が欠陥だらけだったことに不満を抱き、彼はもっと優れた道具を作り出そうと決心した。特に、垂直な氷にしっかりと食い込む、頼りになるピッケルを。「その夏のある雨の日、その頃手元にあったすべてのピッケルをテストするために、シャモニの上にあるボソン氷河に出かけた。テストして、なぜピッケルが効かないのか、原因を突き止めようと思った」

彼はすぐにひとつの欠点に気づく。テストしたピッケルはすべて、シャフトと直角に真っすぐなピックがついていた。シュイナードはふと思いつき、航空技師であるトム・フロストという登山仲間の手を借りて、振るうときに描く弧にぴったりあったピッケル、つまり、ピックが下向きに滑らかなカーブを描いているピッケルをデザインした。

この思いつきはまさに天才のなせる業だった――腕力のある勇敢なクライマーが、両手にシュイナード＝フロストのピッケルを持てば、フロント・ポインティングで垂直な氷壁や、さらにはオーバーハングした氷壁を登ることができる。一九七〇年、シュイナード＝フロストのピッケルが世界中の登山用具店で買えるようになると、以前なら考えられなかったような登攀が次々と行なわれ始めた。アラスカからケニア、ニューハンプシャーからノルウェイにある巨大な氷柱が次々に登られたが、そのうちのいくつかは、シュイナード自身が初登攀に成功している。

それ以前、一九五〇年代後半から六〇年代後半にかけて、二十代のシュイナードが斬新な登山用具の考案者として知られるようになった頃、彼は一年の大半を、石炭を燃料にした持ち運び式の炉を手に山岳地帯を渡り歩いて過ごした。彼は言う。「クライミングをやり、車のトランクを作業台にして作った登山用具を売るだけの放浪生活さ」。その間の収入は雀の涙とさえ言えないことが多かった。あまりにも懐が寂しくなりすぎて、彼と山仲間はシマリスやヤマアラシで餓えをしのがなければならないことすらたびたびだった。比較的潤沢な時でさえ、シュイナードの記憶では「缶の凹んだセール品のキャットフードがごちそうだった。ひと缶十セントで買って、ひと夏分蓄えておいたよ」。まちがってもらっては困ると、彼はあわてて付け加える。「高級なキャットフードだよ。ツナ味のやつだ。俺たちはドッグフードなんかを食うような輩じゃないからね」

シュイナードは現在五十一歳。今でも水準の高い登攀をし、世界最高と折り紙つきのアイス・クライミング用具を作り続けている。だが、今ではまずまちがいなく、たとえどんなに高級品だろうが、ペットフードは食べていないはずだ。なぜなら、一九五七年におんぼろフォードの後部で始めた登山用具の会社は、年間七千万ドル以上を売り上げる一大企業に急成長を遂げたのだから。

この莫大な収入はアイススクリューやピッケルやアイゼンではなく、パタゴニアというブランドで市場に出る、おしゃれで実用的なアウトドア・ウェア――パーカー、レインウエア、足首まであるズボン下など――の売り上げによるものだ。シュイナードは言う。実のところ、アイス・クライミング用品で儲かったことは一度もないし、また、儲けようと思ったこともない、と。アイス・クライミングは、寒くて、奇妙で、恐ろしいスポーツであり、それに使う道具の市場はいつでもごく限られている。実際、自分を本格的な登山家だと見なしているアメリカ人は十五万人いると言われているが、その中で、凍結した滝登りを定期的に行なっているのはせいぜい一パーセントぐらいのものだ。「数少ないアイス・クライマーのほとんどが」と、アイス・クライミングの達人はあたりまえのように言う。「社会に適応できないひと握りの変人なのさ」

意外なことではないが、アラスカのヴァルディーズやその近辺には、社会に適応できない変人たちがよそに比べてすこぶる大勢暮らしている。ヴァルディーズのアイス・クライマーの何人かは、町に三人いる開業医のひとりドクター・アンドルー・エンビックのように、他の州から移住してきた熱狂的クライマーであり、移ってきた理由のひとつには、氷に事欠かないというこの土地ならではの利点がある。それ以外のアイス・クライマーは、もともとクライミングなどやらなかった普通の住人で、この地に移り住むまで氷瀑登攀などという奇妙なスポーツが存在することすら知らず、ましてやいつの日か自分も登るようになるとは思いもしなかった連中だ。

アイス・クライミングは誘惑的な遊びでもある。ジョン・ウェイランド――一九七五年に、彼はヴァルディーズで初の氷瀑登攀を行なった――は、自分の駆け出しの頃について語っている。ことわっておくが、彼が話しているのはひとつのスポーツについてであって、薬物乱用の一形態についてではない。「おやじが熱狂的なクライマーでね」。穏やかな物腰の四十一歳の大工は言う。「そのせいで、子どもの頃からクライミングにはなじみがあり、やがて俺も完全にはまってしまったんだ。俺にとってそれはドラッグのようなものだった。それがすべてだったんだ」

一九七六年、彼はコロラドから来たジェフ・ロウとともに、三日がかりで高さ二〇〇メートルに及ぶヴァルディーズ最大の滝キーストーン・グリーン・ステップスの初登攀に成功したが、その後まもなく、クライミングに対する巨大な強迫観念が自分の人生を支配するのを不快に思い始めた。そこで、きっぱりとクライミングを断つことを決意して、まる六年近くその誓いを守った。だが、一九八一年に、魔がさしたのかアイス・クライミングの道具を取り出し、また登攀にはまってしまうのか、あるいはやめられるのかを確かめようと、少しだけ登ってみた。以来、彼はふたたび凍った滝の上で時を過ごすようになった。だが、ウェイランドは冷静に言う。「ほんとうに少しずつこの世界に戻っていったんだ。今回はのめり込まないように注意してる。今は、自分をコントロールできている気がする」

当然のことながら、中毒だけがアイス・クライマーの直面する危機ではない。行為そのものがあまりにあからさまに危険なので、このスポーツの真髄をつかむ前に逃げ出してしまう人も多い。彼らは墜落が死を招くほどの高さまで登ることができないのだ。そんなわけで、これまでのところ、ヴァルディーズのアイス・クライミングで発生した事故の数は驚くほど少なく、死者はひとりも出ていない。アンディー・エンビックは指摘する。「たしかに、アイス・クライミングは絶対安全なスポーツというわけじゃない。でも、ヴァルディーズで攻撃的な氷瀑登攀が行なわれるようになって九年が経つが、その間怪我をしたのはたったの八、九人だし、一番の重傷でさえ脚の骨折が二件だけだよ」

ドクター・エンビック――筋肉隆々とした騒々しい四十代前半のハーヴァード出の開業医で、メタルフレームの眼鏡をかけ、エイブラハム・リンカンのようなあご髭を生やしている――は、アイス・クライミングを勧めることで知られている。「アラスカでは冬のあいだ無収入の人が多い。一年を通して仕事を持っている人は少ないし、娯楽もほとんどない。日も短く、天気もさえない。だから、人々は家に閉じこもって過ごすことになる。その結果、毎年十月は出生率が急上昇するんだ。一方で、これといってすることがなく、気分が滅入って、つい酒を飲みすぎ、夫や妻に暴力をふるう人たちもいる。天気の暗さは人の心に悪影響を与え、毎年、自殺者が一人や二人は出る。何でもいいから外に出て体を動かし、気持ちを活発にすれば、いい精神療法になって、冬に起こる問題が解決するんだ。アイス・クライミングは、冬にここの住人ができる数少ない体力のはけ口のひとつだよ」

実は、彼に勧められてこの治療法を実行に移した患者はほとんどいない。だが、そんなことでは、この滑りやすい遊びにかける有能な医師の情熱はまったく衰えないようだ。その情熱はいろいろな形で現われているが、とりわけ、彼が九年にわたって編集に取り組んでいる通称『ザ・ブック』という分厚い本の中にはっきりと見て取ることができる。この本が出版されるときには、『ブルー・アイス・アンド・ブラック・ゴールド――アラスカ、ヴァルディーズの氷瀑ガイド』という題名がつけられるだろう。その本には、これまでに登攀された百六十四の滝の解説に加え、初登攀者の名前が載り（その中の五十のルートにはエンビック自身の名が記されている）、それぞれの滝の難易度がⅠからⅥの数字で表示されている。

アイス・クライミングには審判や公式ルールや組織的な競技会はないが、それでもやはり競争意識は高い。オリンピック選手のように肉体を鍛え上げた一流のアイス・クライマーは、『ザ・ブック』や、似たようなガイド・ブックに頼る。そういったものは、ルート案内としてよりはむしろ、クライマーの序列を決める簡便な手段として使われている。単純な話、『ザ・ブック』にグレードⅥと記載されている氷瀑を登ったクライマーは、グレードⅤ＋を登ったクライマーより鼻を高くする権利があるというわけだ。

当然のことながら、初登攀者は特別の名声を得ることができる。滝を最初に征服した者は『ザ・ブック』の中に永遠に名をとどめるだけでなく、その滝に自分の好きな名前をつける権利も与えられる。『ザ・ブック』のページをぱらぱらとめくると、滝の名には地元のクライマーの好みが感じられる。いくつか例を挙げれば、キラー・デス・ファング・フォールズ、デオ・グラシアス、ネヴァー・アゲイン、ネクロマンサー、スラッシュ＆バッシュ、トゥー・ルーズ・ロートレック、ノー・ウェイ・ホセ、ダイアー・ストレイツ、マージナル・デスパレイションといったなんとも創造的な名がつけられている。一方、アイス・クライマーの幼稚さを象徴するような、下ネタや子どもっぽい性的固着から生まれた、印刷するにふさわしくない名称も数多くある。

氷瀑登攀というスポーツを、とりわけヴァルディーズでのそれを活性化するために、エンビックが企画した年に一度の行事、ヴァルディーズ・アイス・クライミング・フェスティバルの第一回は一九八三年二月に開催された。地元のクライマーがよそから来たクライマーとビールを飲んで、おしゃべりをして、滝を登るという、気軽な催し物だ。以来、毎年二月、地域のクライマーがホストを務める祭典は続いている。これまでの数年間で、オーストリア、ニュージーランド、日本、そしてケンタッキーのアイス・クライマーたちがはるばるフェスティバルを訪れている。

よそから来たクライマーにとって忘れがたい訪問になるようにと、ヴァルディーズのクライマーたちはこの地の〝真に古典的な〟滝へ客たちを喜んで案内する。たとえば、一九八五年にはブライアン・ティールという地元のアイス・クライミングの達人が、鈴木昇己《しょうみ》——おそらく日本で最も優秀なクライマーのひとり——を案内して、ワウィー・ザウィーに登った。先ほど述べたきわめて高難度の滝で、一九八一年にエンビックとカール・トビンというフェアバンクスの優秀なクライマーが初登攀に成功して以降、そのときまでにたった一度しか登られていなかった。もし、鈴木が『ザ・ブック』を見ていたとしたら、その滝が「極端にオーバーハングした氷柱」で、氷は「軟弱」、一ピッチが長く、「滝の途中で止まったり、引き返すのは不可能」と記されているのに気づいたはずだ。登攀のあとで、ワウィー・ザウィーに自国の滝と比べてどうだったかと尋ねられた鈴木は、ためらわずこう答えたと伝えられている。「日本ではこんな氷は登られたことがない。少なくとも僕自身はもう二度と登る気はしないね」

一九八七年、私はアイス・フェスティバル参加のためにヴァルディーズを訪れた。他に六十三人のクライマーが参加しており、その中の四十人は、毎晩エンビックの家の床で、ぴたりと体を寄せ合ってビバークしていた。また、私のホストたちも、ミスター鈴木を温かくもてなしたと同じく、滞在が思い出深いものとなるように一生懸命努力してくれた。アラスカで過ごした一週間で、私は八本のクラシック・ルートに連れて行かれたが、中でも一番の古典的好ルートは、ラヴズ・ウェイという一見無害な名前の滝だった。

高さ一二〇メートルのその滝は、一九八〇年にエンビックとトビンが初登攀に成功して以来――エンビックはさしせまった自身の結婚の記念に、その滝をラヴズ・ウェイと名づけたのだ――、私がそこへ行く二か月前まで再登されていなかった。この氷瀑に挑むのに、ロマン・ダイアルというフェアバンクスから来た生意気な若いクライマーと組むことが決まったあとで、私は『ザ・ブック』を読み、不安になった。ラヴズ・ウェイは「オーバーハングし、燭台を逆さにしたように岩から離れて垂れ下がっている氷柱で……この手の氷によくあるように、ピッケルやアイゼンやアイススクリューは非常に効きが悪い」。さらに警告は続く。「単に腕力と持久力がある」だけでは、その滝は登れない。そういったものに加えて「脆い氷柱の上での複雑なステミング、ジャミング、レイバック」といった技術が不可欠である——つまり、ロック・クライミングで使われる洗練されたテクニックが必要というわけだ。

難しい氷のルートに挑戦する場合、クライマーは二人組のチームで臨むのが普通だが、アイス・フェスティバルの「みんな仲良く」という精神に則り、ロマンと私は、二十七歳の地質学者ケイト・ブル、そしてブライアン・ティールと一緒にその滝を登ることになった。ラヴズ・ウェイは、途中に二つの大きなレッジがあるため、必然的に三ピッチに分かれている。ブライアンとロマンは、屈強なクライマーのご多分に漏れず、悪名高い『リード野郎《ホッグ》』だった。つまり彼らは、上から安全確保されたロープをセカンドやサードで登るのを、金を賭けずにやるポーカーと同じくらい物足りないと感じるのだ。そういうわけで、二人はいわゆる〝刺激的なロープの先端《トップ》〟を手放したがらなかった。

長い話し合いの末、最初のピッチはブライアンがリードを受け持つことになった。そこは適度な難しさであり、彼はフロント・ポインティングですばやくレッジまでたどり着き、三本のアイススクリューをねじ込むと、そのアンカーに自分を固定した。ケイト、ロマン、そして私の順番で彼に続く。私たちの真上には、ダモクレスの剣のように恐ろしげな、この登攀でもっとも困難な第二のピッチがひかえていた。高さは二十階建てのビルと同じくらいで、最初の七階分は岩壁から離れて垂れ下がり、上に行くほど太くなる見るからに脆そうなツララの集合体で、氷柱の基部を形づくるツララの多くは、小さな木の幹より細かった。

氷柱を間近で眺めるに及んで、第二のピッチをリードする栄誉に値するのはどちらかという問題を議論すべきリード・ホッグ二人の情熱は失せたようだ。実際、思いがけずブライアンの口から「いいよ、ロマン、どうしてもリードしたいのなら、やらせてやるよ」ということばが出た瞬間、いつものロマンの不敵な表情に数本のひびが入ったように思えた。彼が躊躇したのは、その前月に起きた出来事と関係があるのかもしれない。チャック・カムストックというパートナーが、ランゲル山脈の近くにある、今回と同じように壁から離れて立つ恐ろしい氷柱の上で、危うく死にかけたのをロマンは見ていたのだ。

カムストックはアイオワの田舎育ちの赤毛の青年で、沿岸警備隊に入隊してヴァルディーズに配属されるまでは、アイス・クライミングということばさえ聞いたことがなかった。そんな彼が五〇〇メートルの滝の最後のピッチである問題の氷柱をリードしていたときのことだ。フロント・ポインティングで登っていた巨大な氷柱がきしみ、不穏な音を上げ始めた。きしみ音が急に大きくなるのを聞いて、カムストックはついにリードをあきらめ、あわてて下り始めた。氷柱の基部に降り立ち、急いで脇に避けるとほぼ同時に、巨大な氷柱はそれ自体の重さに耐えきれなくなり、轟音を響かせて崩れ落ちた。ロマンはその光景を信じられない気持ちで見つめていたのだ。

友人の危機一髪の命びろいは、このときもまだ彼の心に鮮明に残っていたにちがいない。貴重な宝石をカットする宝石職人のように注意深く、ロマンはラヴズ・ウェイの二ピッチ目にピッケルを打ち込んだ。これを登るには、腕力と極度の繊細さという、相反するふたつをうまく混ぜ合わせなければならない。この登攀はこの上なく微妙なのだ。氷柱の氷はとても脆くて割れやすく、アイススクリューをねじ込んで身の安全を確保する余裕はなかった。ビレイ・レッジからゆうに一三メートル上まで登って、ロマンはようやくスクリューを一本ねじ込むことができたが、氷は非常に不安定で、そこから上に登る彼のロープが揺れるたびに、スクリューは今にも氷から抜けそうにぐらつく。

ビレイ・レッジから二五メートルの地点で、ロマンはやっとしっかりしたアイススクリューを一本セットすることができた。もしこのスクリューをねじ込む前に、腕力が尽きたり、あるいはひとつでもミスを犯していたら――たとえば、ワウィー・ザウィーでボブ・シェルトンがやったように、ロマンのピッケルが氷から抜けていたら――彼は落ちて、死んでいたにちがいない。こんな状況に置かれたら、大抵の人は恐怖で文字どおり身がすくんでしまうだろう。そしてそうなったらもう、あとは死が足早にやってくるのを待つだけだ。だが、ロマンの場合、この追い詰められた状況がかえって集中力を高め、腕の疲れを忘れさせた。彼は無事に二ピッチ目の最上部にあるレッジにたどり着いた。もっとも、精神力も体力も完全に使い果たしてはいたが。

　さて、次は私の番だ。ロマンは腕の痙攣が収まると、たるんだロープを引き、叫んだ。「ビレイ完了！」氷柱の基部に歩み寄り、取りかかれ、という私への合図だ。しっかりと固定され上から垂らされたロープがある以上、私がうっかりピッケルで自分の命綱を切るか、氷柱を叩き壊さない限り、何も心配する必要はなかった。そこで私は、慎重に狙いを定め、ピッケルをできるだけ軽く振るった。それでも、ピッケルを打ち込み、アイゼンを蹴り込むたびに、ドンという大きな音が氷柱全体に反響し、こちらが縮み上がるほど足元が揺れた。斧で切り倒されようとしている木を登っているような気分だ。

　不気味な感じのする灰色の脆い氷を避け、濃い緑青色の比較的硬そうに見える場所だけにピックを食い込ませた。だが、緑色の部分にも目に見えない空洞や気泡があり、道具をしっかりと食い込ませるのは不可能だった。どんなに注意深くピッケルを振るっても、ときに私の一撃で氷の塊が――中には一〇キロから一五キロもありそうなやつが――剝がれ、頭をかすめて低いうなりを上げて大地へと落ちていき、二十階下の斜面で粉々に砕ける。それを見て、私の体は恐怖に凍りつく。

　まずいことに、氷柱の幅が狭いために両方のアイゼンを非常に近い位置に蹴り込まなければならず、足が自然と内股になって、バランスが取りにくい。ピッケルをさらに高い位置に打ち込もうと、左のピックを氷から引き抜くたびに、左半身がぐらっと揺れて、オーバーハングした氷柱から離れそうになる。前傾した場所に置いた食器棚の扉が自然に開いてしまうのと同じだ。

氷柱がオーバーハングしていたせいで、三、四十分の登攀のあいだ、ほとんど両腕だけで全体重の八割近くを支えなければならなかった。この間肉体に要求される労力は次のような運動の場合と似ている。鉄棒で三十分間休みなく顎までの懸垂を繰り返しながら、一回懸垂をするたびに、体を引き上げたままの状態で片手を鉄棒から放して重さ一キロのハンマーを二、三度振るといった運動。ラヴズ・ウェイの二ピッチ目を半分登る頃には、酷使しすぎた腕がぶるぶると痙攣するようになった。私は空気を求めてあえぎ、ヤッケの下に着ていた服は——寒さにもかかわらず——汗でびっしょりになった。ついにロマンがビレイしているレッジの上に倒れ込んだときには、両手は激しく引きつり、カラビナのゲートを押し開けるのも難しかった。

次にケイトが、そしてブライアンが登り、もうすぐ日が沈むという頃に、私たち四人は不安な気持ちで、その上にある最後のピッチに取りかかった。そのピッチがオーバーハングではなく、単に垂直なだけだとわかると、誰もが胸をなでおろした——先ほどの氷柱に比べれば漫遊旅行のようなものだ。ヴァルディーズが身を切られるような夜の冷気に包まれる頃、我が混成チームはラヴズ・ウェイの頂の標《しるし》である、発育不良のハンノキの茂みの横で握手をかわした。

一般に氷瀑登りが恐ろしいものであることは否定できない。ときに苦しく、ときに命に関わることさえあるだろう。クライミングをしない人には、どう頑張ってもこのスポーツの魅力は理解しがたい。だが、ラヴズ・ウェイの頂上にたどり着いたケイト・ブルの歓喜の叫びがキーストーン・キャニオンの氷壁にこだまするのを聞いた者であれば、それはいともたやすく理解できることだろう。

テントに閉じ込められたときは……

豪華な写真集を眺め、真っ青な空の下で雪をいただく山々の写真に刺激されて、次の山行の計画を立てるときは、その壮麗な雪がどこからやって来たかということもぜひ心に留めておくほうがいい。山には、風がたまたま運んできた水分を搾り取る性質がある。もちろんこのことは、たとえ高校の理科の授業で習わなかったとしても、アディロンダック山地やノース・カスケード国立公園でずぶ濡れの休暇を過ごしたことがあれば、すでにご存じのはずだ。だが、楽観主義というやつは、経験が教えてくれる単純な事実や厳しい教訓を危険なまでに無視することがある。だから、以下の事実は肝に銘じておくべきだ。手付かずの自然の中で時を過ごすこと――それは、しばしば湿っぽいナイロンに囲われた独房で刑期を務めること、すなわちテントに閉じ込められることである。

行く山や季節によっては、当然かなりの悪天候が予想される。たとえば、モンスーンの季節のヒマラヤや、年間を通してのパタゴニア（そこでは土地の人は「風は神の箒《ほうき》のように大地を一掃する」と言う）。こういった場所を避ければ、ときに青空に恵まれることもあるだろう。だが、太陽が燦々と輝いていても、蚊やブヨが砂漠の砂嵐のように君をテントに閉じ込めるときだってある。つまり、天気予報がどうであろうと、テントに幽閉される可能性は常にあるというわけだ。

たしかに小さな山々なら――少なくとも夏には――テント生活に飽きれば、冷たく湿ったレインスーツを着て、大雨をものともせず、ガスに煙る山に何か楽しみを探しに出かけていくこともできる。だが、もっと遠い、氷に覆われた大山脈の圧倒的な魅力と壮大な自然に引き寄せられてしまったら、悪天候にとらえられ、数日間、いやときには数週間、テントに閉じ込められることも覚悟しなければならない。

テントに閉じ込められるといっても、必ずしも辛いことばかりではない。最初の二、三時間は夢のように幸せに過ぎていく。シュラフに潜り込んで安心して横になり、半透明のフライの外側を流れていく雨粒を眺めていればいい。あるいは風に吹かれた雪片がゆっくりとテントの壁を這い上がるのを。強烈な陽射しはナイロンを通して柔らかな明かりに変わり、その中で羽毛や最新の化学繊維にぬくぬくとくるまれていると、罪悪感抜きで、なんとも言えない安堵を感じる。大嵐は、谷からそそり立つぞっとするような尖塔の直登ルートのフリー初登に命を賭けずにすむ、またとない口実を与えてくれる。あるいは、東にある次の分水嶺を踏査しようというパートナーの馬鹿げた計画に従って、さらにもうひとつ高い峠を越えなくてすむ口実を。少なくともあと一日は死なずにすむ。無用な苦行は避けられ、面目も保てる――苦悩や良心の呵責を感じることもない。静かにまどろむ以外にすることは何もないのだ。

だが、幸福な時間もあまり長く続くとうんざりする。生まれつき怠惰な者でさえ、最後にはもうこれ以上眠れないという事態に陥る。私は毎日十六時間から二十時間寝ていられるというたぐい稀な才能に恵まれたアルピニストを知っているが、それでもまだ、潰さなければならない、ゆったりと流れる時間が大量に残っているのだ。そして、さほどの才能に欠ける者は、たとえ訓練しても、やはり毎日十時間から十二時間は目覚めていなければならない。

退屈はときに、たとえ表面に現われなくとも、実に深刻な危機を招く。ブレイン・ハーデンが『ワシントン・ポスト』に寄せたことばを借りればこうだ。「退屈は人を死に追いやる。死に追いやらないとしても、人を無能力にする。無能力にしないとしても、ヒルのように人の血を吸う。犠牲者は青ざめ、生気を失い、陰鬱になる。たとえば……快適な環境でも、隔離されたネズミは、すぐに神経過敏になり、苛々して攻撃的になる。体は痙攣し、尾はうろこがついたような状態になる」。つまり、山奥を旅する人は、地図とコンパスを使いこなす技術や、足のまめを予防し治療する技術を身につけたうえ、さらに精神的かつ物質的に退屈を乗りきる準備をしなければならないのだ。自分の尻尾にうろこが生える前に。

社会的な生き物である人間にとって、キャンプに閉じ込められたときに退屈を紛らわせてくれるのは、なんといっても同じテントに暮らす仲間たちだ。仲間を選ぶのにいくら配慮してもしすぎることはない。面白い話をたくさん知っていて、ゴシップにも通じ、監禁状態でユーモアのセンスが発揮できる才能は、少なくとも彼の山道での持久力やアイス・クライミングの専門技術と同程度に重視されるべきだ。

人を楽しませる才能よりもっと重要なのは、人を苛立たせない性格の持ち主であること。もしかしたら、君の相棒は偉大なるフランク・ザッパの歌真似が好きかもしれない。だが、テントの中でそのザッパを九十六時間ほとんど絶え間なく聴かされたとしたらどんな気分になるだろうか？　過酷な自然の旅から生還した人たちは、極度に活動的な相手は避けるべきだと力説する。延期したり、じっくり検討したりすることの重要性をきちんと理解できない高ぶった神経の持ち主と山で同居すると、停滞したキャンプの微妙な雰囲気が簡単にかき乱され、ただでさえ深刻な暇つぶし不足状況がさらに悪化する。

標準的な山用テントは電話ボックスよりほんの少し大きいだけで、床面積はクイーンサイズのベッドほどもない。こんなふうにいつでも他人とくっついていなければならない状況では、神経はあっというまに擦り減らされ、ほんの小さな苛立ちがすぐに耐えがたい怒りへと増幅する。指をポキポキ鳴らしたり、鼻をほじったり、いびきをかいたり、あるいは濡れたシュラフの先っぽが相棒の陣地を侵したりといったことが、殴り合いへと発展するかもしれない。一九六〇年代から七〇年代にかけて、屈指のアラスカ登山を行なったデイヴィッド・ロバーツは、親友と出かけて嵐に閉じ込められたデボラ山の遠征をこう語っている。

会話は弾まず、尻すぼみになるか、口論になるかのどちらかだった。悪天候のせいでかなり苛立っていた僕は、何かに怒りをぶつけずにいられなかった。その対象として、もっとも近くにいて、唯一反応できるのがドンだった……ドンのやり方に反対するのが癖になっていた――彼のナイフの拭い方や本の持ち方、しまいには息の吸い方にまで。そういうことにいちいち理由づけをしたくなる誘惑を覚えた。こんなふうに考えてしまうんだ。朝食のシリアルをすくうときのドンのゆっくりとしたスプーンの動かし方が気に障る。なぜかといえば、それが彼の几帳面さを表わしているからだ。ということは、つまり、ドンは頭の回転が遅いのだ。だから、ドンは俺のせっかちなところが気に入らなくて、何かと対立するんだ、という具合に……ドンとの関係が険悪になると、私は攻撃的になり、同時に被害妄想に陥った。だから、そのことをできるだけ考えないようにして、代わりに、暖かくて気楽で楽しい生活を思い浮かべた。でも、ドンがキャンディバーを嚙むクチャクチャという音が聞こえると、いつも静かな怒りが湧き起こってくるのだ。

将来のテント仲間の心理面が気がかりなら、ピンクの布で作られたテントを購入するようお勧めする。行動心理学者は、目にはある色の不連続な波長によって刺激されるホルモンの神経伝達物質が存在すると推測している。この物質が、脳の視床下部、松果体、下垂体によるホルモンの分泌に影響を及ぼし、それが人の気分を決定すると考えられている。その種の実験でよく知られているものでは、被験者は〝ベイカー＝ミラー・ピンク〟と呼ばれる色に塗られた小さな部屋に入れられる。ピンクの小部屋に入って十五分以内に被験者の筋力は虚弱の段階まで弛緩する、と研究者は報告している。そして、犯罪者や妄想性の統合失調症患者や〝荒れる若者〟の、〝暴力的で、常軌を逸した攻撃的、自己破損的行為〟は激減するという。

大自然の中の孤独を賛美する記述は数多くあるが、テントに閉じ込められたら、湿っぽいナイロンの布地の外にある世界はほとんど何もしてくれない。ゆえに、ウインド・リバー山脈のロンサム・レイクやマッキンリー山にあるカヒルトナの南東フォークのようなテントの密集する混み合ったキャンプ地には魅力がある。いつも変わらぬ光景、ごみと人間の排泄物の悪臭、雷鳴のように轟くテープデッキ、人混みといったものは、お年寄りや初心者には避けたいものかもしれない。だが、先見の明のある人間にとっては、嵐に六日間居坐られたときに訪問できるテントが隣にあることの価値ははっきりしている。

手付かずの自然《ウィルダネス》に分け入って人混みを探すのはナンセンスだが、だからといって一人か二人で行けばいいと考えるのは事実のすり替えである。二人組で出かけた長期遠征で悪天候に見舞われたら、一緒に行った二人には精神的な傷が永久に残ると、誰もが口を揃えて言う。ならば、一人で行くのはどうかといえば、ヴィクター・F・ネルソン（囚人として一生を過ごし、独房に監禁されたときの微妙な気持ちをよく知る人物）は一九三三年にこう警告している。「概して人間は、自分自身にとっては最悪の友だ。たとえ短い時間でも自分自身と向き合うと、ひどい嫌悪感と絶え間ない不安を覚え、どんな逃げ道でもいいから探そうとする」。単独行では、皿洗いを誰がするかで言い争うことはない。だが、天気が崩れ始めると、結局大抵の人は、いやな仲間でも誰もいないよりはましと感じるようになる。口論でもせいぜい暇つぶしにはなるのだから。

あまり気難しくない種《しゅ》から相棒を選ぶのは、一人で過ごす孤独と、テントの中で数日過ごすうちに険悪になりがちな人間の友人関係のあいだを取った、なかなか良い妥協案だ。犬の会話能力はいまひとつだし、濡れた犬は濡れた登山家よりさらにひどく臭う。だが、良い犬はいつも明るく共感を持って、人の話にじっと耳を傾けてくれるだろう。そして言うまでもなく、良い犬は古来、フラストレーションの典型的なはけ口なのだ。

嵐による強制的な監禁状態が何日も続き、濡れたテントの壁が低くたわんでくると、中にいる者に倦怠感が重くのしかかる。〝アリューシャンの凝視〟と呼ばれるどんよりとしたうつろな目つきになり、口論するとき以外はことばを交わす気力もなくなる。これは現代の遠征だけに特有の症状ではない。ロバート・ファルコン・スコットらが一九一〇年から一三年にかけて行なった悲劇の南極点到達争いの記録、『世界最悪の旅』の中で、アプスレー・チェリー＝ガラードは南極の冬を乗り切る様子をこんなふうに書いている。

小屋の中で、いつも私たちの食事を大いに脅かすものがひとつある。キャグだ。キャグとは議論のことで、ときとして博識が披露され、また必ずや白熱してしまうのである。陽の下のあらゆることが話題になり……ほんのささいなきっかけで始まった議論は、どんどん広がり、何か月も経ってからまた取り上げられては、蒸しかえされる……氷の結晶はどうしてあんな形になるのか……南極圏での使用に最適のアイゼンは何か、ロンドンで牡蠣が一番うまい店は、ポニーにかける理想的な毛布は、あるいは、ビターを一パイント注文したらリッツ・ホテルのソムリエは驚くか、といった話題だ。

チェリー＝ガラードと彼の仲間が行なった議論の多くは、『タイムズ地図帳』や『チェンバーズ百科事典』で調べることで決着がついた。だが、現代の僻地愛好家はとても怠惰なので、そのような、信頼はおけるが重い参考文献を持っていかない。そこで、議論にけりをつけるために実によく賭けが行なわれる(「賭けるか？　そうじゃないんなら黙ってろ」と)。そして、賭け金をすべてメモしておく賢い者もいる。

偶発的に始まった議論が激しくなりすぎたとき、欲求不満を解消し、文化的な方法で時を過ごすための、より構造的な指針を与えてくれるさまざまなゲームがある。ボッティチェリ(「私は誰でしょう」)は良いゲームだ。またトランプが一組あれば、マッチ棒をチップ代わりにしてポーカーができる。だが、その際、注意しなければならないのは、マッチ棒をテントの床にできた水たまりから充分に遠ざけておくことだ。さもないと、温かい食事がとれなくなる。自然の奥深くへ入ると、お金というものはいつもきわめて抽象的な物に思える。そこで、賭け物をその旅ですぐに役立つ品に限れば、さらにゲームは熱を帯びる――食糧が残り少なければ一日分の配給。もし残っていれば乾いた服でもいいし、数平方センチメートルのテント内の領土でもいい。あるいは、外に出かけるときのかなり重い荷物の割り当てなど。

ペンやマット、キャンプで出たがらくたなどを使ったボードゲームが、数限りなく考え出される。モノポリーの改造版はいつでも大人気(正しい枡目の配置と共同基金の内容を思い出そうとするだけでかなりの時間が潰れる)だが、クライマーのあいだで一番人気があるのは〝頂上経験〟だ。長い時間を要する複雑なゲームで、〝頂上〟に達することは決してないという点がひねくれた現実味を帯びている。腕時計型やポケットサイズのコンピューターゲームも面白いが、ゲーム機がひっきりなしに発する音と、偶然にも持ち主が外に用を足しに行っているあいだに高い確率でその機械が壊れることには何らかの関係があるように思える。

たとえどんなにゲームが面白くても、長引く幽閉状態が大詰めを迎えると、どうしようもなくいやな相手でなくても、他人との接触は最小限に留めたいという欲求を抑えきれなくなる――口論も、無言でトランプをするのもいやになる――ときがくる。そうなると、何か一人でできる気晴らしが必要となる。

本は軽くないとはいえ、酒や麻薬とどっこいの対重量娯楽時間比を有している。テント生活をしていると思考力がかなり麻痺するので、無邪気で、通俗的で、アクションシーンがふんだんに盛り込まれた本でなければ興味を持ち続けることはできないと考える一派がいる。つまり、SFやポルノ、ミステリなどだ。一方で、いつも読まなければならないと思っていながら、なかなか手を出せずにいる分厚い本を持って行くように勧める一派もいる。退屈が限界に達したら、最後は手元にある本なら何でも読むだろう、しかも一度ならず何回も。嵐でテントに幽閉されたときの比類なき退屈を利用して、せめてプルーストに取りかからなくてどうする、というわけだ。

だが、テントに閉じ込められたときに読むのにもっとも適した本は、ずばり遠征記だろう。面白いし、気持ちを奮い立たせてもくれるからだ。汚れた靴下のような臭いがするじめじめしたテントの中で年に一度の休暇のすべてを費しているというだけの理由で自己憐憫の泥沼に浸かっているときに、ナンセン、シャクルトン、スコットといった初期の極地探検家たちが耐えぬいた恐ろしいことどもを読めば、気持ちが落ち着くにちがいない。三年にもわたった遠征、文字どおり歯が割れるほどの寒さ（チェリー＝ガラードはこう書いている。ありがたいことに、ある日零下一〇度まで「暖かくなった」と）、六週間絶え間なく続くハリケーン並みの吹雪、壊血病、飢餓、ヒョウアザラシの襲来などを読めば、自分の苦境を冷静に見ることができるだろう。

もし、険悪な人間関係のせいで社交的な気晴らしができず、無分別にも本を持ってくるのを忘れたとしたら、残された手段はほとんどない。当然のことながら、料理したり食べたりするのは、食糧や燃料の蓄えという点で限界がある。蓄えは常に乏しいのだ。スープの箱を眺めて長ったらしい保存料の名前を覚えたり、テントの天井の縫い目を数えたりすることもできるが、そういった楽しみは永遠には続かない。最後には、先ほどのヴィクター・ネルソンが書いているような状態に陥っているのに気づくはずだ。「私はベッドに横になり、独房の暗がりに顔を向け、過去と未来にしがみついていた……いま自分を取り巻いている現実は、あまりにも過酷で耐えられなかったのだ」

これほど悲惨な境遇に置かれたら、どんなにしっかりした人間でも、最後の手段として救急箱をあさるしかない。だが、山の嵐はパーコダンやコデインといった救急用品より長持ちする。また、閉所恐怖症を起こしそうな臭いナイロンの皮膜の内部は、麻薬中毒の禁断症状地獄を経験するのに最適の場所とは言えない。

運命は、ときにテントに縛り付けられた者に微笑む。あるいは、少なくとも作り笑いを浮かべて、ひとときの退屈しのぎをさせてくれる。惨めさを、生存自体が危うくなるレベルまで引き上げてくれるのだ。テントを雪崩が襲う、稲妻に打たれる、コンロが爆発してテントが消える、一番近い病院まで三〇〇キロ以上ある山奥で盲腸になる、あるいは、グリズリーに襲われる——実存的倦怠を癒すに、実存への深刻な脅威に如《し》くものはない。

だが、単なる惨めさと、凝縮された行動のつまった身震いするような死闘のあいだには、一本の細い線がある。一九六七年、アラスカのレヴェレイション山脈に入山した初めてのパーティは、五十二日間の遠征中四十日以上を嵐の中で過ごし、その間ほぼずっと細い線の正しい側に居続けた。マット・ヘールは、遠征の終わり近くにずぶ濡れになってベース・キャンプに戻ったときのことを思い出す。蝶の標本を集めるための何日にもわたる踏査は徒労に終わり、遭遇したのはまるまる一週間続く横なぐりの雨とみぞれだけだった。ものすごい強風がテントの壁を突き抜けて吹き荒れ、雨は細かく絶え間のない冷たい霧となってテントの中に降り注いで彼らの体を骨まで凍えさせ、シュラフはただのぐしょ濡れの羽毛とナイロンの塊と化した。

低体温症になりかけていたヘールは、もっとも乾いた状態で眠れる方法を考え出した。濡れた服をすべて脱ぎ、冷たく湿ってはいるが、少しは防水加工がきいているザックの中に（ふやけたフィグバーのかけらがたくさんついているという事実には目をつぶって）できるだけ体を押し込んでから、ザックをレインパーカーで覆い、最後に雫がたれるほど濡れたシュラフにずるずると潜り込むのだ。彼は当時を思い起こしてこう言う。「毎晩、譫《せん》妄《もう》状態に陥った。半分意識があるまま夢を見るんだ。氷河を歩いていると、暖かくて乾いた小屋を見つける。ドアを開けようとしたところで、いつも目が覚める。がたがたと震え、湿って、体中フィグバーのかすでべとべとしていた」。一週間のテントの中での試練で、さまざまな惨めさを体験していながら、ヘールはすぐに力を込めて付け加える。「退屈なんて問題じゃないさ」と。

実際、その遠征から二十数年経ったいま、ヘールはそのときの苦しい体験を大いなる愛情を込めて語るのだ。この男はレヴェレイションに戻るだろう――どんなに悪天候であろうと――機会が訪れればすぐに。十九世紀末に傑出した冒険を行なったアルピニストであるサー・フランシス・ヤングハズバンドは言う。「なぜなら、山は与えるものをあまりに多く持っていて、しかも惜しみなくそれを与えてくれる……だから、男たちは山を愛し、幾度となく山へ戻るのだ」

タルキートナの飛行機野郎

アラスカはスシトナ・ヴァレー北部の中心地、晴れた日には人口およそ二百五十人になるタルキートナの町は、いつもと変わらぬ六月の朝を迎えた。夜明けの風がトウヒの香りと湿った大地の匂いを運んでくる。ヘラジカがひっそりとした町のメインストリートをのんびりと歩き、ふと立ち止まると野球場のフェンスに頭を擦りつける。と、いきなり轟音が鳴り響き、早朝の平和なひとときは一瞬にして消え去る。町外れの飛行場で、小さな赤い飛行機のエンジンが二、三度咳き込んでから回転を始めたのだ。

操縦席に坐っているのはダグ・ギーティング。毛深い熊のような大男だ。滑走路の端へと飛行機を走らせながら、彼は無線機のスイッチを入れ、世界中のパイロットが使う簡潔な隠語で飛行計画を伝える。「タルキートナ、47フォクス。乗員四名でカヒルトナの南東フォークへ向かう。燃料三時間分。飛行時間一時間半」

「47フォクス、了解。風向三五〇度、風速六ノット。北向き滑走路を勧める。気圧二九八九」

アラスカ州
（アメリカ）
デナリ国立公園
カナダ
マッキンリー
6194
フォラカー
5304
ハンター
4442
タルキートナ
アンカレッジ
ヴァルディーズ
デヴィルズ
・サム
2767
ジュノー
アラスカ湾

飛び立った。
「二九八九、了解。離陸します」。そのことばと同時に、三十五歳のパイロットはスロットルを全開にする。エンジンが泣き叫び、小さな飛行機は滑走路からアラスカの大空へと

タルキートナ飛行場の二本の滑走路と半ダースの泥道、そして丸太小屋やトレーラーハウスやかまぼこ形住宅や土産物屋がごちゃごちゃとひと塊になった集落の上空を飛び越えると、そこには、黒トウヒとハンノキと水浸しの湿原からなる広大な平地が広がっている——海抜せいぜい一〇〇メートルしかない、フライパンのように真っ平らな蚊の天国である。だが、わずか八〇キロ先には、低地から何の前触れもなく北アメリカの最高峰、マッキンリー山の巨大な障壁がそびえ立っている。空に飛び出すやいなや、ギーティングは機体をいきなり左に傾けて、泥の帯のように見える広々としたスシトナ川の上空で西へ針路を取ると、その山の大きなシルエット目指して真っすぐに飛んでいく。

ギーティングの飛行機はセスナ185。六人乗りで、内部は日本製の小さなステーションワゴンと同じくらいの広さだ。今回のフライトでは三人の客を乗せており、乗客は、飛行機の床から天井までを占領している山のような荷物——バックパックやシュラフ、スキーやさまざまな登山用具——に押しつぶされそうになっている。三人の男はいずれも登山家で、それぞれ二百ドルをギーティングに払い、マッキンリー山の高度二五〇〇メートル地点にある氷河へ行こうとしている。そこから、ほぼ一か月近くかけて、六一九四メート

ルの頂上を目指そうというのだ。

毎年、約千人の登山家がマッキンリーとその周辺にある山々に挑む。そして、彼らをアラスカ山脈の高地にある氷河へ降ろすのが、ダグ・ギーティングの飯の種だ。「氷河飛行」——高度の技術を要し、危険で、一般にはあまり知られていないこの商業飛行はそう呼ばれている——は世界でもほんのひと握りのパイロットが行なっているだけだが、そのうちの八、九人はタルキートナを拠点としている。仕事の中身に比して、稼ぎはそれほど多くないし、勤務時間はそうとう過酷だ。だが、仕事場である飛行機からの眺めはそれを補ってあまりある。

タルキートナを発して二十五分、スシトナ・ヴァレーから突き立っているマッキンリー山群の鋭い乱杭歯《らんぐいば》のような最初の砦が、セスナの窓いっぱいに見えてきた。離陸してから、飛行機は着実に上昇を続けている。すでに高度は二五〇〇メートルに達していたが、不気味に迫る雪を張りつけた鋭い岩の杭は、まだゆうに五〇〇メートルは上にある。飛行機は切り立った岩壁にどんどん近づいているというのに、ギーティング——軽飛行機での飛行時間は一万五千時間、いま飛んでいるルートを飛び続けて十五年以上になるパイロット——は、見るからにのんびりとくつろいでいる。

いまにも岩に激突するというとき——登山家たちの口がからからに乾き、彼らがこぶしをぎゅっと握り締めたその瞬間——ギーティングはいきなり片翼を下げて、目がまわるような右旋回をすると、切り立った尖塔の肩のうしろに現われた狭い切れ目に突入する。飛行機のすぐ横を岩肌が通り過ぎる。陽の光に輝く氷の結晶が見分けられるほどの至近距離を。「ほら」ギーティングはさりげなく反対側を示した。「今の切れ目が〈ワン・ショット峠《パス》〉だ」

「山岳飛行でまず大切なのは」、いかにもカリフォルニア出身者らしい、のんびりした口調でパイロットは説明する。「峠には正面から近づかないことだ。そんなことをして、予期しない風の吹き降ろしを受け、それを切り抜けられなかったら、たちまち地獄行きさ。高所にある峠は真正面から攻めないで、山の稜線に沿って飛び、峠のすぐ横まで近づいてから、いきなり四五度の角度で切り込む。そうすれば、もし飛行機が揚力を失って、峠の高さまで上昇できないときでも、最後の瞬間にターンして戻ることができる。この商売を長く続けたければ、肝心なのは常に避難口をあけて、階段を降ろしておくことさ」

峠の反対側は、氷河期そのものの風景だ。見渡す限り黒い岩と青氷《ブルーアイス》、そして、まばゆいほどの真っ白な雪が広がっている。セスナの翼の下には、こぶのように突き出した氷塔《セラック》とクレバスのせいで波を打ったように見える、幅三キロ、長さ六五キロのカヒルトナ氷河が横たわっている。窓外の景色の雄大さは想像を絶している。カヒルトナを囲む峰々は、氷河から頂へと垂直高度にして一気に一五〇〇メートル以上そそり立っている。低いうなりを上げて時速一六〇キロ以上で定期的に岩壁を落ちていく雪崩は、遠くからはスローモーションのようにゆっくりとして見える。この広大な景色の中では、ギーティングの飛行機はほんの小さな赤い点でしかない。低い音を立ててマッキンリーへと飛んでいく、目に見えないくらい小さな機械仕掛けの羽虫のようなものだ。

十分後、羽虫は〈南東フォーク〉と呼ばれるカヒルトナ氷河の分流の上に降りるために九〇度旋回し、着陸体勢に入った。巨大なクレバス群の迷路の真ん中、前方の氷河の中央に滑走路が現われる。竹の杭に縛り付けたビニールのごみ袋が目印として並ぶ天然の雪の滑走路だ。機体が近づくにつれて、遠くから見えたのとちがって氷河が水平どころではないのがはっきりしてくる。滑走路はスキーの初心者なら躊躇するほどの斜面にあるのだ。高地で空気が薄いために、セスナのパワーは極端に落ちている。飛行機は、巨大な花崗岩の壁が行く手をふさぐ上り斜面に着陸しようとしている。ギーティングは、それについても陽気に話してくれた。「ここでは、着陸のやり直しなんてものはありえない。滑走路へのアプローチをたった一度で完璧に決めなければならないんだ」。不測の事態が起きないように、彼は周囲の尾根をじっくりと観察する。舞い上がるかすかな雪の動きを見て、危険な風が吹いていないかどうかを確かめるのだ。氷河の主流の先端、上方数キロ先のカヒルトナ・パスと呼ばれる三一〇〇メートルの鞍部に、かすかに綿のような雲が漂っているのを彼は見つけた。

「あれはフェーンの雲。山からものすごい強風が吹き降ろす前兆だ——その風のことを、俺たちはローターと呼んでいる。目には見えないが、空気が波のように渦を巻きながら、斜面を下ってくる。ああいう雲に飛行機を近づけたら、まずまちがいなく木っ端みじんだ」

ちょうどそのとき、セスナは強い乱気流に突入し、上下左右に激しく揺れた。それと同時に、失速警報装置が悲鳴を上げる。だが、ギーティングにしてみれば、これは予期していたことだ。彼はすでに失速を阻止する対気速度にまでスピードを上げていた。冷静に突風を乗りきると、下降し、機体についている短く幅の広いアルミニウム製のスキーで滑らかに氷河に着陸した。上り坂になっている滑走路の先端まで進み、パワーを上げて飛行機をスピンさせ、離陸に備えて機首を下り斜面に向けてからエンジンを切る。「さあ着いた」と彼は言う。「カヒルトナ国際空港へようこそ」

セスナの乗客は大急ぎで凍てつく氷河へと這い出た。入れ替わりに、一か月間の山の生活で、赤黒く日焼けして顔の皮がむけた登山家が三人、ビールと水洗便所と緑のある場所へ運んでもらおうと、我先に飛行機に乗り込んだ。カヒルトナ〝国際空港〟に着いてわずか五分後、ギーティングは、飛行機から降りてまだ呆然としている乗客に、指でゴーグルとヘルメットの形を作る、あのテレビのジュニア・バードマンのきびきびした挨拶をすると、ふたたびセスナのエンジンをかけた。プロペラで舞い上がった吹雪の中、飛行機は轟音を響かせて滑走路を滑り降りていく。彼がタルキートナに戻ってくるのを苛々しながら待っている次の登山家たちを運ぶために。

五月から六月末までは、マッキンリーがもっとも賑わう登山シーズンだ。朝の五時から深夜過ぎまで、タルキートナの空には、スキーを履いたセスナ、ヘリオ・クーリエ、布の翼のスーパー・カブといった飛行機のすさまじい轟音がこだまする。この騒音が少しでも静まれば誰もが安らかに眠れるのだが、苦情を言う者はひとりもいない。トウモロコシのないアイオワ同様、飛行機のないアラスカなど考えられないのだから。

ジーン・ポッターは、辺境の空を飛ぶいわゆるブッシュ・パイロットたちの歴史を綴った『北へ飛ぶ《ザ・フライング・ノース》』にこう書いている。「アラスカの人たちは、アメリカ合衆国でももっとも頻繁に空を飛ぶ人たちだ。おそらく世界でも一番だろう……一九三九年、準州にある小さな航空会社は、合衆国の航空会社と比べ、ひとり当たりにして二十三倍もの乗客と千倍もの荷物を運んだ。政府や大企業はこれにはほとんど関与していない」。ポッターが指摘するように、アラスカの航空産業発展の推進力となったのは、各地からやって来た、独立独歩の経験豊かなブッシュ・パイロットたちだ——カール・ベン・アイルソン、ジョー・クロッソン、ノエル・ウィーン、ボブ・リーヴといった、食品や薬、郵便を辺境の地へ飛行機で運び、死と隣り合わせの日々を生き抜いた伝説的な男たちである。ダグ・ギーティングやタルキートナの氷河に魅せられた彼のライバルたちは、そういう男たちの精神を大いに受け継いでいる。

カヒルトナ〝国際空港〟の氷河上の滑走路を見下ろす三九〇〇メートルの山は、ジョー・クロッソンと名づけられている。一九三二年四月、マッキンリーのムルドロウ氷河でアラスカ初の氷河着陸を成功させたクロッソンにちなんでそう呼ばれているのだ。彼はそこへ宇宙線測定を目的とする科学調査隊を運んでいった。調査隊のメンバーのひとりによれば、クロッソンはきわめて価値のある初着陸に成功した際、「いかにもあたりまえのことをしたまでだとでも言いたげに、飛行機を離れる前に煙草に火をつけた」と言う。だが、ジーン・ポッターは、クロッソンの行なった着陸は「かなりの危険を冒し、飛行機に相当な損傷をもたらした」と書いている。クロッソンの雇い主であるアラスカン・エアウェイズは、それからのち、彼に氷河飛行を禁じた。

氷河飛行技術の完成はボブ・リーヴに託された。リーヴはウィスコンシン出身、神経質な美食家で、各地を転々とするアクロバット飛行のパイロットだった。一九二九年、二十七歳のとき、彼は南アメリカのアンデス山脈の上を飛んでリマ、サンティアゴ、ブエノスアイレスをまわるという、きわめて危険な長距離航空郵便の航路を切り拓き、それによって山岳飛行の技術を身につけた。その当時、彼はフライトの合間にときどき、粋な服を着た夢想家のフランス人パイロットと酒を酌み交わしている。そのフランス人の名はアントワーヌ・ド・サン・テグジュペリ。すぐ後に『星の王子さま』や、初期の飛行士生活を密度の高い抒情的文章で描き人気を博した『人間の土地』の作者となる人物だ。

一九三二年、リーヴは高価なロッキード・ベガを衝突させて、上司の怒りを買い、南アメリカを離れた。その上、彼は合衆国に戻った直後に株で全財産を失い、さらにポリオを患う。無一文で重病で、失意のどん底にあった彼は、ツキが変わるのを期待して、アラスカに向かう貨物機に密航者として乗り込み、ヴァルディーズというさびれた港町にたどり着いた。

だが、長引く不景気のせいで、アラスカには職を求めるパイロットたちがすでに大挙して押しかけていた。そして、乗客はといえば、パイロット全員に行き渡るほど多くなかった。リーヴは職を得るために、航空業界ではまだ誰も手を出していない仕事を専門にすることに決めた。準州の冒険好きなパイロットですらやろうとしない仕事――金採掘者と彼らの重い荷物を、ヴァルディーズの周囲にそびえる高い山の中にある氷河へ運ぼうというのだ。試行錯誤しながら、彼は隠《ヒ》れ《ドゥン》たクレバスを瞬時に避ける感覚を身につけ、氷河の傾斜が障害ではなく助けになることを発見した。傾斜を利用すれば短い滑走路で離着陸ができるというわけだ。さらに、天気が悪く雪面がどのあたりにあるのかすらはっきりわからないようなときには、着陸する前に空からトウヒの大枝やズックの袋を雪の上に点々と落とすことで視界を確保し、斜面の状態を確かめる方法を考え出した。

春と夏の数か月、スキー装着機は雪の残っている山には着陸できるが、雪がほとんどない海抜〇メートルのヴァルディーズの滑走路では離陸できない。その間、氷河飛行をどうやって続けていくかという解決策もリーヴがあみ出した。彼は飛行機についた木製のスキーの滑走面に、つぶれた飲み屋から失敬してきたステンレスを貼りつけた。さらに、夏の滑走路として、ヴァルディーズ湾の泥の干潟を使うことを思いつく。そこは潮が引くと滑りやすいシルトとアマモの平原になるのだ。

精力的な登山家で地理学者でもあり、のちにボストン科学博物館の館長となったブラッドフォード・ウォッシュバーンは、リーヴが年間を通して氷河への着陸を行なっていることを耳にして、さっそく問い合わせてきた。当時、北米の未踏峰のうちもっとも高い山であった五二二六メートルのルカニア山への遠征隊を、山の基部の氷河へ降ろしてくれないかというのだ。それは命がけのフライトだった。起伏に富んだ未知の土地の上を七五〇キロ飛び、重い荷を積んだスキー装着機で、それまでの経験より六〇〇メートル高い場所に着陸しなければならない。だが、とウォッシュバーンは語る。「手紙を出してから十日後に電報を受け取りました。電文は『どこにせよ、あなたが乗れば私は飛ぶ。ボブ・リーヴ』」

一九三七年五月初旬、二〇〇〇キロの物資を運ぶルカニア山への初飛行は順調に行なわれた。だが一か月後、ウォッシュバーンともうひとりの登山家ボブ・ベイツを氷河に運んできたリーヴがふたたび同じ氷河に着陸したとき、フェアチャイルド51はあっというまに湿った底なしの雪の中に胴体まで沈んだ。例年になく気温が上がり、氷河が半溶け雪の海となっていたのだ。三人の男は飛行機をどうにかして引っ張り出し、固い場所まで動かそうとしたが、リーヴがエンジンをふかすたびに、状況はますます絶望的になるだけだった。そうこうするうちに、かなりの燃料を無駄にしてしまい、ヴァルディーズに帰り着くだけ残っているかすらおぼつかなくなった。

そのまま四日四晩が過ぎた。飛行機が氷河に永久に貼りついたままになりそうな気配が漂い始めた五日目の朝、わずかに気温が下がり、半溶け雪の表面に薄い氷の膜が張る。リーヴは飛行機を軽くするために工具と非常用具をすべて放り出し、エンジンのパワーを最後の一馬力まで引き出すために、レンチでプロペラの羽根のピッチ角を平らにした。そうして、氷の絶壁が待ち構える下り坂の上で飛行機を発進した。

「飛行機は氷河の縁を越え、見えなくなりました」。ウォッシュバーンはそのときのことを思い出して言う。「あたりはしんと静まりかえり、ベイツと私は飛行機は落ちたのだと思いました。が、突然エンジン音が聞こえ、上昇したのです。ぎりぎりのところで、リーヴは飛行機を空高く持ち上げたんです」。フェアチャイルドがヴァルディーズの泥の平地に降りる頃には、燃料タンクの中に最後に残った気化ガスで、飛行機はプスプスと音を立てていた。

リーヴに心から感銘を受けてルカニアの遠征から戻ったウォッシュバーンは、それに続く数度の遠征にも彼を雇い続けた。だが、一九五〇年代に入ると、リーヴはヴァルディーズを去り、氷河飛行には雇えなくなった。そこで、ウォッシュバーンはマッキンリー山の地図作成のための九年がかりの実地調査に際し、専属パイロットをほかで調達しなければならなくなった。彼は、ドン・シェルダンという、タルキートナを拠点としている怖いもの知らずの若いパイロットを推薦される。ウォッシュバーンはシェルダンについてリーヴに尋ねたときのことを語っている。リーヴはこう答えた「やつはいかれてる。そのうち自滅するか、えらく腕のいいパイロットになるかのどっちかだ」。結果は後者だった。

シェルダンは新しく開発された〝ホイール＝スキー〟着陸装置――乾いた滑走路から車輪で離陸したあと、雪上への着陸に備えて飛行中に一対のスキーを下げられるようにした装置――を使い、アラスカ山脈の敵意に満ちた空を夏には毎年八百時間以上飛行し、二十七年間タルキートナを拠点として商業飛行を続けた。その間、四十五機の飛行機を操縦し、そのうちの四機を激突させて潰しているが、彼も彼の乗客も一度も怪我をしたことはなかった。シェルダンの行なった高高度での冷静な着陸と人命救助活動は、アラスカだけでなく、世界中で語り継がれている。シェルダンは一九七五年に大腸がんで亡くなったが、このときすでにドン・シェルダンの名は、英雄的な氷河飛行と同義語になっていた。

シェルダンの氷河パイロットとしての人生は、急速に人気を集めていたマッキンリー登山とともに歩んでいる。彼の人生の最後の十年間は登山家を運ぶのに忙しく、春と夏の数か月間は一日平均四、五時間しか眠れなかった。それだけ長時間働いたにもかかわらず、ほぼ毎年、辛うじて口を糊《のり》するほどしか稼げなかった。「エアー・タクシーを仕事にしていたら金持ちにはなれないわ」。今でもタルキートナの小さな飛行場のすぐ隣にある質素な木造の家で暮らしているロバータ・リーヴ・シェルダン——ドンの未亡人で、ボブ・リーヴの娘——は言う。「稼ぎはすべて飛行機につぎ込んでしまうから。新しいセスナ180を買うために、銀行から四万ドル借りたことがあったけど、その三か月後に、ドンは飛行機をヘイズ山にぶつけて使い物にならないほど壊してしまったの。跡形もないものにお金を払うのはほんとに辛かった」

シェルダンと同じように才能のある第二の氷河パイロットが町に出現したことで、ますます彼の金銭的苦悩は大きくなった。クリフ・ハドソンというパイロットは、シェルダンより数年遅れてタルキートナの町で氷河飛行を始めた。シェルダンとハドソンは良きライバルではなかった。二人は絶えず互いの客を奪い合っていたのだ。昔からのタルキートナの住人は、B&Kトレーディング・ポストで二人のパイロットが殴り合い、キャンディ・カウンターを壊し、目のまわりに痣《あざ》をつくり、唇から血を流して去っていく姿を鮮明に覚えている。二人の仲はあまりにも険悪で、一度空の上でも事件があった。シェルダンがハドソンの飛行機に至近距離まで接近したというのだ。その出来事は裁判にまでなり、シェルダンは危うくパイロット・ライセンスを失いかけた。

シェルダン——自信過剰で、ハンサムで男らしいワイオミング出身の元カウボーイ——

は、どこから見ても熱血的なブッシュ・パイロットだった。ハドソン――彼はまだ生きていて、いまでもアラスカの空を飛んでいる――は、そんなシェルダンとはまったく対照的だ。彼のフライト・ユニフォームは、うす汚れたウールのシャツに擦り切れたポリエステルのズボン、安物の黒いローファーと決まっていて、バワァリー街の路上生活者とまちがわれてもおかしくない。だが、ハドソンがどんな身なりをしていようと、そのせいで熟練した氷河パイロットという評価が下がることはなかった。

村の小さな飛行場のための吹き流しは、悪名高い地元の酒場〈フェアヴュー・イン〉の屋根の上に立っている。薄暗い店の中は、スツールに腰掛けたパイロット批評家たちの、ハドソンとシェルダンではどちらがすごいかという話題でしょっちゅう盛り上がる。野球ファンがマリスとベーブ・ルースを比較するようなものだ。〈フェアヴュー〉の常連の中には、ハドソンは少なくともシェルダンに負けていないと主張する者がいる。いま生きているパイロットの中でハドソンは氷河での飛行時間が一番長い。それなのに――驚くべきことに――いまだに飛行機を一機も壊していないのだから、と。

シェルダンの死後、ライバルがいなくなったハドソンは我が世の春を楽しんだ。が、それもほんの数年のことだ。一九八四年までに、タルキートナを拠点とする通年営業の氷河飛行専門のエアー・タクシー会社が四社も――ハドソン・エアー・サービス、ダグ・ギーティング・アヴィエイション、K2アヴィエイション、タルキートナ・エアー・タクシー

──誕生し、どの会社も腕のいいパイロットを雇い、生存競争を勝ち抜こうとしのぎを削っていた。K２アヴィエイションのオーナー、ジム・オコネクはきっぱりと言う。「誰もが自分を町一番のパイロットだと思っているし、客がほかのパイロットと一緒に飛びたがるなんて想像もできない」

こんな小さな町に自信過剰の男たちが集まれば、ことあるごとに火花が散るのは当然だ。彼らはののしり合い、客を奪い合う。そして、互いの規則違反を、あることないこと、いつも当局に報告し合っている。最近では事態はさらにエスカレートし、ギーティングがオコネクやタルキートナ・エアー・タクシーのオーナーであるローウェル・トーマス・ジュニアと一切口をきかないというところまできている。ギーティングとトーマスの敵対心はかなり根深く、トーマス──六十四歳で紳士的な元アラスカ州副知事。また、父は有名なブロード・キャスター──は、ギーティングの名前を口にすることすら耐えられないといった様子だ。会話の中で、どうしても若いライバルの存在に触れざるを得なくても、ギーティングのことを「あの男」と言うだけだ。

パイロットたちが一時休戦するのは、唯一、年に一度のメモリアル・デイにタルキートナの戦没者に捧げる儀礼飛行に参加するときだけだ。四社の飛行機がタルキートナ墓地の上で、翼と翼が触れ合うほどぴったり並んで低空飛行を行なう。その眺めは圧巻だ。だが、この重要な行事に関してでさえ、ギーティングとオコネクは親しく話し合うことはない。

最近では、タルキートナでの競争がますます激化しているために、パイロットたちは登山家、測量技師、猟師、金採掘者といった昔ながらの客に加え、新たな客層の開拓に努めている。たとえば、ギーティングはデパートメント・オブ・フィッシュ・アンド・ゲームと契約し、悪さをするグリズリー・ベアをアラスカ山脈の奥地へ運んでいる。あるときそのフライトの最中に、拘束されていない客が麻酔から覚め、怒って、座席の布張りを引き裂くという事件があった。それでもギーティングはなんとか着陸し、やっとのことで飛行機から客を追い出した。

エアー・タクシー四社のオーナーの中で、新しいビジネスを獲得することにもっとも意欲的で、また才能があるのはオコネクだ。先頃、彼はカメラマンと若い女性のグループを乗せ、ルース氷河のグレート・ゴージへ飛んだ。そこはマッキンリー山群の中でも、もっとも壮観な場所である。飛行機から降りると、女たちはすぐさま裸になり、氷河の上でポーズを取った。これが『プレイボーイ』誌の忘れがたい特集ピクトリアル「アラスカの女たち」となった次第。「このビジネスで成功したければ、新しい作戦を考えなければだめさ」とオコネクは言う。「町にはあれだけ大勢のパイロットがいて、全員に行き渡るほどの登山家はいないんだから」

クマやバニーだけでなく、今ではパイロットはみんな定期的に飛行機にフィラデルフィアやらデモインからの観光客を満載して、氷河の遊覧飛行を行なっている。この遊覧飛行があまりにも決まりきったフライトなので、皮肉屋は、氷河飛行という仕事から冒険とロマンが消えてしまったと言う——最近の氷河飛行はタクシーを運転するのと大して変わらない、と。昔、ヴェトナムでヘリコプターを操縦していた退役空軍大佐であるオコネクは、そんな意見には反対だ。「氷河飛行はパイロットとしての最高の仕事だと言ってまちがいない。ついこのあいだも、ジャック゠イヴ・クストー（フランスの海洋探検家。映画『沈黙の世界』の制作でカンヌ映画祭グランプリ、アカデミー賞を受賞）のパイロットが私のところで働きたいと言ってきた。世界でもトップクラスのパイロットが、ここでの仕事に興味を示しているんだ」

さらにオコネクの話は続く。「大型旅客機のパイロットが、フライトの合間に何人も私の操縦する飛行機に乗って氷河へと飛んでいる。スイス航空とカンタス航空でボーイング747を操縦しているパイロットたちが、氷河への着陸や、飛行機の窓の下に広がる地形を見て愕然とする。氷河飛行にはいまでも冒険的要素がたくさん残っているというわけだ。山岳飛行の経験のないパイロットが、カヒルトナで遊覧飛行をすると、山ばかりの広大な景色に方向感覚を失う。操縦する小さな飛行機のパワーが急に落ち、どうすればいいのかわからなくなる。そして、彼らは氷河に墜落するんだ。そういう事故を毎年見ているよ」

だが、アラスカ山脈に飛行機を叩きつけるのは、未熟なアマチュアパイロットだけではない。一九八一年、エド・ホーマーというタルキートナの経験豊かなパイロットが友人を二人乗せて、昼過ぎにマッキンリーの遊覧飛行に出かけた。ところが、カヒルトナ・パスを通りかかった際、下降気流につかまり、彼の操縦するセスナは山に叩きつけられた。救援隊は四日後に現場へ到着したが、ひとりの乗客は死に、もうひとりは凍傷で両手を、ホーマーは両足を失った。「この商売をしていると、生と死を分ける細い線に直面することがよくある」とローウェル・トーマスは言う。「問題は、その線を大きく踏み越えてしまったとき、それを自分で認識できるか否かだ。どうしても、線を大きく踏み越えなければならないときがある。たとえば、遭難した登山家の救助にかり出されたときがそうだ。そのときは、ほんとうに危険な仕事になる」

ギーティングはこういったきわどい仕事を、義務的な分担を越えてまで手がけてきた。数年前、ひとりの登山家がフォラカー山――マッキンリーの隣にそびえる五三〇四メートルの高峰――で、深さ二〇メートルのヒドゥン・クレバスに落ち、頭に大怪我を負った。吹雪が二日間続いて救助活動ができずにいると、現場の医者が、いますぐ病院に運ばなければ遭難者は死んでしまうと無線で訴えてきた。ギーティングはそのときのことを思い返して言う。「飛行機の離着陸は不可能だった。氷河から三四〇〇メートル上空までの視界はまったくのゼロ。でも、以前フォラカーの麓に着陸したことがあって、まわりの山や尾根の位置はわかっていた。だから、救助に行こうと決めたんだ」

ギーティングの計画は、雲の上からフォラカーに近づき、飛行機の位置を確認し、それから雲の中への正確な下降パターンを確立しようというものだった。「きっかり一分間直進飛行し、一分間旋回。そしてさらにまた一分間直進。そして、もう一度一分間旋回する。完全なホワイトアウトで、何ひとつ見えなかったが、あらかじめ割り出しておいた方向を信じ、それに従った。着陸地点を確かめるために、氷河の上にいる人たちには、飛行機が上空を通る音が聞こえたら、必ず無線で叫ぶよう頼んでおいたんだ」

雲の層の中に一度下降したら、引き返すことはできない。翼のすぐ横には、霧で見えない山々がそびえ、少しのミスも許されなかった。もし旋回するのが数秒遅れたら、あるいは右か左にほんの数度でも曲がりすぎてしまったら、そこから先は自分では気づかないまま誤差が広がり、ついには、まわりにそびえる凍った山肌のひとつに時速一七〇キロで突っ込むだけだ。

「岩壁のあいだに立ち込める雲を抜けて降りていった」とギーティングは言う。「コンパスや時計、高度計とにらめっこで、飛行機が上空を通ったときに登山者たちが上げる『今だ！』という叫び声に神経を集中した。着地点はぴったり二三〇〇メートルと判断した。だから、高度計が二五〇〇メートルを示すと、着陸体勢に入り、着陸速度までスピードを落としてそのまま前進したんだ。あのときはほんとうに妙な気分だったよ。なぜって、完全なホワイトアウトで、どこまでが空で、どこからが氷河か、まったくわからないような状態だったからね。すると、いきなり飛行速度がゼロになったんだ。『ちくしょう！』そう思って窓の外に目をやると、登山者たちが雲を抜けてこっちへ走ってくるのが見えた。もし氷河の上に降りてなければ、どうなっていたことか」

クラブ・デナリ

マッキンリー山に登るには、その前にデナリ国立公園内での登山を管理しているレインジャーによる一本のビデオテープとスライドの上映会におとなしく参加しなければならない。そこでは、北米の最高峰への登山で起きた悲惨な事故が映し出される。軍隊で新兵に外出許可を出す前に、性病の恐ろしさを映した映画を見せるのとよく似ている。デナリの十分間の映写会では、重苦しい映像が展開される。轟音を響かせて落ちていく雪崩、嵐で潰れたテント、ひどい凍傷の水ぶくれで変形した手、そして、巨大なクレバスの深みから引き上げられるグロテスクにねじれた遺体。軍隊で上映される性病の映画と同じくデナリの映画も、どんなに鈍感な人間でも鳥肌が立つほどに生々しい。だが、分別ある行動を取らせるための道具としては、こちらも同じく効果はないようだ。

たとえば、エイドリアン・ポポヴィッチ、通称エイドリアン・ザ・ルーマニアン（ルーマニア人）を例に挙げてみよう。エイドリアン——年は二十代半ば、陰りのあるハンサムな容姿と、かっとなりやすい気性をそなえた騒々しい男——は、数年前に東側諸国の中でも特にわびしい衛星国からの亡命に成功し、アメリカ合衆国西部にたどり着いた。ルーマニアで何度かクライミングをやったことがあり、自分には天性の登山の才があると確信していた彼は、アメリカに着くや否や、真剣にこの道を追求しようと決心した。その目的のために彼は毎日のように、シアトルの〝ロック〟にぶらさがって過ごした。ワシントン大学のキャンパスにある高さ一〇メートルのそのコンクリートの人工壁では、派手なライクラのタイツに身を包んだ鉄の指を持つ若い男女の群れが、5・13の動作《ムーヴ》に磨きをかけ、活気あるボルダリング競争を展開している。

エイドリアンはロックでも有数のクライマーのひとりとなり、彼の野心の炎はますます燃え上がった。そして、一九八六年の春、彼は宣言した。単独《ソロ》でマッキンリーに挑み、北米最高峰の頂に立つ最初のルーマニア人になるつもりだと。この宣言を聞いたとたん皮肉屋たちは、マッキンリーへ登るのはロックの一番難しいルートで苦しむのとはちょっとちがうぞ、と指摘した。さらに、三百人ばかりの人間がすぐそばにいるのに〝単独〟で登るのはことばの厳密な意味で不可能だとも付け加えた。エイドリアンが登ろうとしているルートでは、そのくらいの数の登山者に出会うことになるのだ。だが、エイドリアンはそんなふうにけちをつけられたぐらいで思いとどまるつもりはなかった。

アラスカに着いて登山申請をした際に、ラルフ・ムーアという温厚なレインジャーが、テントも雪洞を掘るためのシャベルもコンロもなしでマッキンリーに挑むのは自殺行為だと忠告したが、エイドリアンは思いとどまらなかった。ムーアはエイドリアンに、普通マッキンリーに登るには三週間かかるが、雪を溶かすコンロがなくて、その間何を飲むつもりなのかと尋ねた。「金を持ってる」。エイドリアンはこれ以上明白なことはないだろうとでも言いたげに答えた。「ほかのクライマーから水を買うのさ」

そのあとエイドリアンは身の毛がよだつようなスライドを見せられて、マッキンリーではアイガーより大勢の登山家が死んでいるという事実を知った。また、六一九四メートルのその山の中腹に達するまでに、北極点よりも過酷な状況に遭遇するかもしれないという説明も受けた。気温はマイナス四〇度、時速一三〇から一六〇キロの風が、何日間も、ときには何週間も休みなく吹き荒れる。彼がもらったパンフレットにある注意事項の中には、マッキンリーは「寒さと風と高度が結びついて、しばしば地球上でもっとも過酷な気象状況になることがある」と書かれてもいる。しかし、こういった警告に対し、エイドリアンは腹を立て、よけいなお世話だと言い放った。

エイドリアンを山から追い出す権利を持たないムーアは（一方、要請があれば、エイドリアンを救助したり、あるいは、彼の遺体を回収する責任を負っている）ついに、何をしてもこの短気なルーマニア人に計画を断念させることはできないとあきらめた。このレインジャーにできるのは、エイドリアンにコンロやテントを貸してくれる人を探してやり、幸運が彼の側についてくれるのを祈ることだけだった。

レインジャーの祈りは功を奏した。少なくともエイドリアンは死ななかった。実際、彼はヒドゥン・クレバスに落ちることも、凍傷にかかることもなく、五八〇〇メートルまで登った。だが、あまりにも登攀を急ぎすぎたために、高度順化が充分にできず、加えて深刻な脱水症状に陥った。高高度での自己保存のための、もっとも基本的な二つのルールを破ったのだ。薄く、冷たい空気にあえぎながら、彼が最後から二番目の斜面をのろのろと登っていると、吐き気とめまいがだんだんひどくなり、酔っ払いのように足元がおぼつかなくなった。

脳浮腫の初期症状だった。あまりに急激に高所へ登ったために起きる脳の膨張で、命取りになる。しっかりと考えたり、立ち上がったりするのがどんどん難しくなっていることに気づいた彼は、自分の体に起きていることにぞっとした。それでも、足を引きずりながら、どうにか四三六〇メートルまで降りてくる。そして、そこから、彼ともうひとりの自称単独登攀者――両足ともひどい凍傷にかかり、十本の指すべてを切断することになる日本人――は、氷河パイロットのローウェル・トーマスの手でアンカレッジの病院へと運ばれた。その後、エイドリアンは空からのこの危険な救助活動の負担金を請求されるが、支払いを拒否し、国立公園事務所に肩代わりさせた。

合衆国第二十五代大統領の苗字にちなんだ正式名称を持つこの山は（多くの登山家はそ

の名称をあからさまに無視し、アサバスカ語名である〝デナリ〟と呼んでいる)、想像を絶するほど大きい。この惑星上の最大級の地形のひとつであるマッキンリーの巨大な山塊は、表面積にして二〇〇〇平方キロメートルを占め、麓に広がる緩やかに波打つ凍土《ツンドラ》から山の頂への垂直距離は五〇〇〇メートルを超えている。それに比べて、エヴェレストの山頂と、麓に広がる平原との高度差はわずか三六〇〇メートルにすぎない。

激しい初登頂争いが行なわれたマッキンリーの頂は、一九一三年、北から攻めたユーコンの監督教会派の大監督、ハドソン・スタック率いるパーティによって初めて勝ち取られた。その後、再登頂されるまでには十九年の年月がかかるが、続く数十年間で約五千人がスタック師のあとに続く。その間、マッキンリーは記憶に残る多くの偉業と人物に彩られてきた。

一九六一年に、偉大なイタリア人アルピニスト、リカルド・カシンを隊長とするパーティが、この山の南壁を二分する優雅な花崗岩のバットレスを登った。ジョン・ケネディ大統領が祝電を送るほどの素晴らしい成功だった。一九六三年には、怖いもの知らずの七人のハーヴァード大生が、雪崩の通り道である四三〇〇メートルのウィッカーシャム・ウォールの中央を直登するルートを登った。あまりにも大胆で無謀とも言えるそのルートは、それから二十四年経った今も再登されていない。七〇年代から八〇年代には、ラインホルト・メスナー、ダグ・スコット、ドゥーガル・ハストン、レナート・カーサロットといった偉大な英雄たちがマッキンリーを訪れ、新たな難ルートにその足跡を残した。

しかし、マッキンリーを目指す大半の人間は、壮大な自然の中の孤独を熱烈に追い求めたりはしないと言ってまちがいない。現在、頂上へ至るルートは二十以上あるが、登山者の圧倒的多数が、一九五一年にブラッドフォード・ウォッシュバーンによって開かれたウエスト・バットレスを一列になって登っている。事実、一九八七年には、マッキンリーを登る八百十七人の登山家のうち七百人近くが、〝バット〟という愛称で呼ばれているそのルートに群がった。五月から六月にかけての登山最盛期ともなると、ウェスト・バットレスにはアリのような登山家の行列ができる。一方、すぐそばにある別の壁や尾根には、人っ子ひとりいないことがよくある。登山家のジョナサン・ウォーターマンは『デナリで生き延びる《サバイビング・デナリ》』の中に次のように書いている。あまりに多くの人がこのルートを登るため、常に吹き荒れる強風が新雪を降るそばからすべて吹き飛ばしてしまう山の上部では、登山家は「茶色い汚物で荒れ果てた地面から、料理に使う雪を細心の注意を払って選ばなければならない……幸いにも、四六〇〇メートル以下の場所では、ときとして降り積もった雪が排泄物や死体、ごみや投げ捨てられた登山用具を隠してくれることもある」

マッキンリーを登る標準的な登山家は、平均二千ドルから三千五百ドルの金を使って（マッキンリー登山者の四割が職業ガイドを雇うが、そうなるとかかる費用は三千五百から五千ドルにはね上がる）、きわめて過酷で異常な三週間の刑を自分に科す。彼らがそんなことをするのは、自然に親しむためではない。彼（または彼女――マッキンリーの登山人口のおそらく一割は女性だ）は、北アメリカの最高峰を勲章のコレクションに加えたくてたまらないのだ。そういう人たちは、ウェスト・バットレス――この山でもっとも簡単なルート――を集団で襲うことによって、勝算をできる限り高めようと考える。それでも、ほぼ毎年、二度に一度はマッキンリーが勝利を収める。山の勝率がさらに高くなる年もある。たとえば、国立公園事務所の記録によれば、一九八七年の四月と五月にこの山へ登った登山家は、七人中六人が打ちひしがれて家路をたどった。その中のひとりが私だ。

出だしは好調だった。マッキンリー遠征のための古くからの出発基地タルキートナに着いたとき、私は飛行機が飛べる天気になるまでいつものように三、四日は待たなければならないだろうと考えていた。前回、十二年前にアラスカ山脈を飛んだときもそうだった。だがうれしいことに、町に着いてたった十四時間後に、私は優秀なパイロット、ダグ・ギーティングが操縦する小さな赤いセスナの後部座席に押し込まれていた。四十分後、私は無傷でカヒルトナ〝国際空港〟に降り立った。カヒルトナ氷河の下部にある轍《わだち》だらけの雪の滑走路だ。そこから垂直距離でちょうど四〇六〇メートル上方、歩行距離にして約二四キロ北の雲ひとつない空に、マッキンリーの頂が輝いていた。

安全なタルキートナの〈フェアヴュー・イン〉から引き離され、人間を取るに足りないちっぽけなものにしてしまう垂直の花崗岩と雪崩落ちる氷の世界に置かれると、どうしようもなく不安になる。だが、十五分ごとに、低い唸りとともにセスナやヘリオ・クーリエが空に現われて満載した登山家たちを吐き出していくと、滑走路脇の人の列が膨れ上がり、殺伐とした新たな環境から受けたショックは大いに和らぐ。

カヒルトナ〝国際空港〟の天然の雪の滑走路を見下ろす斜面には、三十から四十張りのテントが立ち並び、食糧の在庫を調べたり登攀に備えて荷物を詰める大勢の登山者が、少なくとも五つの異なる言語で文句を言ったり、怒鳴り合ったりしている。ロブ・ステイプルトン――競合している氷河パイロットに共同で雇われ、カヒルトナ〝国際空港〟に住み、せめてもの秩序を保たせようとしている背の高い頑固な男――は、あきれたように頭を振ると、ここにいる連中の何人かは自ら災難に飛び込もうとしていると言った。「驚きだよ、ここに着いた時点で、すでに統率を失い、がたがたになってるパーティがたくさんあるんだ。そういう連中の大半は、九〇パーセントのエネルギーと一〇パーセントの脳味噌で行動する」

だが、見当違いだろうが何だろうが、この集団的エネルギーは、滑走路から下部氷河を登る長く辛い単調な仕事を克服する役には立つ。この二〇〇〇メートルの登りに、大半のパーティは一週間を費やす。私は一人でアラスカへ来たが、スキーでカヒルトナ氷河を登って行くと、毎日、必ずどこかの隊のにこやかで奇妙な行進に巻き込まれた――歯を食いしばって、何十キロもの荷物を背負い、よろめきながら登る登山者の列は果てしなく続くかに見え、大昔のクロンダイクのゴールドラッシュを思い出させる。さて、最初の一週間は、申し分のない天気だった。夜は冬のように冷え込み、パウダースノーの上で素晴らしい食後のスキーが楽しめるくらい雪が降るが、日中はほぼ快晴だ。

ときどき、登頂に失敗して山を下りる登山者の一群が警告を発しながらすれちがっていく。四二〇〇メートルから上は容赦なく強い風が吹き、地獄のように寒いぞ、と。だが、私を含めて登って行く者たちは、自分たちが上に着く頃には状況は好転しているにちがいないと、根拠のない確信を持ち続ける。さらに、パーティのひとりが二四〇〇メートル滑落し、頭に大怪我をしてヘリコプターで山から降ろされたばかりだという二人のスコットランド人や、肺水腫で危うく死にかけたから下山するという二人の登山家――一人目はユーゴスラビア人、次はポーランド人で、どちらもヒマラヤの経験がある――に会っても、セスナから降りてきたばかりの登山者たちの楽観主義は揺るがない。

マッキンリーの登山届を出す際にレインジャーから、記録を残すために各パーティは正式な遠征隊名をつけるよう言われる。私と同じ時期にマッキンリーを登ったパーティの正式名は〈ザ・ウォーキング・ヘッズ〉と〈ファット・ロッド〉と〈ディック・デンジャー・アンド・ザ・スロビング・メンバーズ〉だ。私は山の上部を攻める登山家たちの基地である四三六〇メートル地点の広いキャンプ地へと登ると、ザックを投げ出した。すぐ隣では、〈スロビング・メンバーズ〉の二人が別の隊の登山家と言い争いをしていた。「でかいの、よく聞けよ」。メンバーズではないほうの男が相手を馬鹿にするように唾を吐く。「俺の国じゃ、そんなことをしたら一列に並べられて撃たれるんだ！」。何についての議論なのかはさっぱりわからなかったが、その訛りのきつい特徴的な声を聞きまちがえるはずはなかった。同じように怒鳴っているのを、シアトルの〝ロック〟で何度も聞いていたのだから。エイドリアン・ザ・ルーマニアンがマッキンリーへ舞い戻って来たのだ。この男の神経にはつくづく感嘆せずにいられなかった。レインジャーたちは、前回の救助費用を払わないでいる彼にいまでも腹を立てているのだから。

だが、エイドリアンのほうは前年の失敗についてじっくり考え、もう二度としくじらないと心に決めていた。「ひと冬じゅう、そのことしか考えられなかった」と彼は言う。「そのせいで頭がおかしくなりそうだった」。彼は今年も一人でやってきたが、今回は最新の登山用具をすべて持ち込んでいた。テントは一張りどころか二張り備え、充分な食糧と燃料を二回に分けて四三六〇メートル地点に荷上げしていた。いざとなれば、山の上部でたっぷり二か月暮らせるだけの量だ。その取り組み方から、彼が高度順化についてよく学んできたのがわかる。

実際、それまでに彼は五八〇〇メートル地点まで二度登り、賢明にも、完璧な天気ではないという理由で二度とも引き返してきた。「よく聞けよ」、生まれ変わったエイドリアンは、いまでは誰かを引きとめては忠告する癖がついていた。「これはとてつもなくでかい山だ。小さなまちがいをひとつでも犯したら、ほんとうに叩き潰されるんだぞ」。雪を深く掘り込んだ塹壕のようなこの上部キャンプ地の様子からして、どうやら、ここ四三六〇メートルに到達する頃には、ほとんどの人が彼のことばを信じるようになっていたらしい。

このキャンプ地はまさしくテントの花で埋め尽くされたひとつの町だ。人口はパーティの到着と出発に応じて、四十人から百二十人のあいだで絶えず変化する。荒涼たる氷河台地の末端に位置し、一方の側は高い城壁のようにそそり立つ花崗岩と雪ときらめく青氷の壁で、高度差にして一六〇〇メートル上にある頂上へと続いている。反対側は、棚のように平らな台地が数百メートル続き、それがいきなり途切れ、そこから先は何もない一二〇〇メートルの断崖となっている。

風でテントの張り綱がむしり取られてその断崖へ吹き飛ばされてしまわないように、登山者たちはがっちりした雪のブロックで囲んだ深い壕の中にテントを設営する。その雪の壁のせいでキャンプには、今にも敵の砲弾が一斉に飛んでくるかのような戦場めいた雰囲気が漂う。そういった壕を掘るのは実に骨の折れる仕事だ。そこで私は、つい最近誰かが放棄した深くてよくできた壕を見つけると、ただちにそこを占拠した。それはあまり評判のよくない地域、つまり人の出入りの激しいキャンプの公衆便所の隣にあった。完全な吹きっさらしに置かれたそのベニヤ板の便器からは素晴らしい景色が楽しめるが、風速冷却によってときにはマイナス五五度以下にまでなる過酷な寒さにか弱い素肌をさらさなければならない。

トイレの反対側の地域は高級住宅街だ。イグルー、壕の中に置かれたドーム形テント、ドクター・ピーター・H・ハケットとそのスタッフの事務所兼住居であるプロパンガス暖房付きのウエザーポーツなどが並んでいる。一九八二年以来、毎夏、ハケット——痩せた、口数の少ない、くたびれた顔つきの登山家兼医師で、世界でも有数の高山病の権威——は、四三六〇メートル地点に診療所を置き、謎に満ちた高山病の研究を行なっている。彼に言わせれば、自分がここに来るのは、多くの重症の登山者がいて研究材料に事欠かないからだそうだ。「マッキンリーに登る多くの人は、自分がどういう状況に置かれているのかわかっていない。だから、あまりにも登り急ぎ、重症になるんだ。いつも新たな実験台がよろよろとドアを入ってくるよ」。理由はどうあれ、もしハケット医師団の治療がなければ、彼の言う実験台の少なくとも一ダースはすでにこの世にいないだろう。

が、すぐにハケットはきっぱりと付け加えた。「私たちは自分の体で実際に試していないものを、飛び込みの患者に与えてはいない」。たとえば、そのときも、彼のスタッフのひとりロブ・ローチが、青い色をした高山病の新薬を自分の体で試していた。ローチの緑がかった顔色や、防湿加工された彼の白い長靴に付着した青い吐瀉物を見た限りでは、その新薬が有効だとはとても思えなかった。

あとで聞いたところによると、ハケットの研究チームは救命活動に対して報酬を受けていないばかりでなく、一九八六年と八七年の二年間はどこからも資金援助を受けられなかったせいで、研究費の大半は彼ら自身が自腹を切っているという。私は、医師のひとりハワード・ドナーに、なぜ報酬もなしで、こんな人里離れた場所できつい仕事をして夏を過ごすのかと尋ねた。吹雪の中に立って震え、吐き気と激しい頭痛にふらふらしながら無線機の壊れたアンテナを修理していた彼は、こう答えた。「そうだな、一種の趣味みたいなものだよ。ちょっと異常な趣味だけどね」

マッキンリーのウェスト・バットレスを登るには、雪中での長距離歩行のあらゆる技術を要求されると言われている。たしかにそれはそうかもしれないが、もっと単純な話、そう、歩いているときに靴ひもをふんづけただけでも運が悪ければ死ぬ恐れがあることも事実だ。たとえば、四九〇〇メートルから五二〇〇メートル地点では、片側は六〇〇メートルの断崖、反対側は九〇〇メートルのそれというナイフエッジの山稜がルートになっている。さらに、もっとも平らで簡単そうに見える場所でさえ、グレイハウンドのバスを簡単に呑み込んでしまうほどの大きなクレバスがいたるところに隠れている。

大きいクレバスだけが危険なわけではない。一九八四年二月、植村直己——有名な日本人登山家にして極地探検家——は、マッキンリーの冬期単独初登攀に成功したものの、下山の途中で忽然と姿を消した。一般には、彼は四三六〇メートル地点のキャンプと四九〇〇メートル地点のナイフエッジのあいだの広い斜面にある比較的小さなクレバスのひとつで最期を遂げたと言われている。私がマッキンリーにいたその春も、デンヴァーから来た新婚カップルがまさしく同じような細長いクレバスのひとつで、危うくハネムーンを終えるところだった（理由は当人たちにしかわからないが、彼らは新婚旅行先にマッキンリーを選んだのだ）。

この新婚夫婦――登録されている正式名はエリー・アンド・コンラッド・ミラー隊――は、四三六〇メートル地点で、たまたま私のすぐ隣の混み合った粗末な壕の中で、エイドリアン・ザ・ルーマニアンやほかの三つの隊とともにキャンプをした。五月十六日、ミラー夫妻は今後の頂上アタックに備え、大量の食糧と燃料を荷上げするために五二〇〇メートルまで登った。夕方、四三六〇メートルのキャンプへと下山していると、リードしていたコンラッドが細いスノーブリッジを踏み抜き、狭いが深いクレバスの中に落ちて、左右に迫る壁の間で「ピンボールのように跳ね返った」。

そのクレバスのある斜面はかなり急だった。コンラッドの落下でロープがぐいと引かれ、足を取られたエリーは、夫が落ちた穴に向かって引きずられた。妻までもがクレバスに吸い込まれそうになったその瞬間、彼女は辛うじてピッケルのピックを氷に突き刺し、滑落を食い止めた。

雪面から一五メートル下の、クレバスの青い薄明かりの中で宙吊りになったコンラッドはまず括約筋が緩んでいないかとすばやくズボンを確かめた――大丈夫だ。次に、骨が折れていないかを確かめた――どこも異常はない。それから、上にいるエリーにロープを手繰り寄せてもらい、フロント・ポインティングでクレバスの片側の垂直な壁をゆっくりと登っていった。雪上に這い上がった彼は、あと数百メートル下にあるクレバスの底まで落ちていたらと考え、身震いした。「そうなったら、僕が末期に見るものは、かちかちに凍った植村の死体かもしれなかったね」

コンラッド――三十六歳の建築家――と、エリー――二十八歳の販売員――は、がたがたと震えながらも、マッキンリーの頂に登る決意を固くした。五月十八日――数日間嵐が続いており、さらに大きな嵐がやって来るという予報にもかかわらず――彼らはふたたび五二四〇メートルを目指した。荷上げしたものを回収し、その地点で天気の回復を待って頂上アタックをするつもりだった。

だが、その日ますます激しさを増していた嵐は、以後も二人の予想よりはるかに長いあいだ荒れ狂った。五二四〇メートル地点の気温はマイナス四五度まで下がり、頂上には暴風がほぼ一週間以上休みなく吹き荒れ、風速冷却指数はゆうに三桁まで下がった。登ることはもちろん、眠ることすらできない。コンラッドとエリーはその間ほぼずっと、テントの中で横になって過ごすしかなかった。予備の服をすべて着込み、風でテントがバラバラにされないよう祈りながら（実は、新婚のカップルが五二四〇メートル地点に着く直前、一張りのオーバル・インテンション——頑丈な作りのテント——がまさにそうなったのだ。真夜中に破裂し、その中にいた三人が悲惨な目に遭うという事件が起きたばかりだった）。

この嵐で山の上部に吹き荒れたものすごい強風は、比較的安全な四三六〇メートル地点からも眺めることができた。このキャンプ地で風が凪ぐと、九〇〇メートル上の尾根から、太く低い泣き叫ぶような——ロケットを打ち上げるときによく似た——轟音がいつでも聞こえてくる。五二四〇メートル地点でキャンプをしていた二、三十人の登山家の大半は、嵐に襲われるとすぐにそこを出発し、悪戦苦闘しながら四三六〇メートル地点まで下りてきたのだが、新婚の夫婦はそうしなかった。

五二四〇メートルに着いてまもなく、コンラッドとエリーは雪洞の入口を見つける。そのほうがテントより安全だと考えたエリーは、内部を調べに行った。雪洞はT字形をしていて、傾斜した穴が奥のほうまで続いていた。入口のトンネルの長さは五メートル。そこから、少なくともその二倍の長さはある急勾配の主トンネルにつながっている。テントよりはるかに風を遮られてはいたが、ほんの少し内部を見ただけで、エリーはあえて嵐の中にいるほうを選んだ。

彼女はそのときの様子をこう語る。「雪洞の中は信じられないくらい不気味だった。暗くて、じめじめしていて、ものすごく狭くて。まさに魔窟ということばがぴったり。ほんとうにおぞましい場所だった。あんなところにいられるわけがないわ」

トンネルの高さは一・二メートルしかなく、足元にはごみが散らかり、壁には小便や吐瀉物やわけのわからないものが染みついていた。だが、一番耐えられなかったのは、雪洞の薄暗がりに生息している生き物だった。「そこにはものすごく奇妙な男たちが七、八人いたの」とエリーは言う。「何日もそこで暮らしていて、食糧がなくなってからずいぶん経っているようだった。窒息しそうな空気の中で、予備の服を全部着込み、がたがたと震えながら坐っているだけ。コンロから出る汚れた空気を吸いながら、テレビ番組のテーマソングを歌い、どんどん頭がおかしくなっていってるみたいだった。あんなところには一秒でもいられないと思ったわ」

その洞窟にいた男たちは二組の遠征隊の隊員だ。ひと組は、アリゾナ州フラッグスタッフからやって来た三人、自称〈クラック・オヌーン・クラブ〉で、雪洞に入ってまだ一日ほどだった。もうひと組は、明らかに奇妙な男たちで、そこで暮らしてほぼ一週間が経っていた。それがほかならぬあの〈ディック・デンジャー・アンド・ザ・スロビング・メンバーズ〉だ。

ディックとそのメンバーたち――つまりマイケル・デイゴン、グレッグ・サイワーズ、ジェフ・イエーツ、スティーヴン・〝エステ〟・パーカー――は、二十代後半から三十代前半の、屈強で傲慢で大胆不敵な四人のアラスカ男たちだ。登攀経験が乏しい彼らではあるが、入念な下調べをし、どんなことがあっても、マッキンリーの頂を征服しようと決意を固めていた。デイゴン——ディック・デンジャー本人——は、遠征準備のために一年間赤い肉とアルコールを断ち、何かに憑かれたように体を鍛え、計画を練った。そのせいで、妻に三行半《みくだりはん》を突き付けられるという結果を招きはしたが。

〈ザ・メンバーズ〉は五月九日に四三六〇メートルに到着したらしい。その翌日、イェーツが肺水腫にかかる——症状は軽かったが、息をするたびにごろごろ、ぜいぜいと音がして、悪くすれば生死に関わる病気である。普通ならすぐに下山するところだが、〈ザ・メンバーズ〉の健康な三人の男は、一日もすれば回復するだろうと考え、四三六〇メートルに彼を残し、四九〇〇メートル地点まで食糧を運び上げた。そして、夜を過ごすためにふたたび四三六〇メートルへ戻った。翌朝、イェーツの症状は悪化していないと判断し、頂上アタックに備えて高所キャンプを張ろうと、四人揃ってナイフエッジの岩稜を目指して登っていく。

五月十三日、〈ザ・メンバーズ〉は五二四〇メートル地点に着くと、みすぼらしい壕の中にテントを張った。すぐそばには六組の遠征隊が築いた立派な壕があり、それらの隊の中には、レインジャーのスコット・ギル率いる国立公園職員のパーティ、熟練したアラスカ人ガイド、ブライアン・オコネク率いるパーティ、そして、休暇中のモントリオール警察特殊機動隊（ＳＷＡＴ）のパーティなどが含まれていた。その時点で、〈ザ・メンバーズ〉は食糧は三日分、あるいは節約すれば四日分はあると考えていた。だが、十八日になっても嵐はやまず、食糧はほぼ底をついた。

その日の午後、レインジャーのギルが無線で受信した天気予報で事態は複雑になった。さらに大きな嵐が接近していて――天気予報ではそれを「三日間続く大嵐」と呼んでいた――、数時間後には山の上部に襲いかかると言うのだ。誰かが無線の音を遮って、どのくらい大きい嵐なのかと尋ねると、天気予報を中継していた男はくっくっと不気味な笑い声を上げながらこう言った。「そうだな、ものすごくでかくて、そいつが来たら四六〇〇メートルより上にいる人間は全員死ぬだろう」

「いきなり、『大変だ、ここから逃げ出さなくちゃ』という雰囲気になった」とイェーツは言う。「ほかのパーティは五二四〇メートル地点からさっさと引き揚げ始めた。でも、俺たちは荷造りに三時間もかかり、下り始めたときにはほんとうに嵐が襲ってきたんだ。ホワイトアウトの中でたちまちルートを見失った。ものすごい風で、俺たちの前にキャンプを離れたパーティが、運び降ろそうとした荷物を捨てていかなけりゃならないほどだった。二ピッチ降りたところで、もうこれ以上進めないとわかった。そこで、Ｕターンして、五二四〇メートル地点に引き返したんだ」

「その時点で、とんでもないことになったと思った」とデイゴンは言う。彼らはもう一度テントを張り直し、雪用のペグと蜘蛛の巣状に張りめぐらせたクライミング・ロープで斜面にしっかりと固定した。それでも、風はますます強まり、いまにも尾根からテントが剝ぎ取られるのではないかと恐怖がつのる。頑丈な壕にしっかりと守られたブライアン・オコネクが、彼らに雪洞のことを話したのはそのときだった。一九八三年にひどい嵐に遭ったとき、自分が雪洞を掘り、おかげで十八人の登山家の命が助かったというのだ。

数年の歳月のあいだに吹き寄せた雪でオコネクの雪洞の入口はふさがっていた。〈ザ・メンバーズ〉は、〈5150〉という別の遠征隊の手を借りて、酷寒の中で六時間もの苛酷な労働を続け――そのせいで、〈ザ・メンバーズ〉四人全員の指とつま先が凍傷にやられる――、雪洞を掘り起こす。だが、いったん中に入ると、彼らは雪洞生活が変に気に入ってしまった。凍傷にかかり、食糧がないにもかかわらず、どれだけ長くかかっても嵐が去るのを待ち、頂上を手中に収める決意を固めたのだ。

一方、四三六〇メートルでの生活は、五二四〇メートルでの悲惨な洞穴生活に比べればはるかにましだったが、それでもそれなりの苦労がなかったわけではない。キャンプに足止めを食ってはいるものの、上空で荒れ狂っている嵐にはあまり影響を受けずに暮らせる。初めのうちは、私を含めた四三六〇メートル地点の住人は楽しく過ごしていた――凧上げをしたり、キャンプのすぐ上にある安全な斜面のクラストした粉雪の上でスキーに興じたり、近くのセラックの壁でアイス・クライミングの練習に励んだりして。だが、嵐が長引くにつれ——そして、食糧、燃料、体力が不足し始めると——要塞のようなテントの町は憂鬱な空気に包まれた。

隣にそびえるフォラカー山やハンター山で、元気のいい登山家五人が雪崩で死亡したという噂を裏付けるニュースが診療所の無線機から流れてくると、空気はいっそう重くなる。人々は一日中、惨めな小さな壕の中に引きこもり、テントの中で口論をし、震えながら過ごす。外に出るのはトイレに行くか、雪かきをするときぐらいだ。「こんなくだらない山登りをしようと言い出したのはお前だからな」。近くのテントから、相棒に愚痴をこぼす声が聞こえてくる。「俺はヨセミテでロック・クライミングをしようって言ったのに!」

嵐が続くと、残り少ない物資の交換が頻繁かつ激烈になった。トイレットペーパー、煙草、ジアモックス(高山病の薬)、タイガー・ミルクバーなど特に貴重な品を大量に持っているパーティははるかに有利な交換率で取引ができる。私はジアモックス三錠を手に入れるために、半ポンドのティラムク・チーズすべてを手放した。うらやましいほど大量の食糧を持っていたエイドリアンは、腹をすかせたカナダ人登山家から、ペミカン一個につき一日というばかばかしいほど低いレートで借りたウォークマンで、永遠に続く退屈を紛らわせていた。

そういった暗い日々を過ごすうちに、私は昨年のエイドリアンの失敗に対し、いままでとはちがうもっと同情的な見方をするようになっていた。デナリに来たのはこれが初めてだが、自分もこの山を完全に見くびっていたと自覚したからだ。レインジャーは私にさまざまな警告をしたし、ペーター・ハーベラーのような経験豊富な登山家が、「マッキンリーの嵐は今まで自分が経験した中で最悪の部類に入る」と語っていた。エヴェレストの頂上に立ってわずか六か月後にドゥーガル・ハストンとダグ・スコットが二人でマッキンリーに登ったとき、ハストンは「生き延びるためだけに、ヒマラヤでの経験すべてを動員しなければならなかった」と言っていたではないか。にもかかわらず、私はなぜか——一九八六年のエイドリアンと同じく——そういう警告を本気にしていなかったのだ。そのために私は手抜きをした。お粗末な十年物のシュラフと安物のテントを持ち、ダウン・ジャケット、オーバーブーツ、雪用の鋸、雪用のペグをザックに詰めるのを怠った。ウェスト・バットレスは野暮で簡単なルートだと勝手に決め込んでいた。一年間に三百人のとんまとへたくそが成功しているルートが難しいわけないだろう、と。

いまや、私のような者には難しい問題が山積しているのがはっきりした。私は絶えず惨めで、何度も破滅の瀬戸際まで行った。テントは比較的風の弱い四三六〇メートル地点で早くも破れ始めた。延々と続く寒さに唇と指はひび割れ、血が滲む。足は常にしびれている。夜になると、持っている服すべてを着込んでも、発作のような激しい震えを止めることができない。吐いた息が結露してテントの内側には厚さ二・五センチの霜がこびりつき、薄っぺらいナイロンの壁が風で震えるたびに、テントの中に吹雪が吹き荒れた。シュラフの中に入れたもの――カメラ、日焼け止め、水筒、コンロ――以外は脆い煉瓦のように凍って使い物にならない。実のところ、私のコンロはこの山に来てまもなく、寒さのせいで自爆してしまった。もし、ブライアン・サリバンという親切な男が同情して予備のコンロを貸してくれなかったら、私は――ディック・デンジャーの的確な表現どおり――とんでもない目に遭っていただろう。

五月二十一日の朝、嵐は一段と激しさを増した。だが、日が暮れる頃には――天気予報では強風と大雪が少なくとも五日以上は続くと言っていたにもかかわらず――空は晴れ、風がぴたりとやむ。翌朝は、気温マイナス三四度、フォラカー山の頂に小さなレンズ雲がふたたび現われてはいたが、その雲を除けば青空が広がり、風もなかった。そこで、私は軽いザックに荷物を詰め、一緒に行こうと言ってくれたトム・ハーギス――一九八六年に悪名高いガッシャブルムⅣ峰の第二登に成功しているヒマラヤ登山のベテラン――率いる屈強な五人のパーティとともに、一日で、頂上までの一八〇〇メートルを登ることにした。

私がキャンプを出ようとすると、エイドリアンがちらっと空を見上げ、甲高い笑い声を上げて、叫んだ。「幸運を祈るぜ！　あんたにゃ絶対それが必要になりそうだ！　あとであんたが魚みたいにかちかちに凍ってるのを上で見るような気がするよ！」

出発して二時間、四九〇〇メートルのナイフエッジの稜を登り始める頃には、それまでの微風が秒速一〇メートルの風に変わり、雲が太陽を遮るようになる。それから一時間後、五二〇〇メートルに到達する頃、我々は完全な吹雪の中を登っていた。視界はほぼゼロ、風は秒速二〇メートル、外気にさらされた皮膚は一瞬にして凍りつく。その時点で、リードしていたハーギスが何も言わず回れ右をし、山を下り始めた。全員がそれに従う。エヴェレスト西稜とガッシャブルムⅣ峰から生還したハーギスは、ウェスト・バットレスに張りついて命を落とす気はないらしかった。

二十二日、またも嵐に襲われた新婚のカップルは、ついに白旗を揚げた。その日の午後、四三六〇メートルのキャンプに戻ってきた彼らはすっかり打ちひしがれていたが、皆が仰天するようなニュースを持ってきた。雪洞の中にいた奇怪な男たちが頂上を制覇したというのだ。

ほかのパーティが相次いで五二四〇メートルの要塞のようなキャンプを撤退していく中、〈ディック・アンド・ザ・メンバーズ〉はしつこく居坐った。雪洞の奥をよく調べた彼らは、昔荷上げされた食糧――古いがまだ食べられるオートミールと小さなチョコレート、ツナとニシンの燻製の缶詰がそれぞれ一個ずつ――が残っているのを見つけ、当座をしのいだ。コンロの調子が悪くなると、当初からの洞窟仲間である〈５１５０〉遠征隊が作った水をせびり、それで喉をうるおした。

〈5150〉は四人のアラスカ人のパーティで、遠征隊名は州の刑法典からとった（5150は警察用語で〝精神に異常がある人々〟を指す）。彼らの元気の源は、四十九番目の州で栽培されているカンナビスの伝説的な変種、マタヌスカ・サンダーファックなるマリファナの常用にあった。実際、〈5150〉隊はカヒルトナ〝国際空港〟から五二四〇メートルまでのあいだに、よく効くマリファナ煙草を百本以上吸ったと自慢していた。

だが、この大量の麻薬による高揚も、雪洞で一日過ごしただけでメンバーのひとりが陥った極度の低体温症を防ぐことはできなかった。仲間たちはさらに大量のマリファナを吸わせることで、彼を立ち直らせようとした。「ある意味で感動的だったね」。マイク・デイゴンは言う。「彼らはその男に言い続けたんだ。『こいつのおかげでここまで来られたんだ。残りもこれが連れて行ってくれる』って。でも、雪洞に入って二日経ってもその男の体温は上がらず、〈5150〉隊はあきらめて出ていった」

〈5150〉が去ってしまうと、使えるコンロがなくなり、〈ザ・メンバーズ〉は苦境に立たされるはずだった。だが、先の隊と入れ替わるようにして〈クラック・オヌーン・クラブ〉が入ってきた。彼らもまたちゃんとしたコンロを持っていた。そして、同じように気前よくコンロで作った水を分けてくれた。

デイゴンは言う。「雪洞で迎える朝はほんとうに憂鬱だ。なぜって、目が覚めると、自分の鼻先で誰かがいびきをかいているんだ。食べるものは何もないし、その日の楽しみといえば、氷の穴の中でもう一日お互いの顔を見合わせていることだけ。でも、俺たちはそれをかなりうまく乗りきった。暇つぶしにちょっとしたゲームをしたり、山から降りたら何を食べたいかという話をしたり、エステに『ギリガン君SOS』や『かわいい魔女ジニー』みたいなテレビ番組の主題歌を教わったりして」

そして、五月二十一日の晩、風が急に弱まる。〈ディック・アンド・ザ・メンバーズ〉は凍傷にかかり、極度の脱水症状に陥っていた。また、空腹で体力は衰え、高度のせいで頭はぼんやりし、コンロから出た一酸化炭素を吸っていたせいで吐き気がする。だが、彼らは「根性なしに栄光なし」と考える部類の登山者だった。この先一か月はこの山でふたたび青空が見えることはないだろうと判断し、体調の悪さを精一杯無視して、グレッグ・サイワーズ――彼らの中で唯一経験のあるクライマー――を除く全員が頂上アタックに向かうことに決めた。午後九時三十分、彼らは〈クラック・オヌーン・クラブ〉と一緒に氷の穴から出てくると、上を目指した。

〈ザ・メンバーズ〉は刺すような夜気の中を、もどかしいほどゆっくりと移動した。そして、まもなく〈クラック・オヌーン〉の三人に後れをとる。深夜をちょうど過ぎた頃、五六〇〇メートル地点で、一本の短い固定ロープに取付けたマイク・デイゴンの登高器のひとつが壊れる。登高器を直そうとしてデイゴンが手袋を外すと、それは風に飛ばされた。

数分後、イェーツはロープの引きを感じ、振り向いた。「マイクが手が冷たいと言うんだ」とイェーツはそのときの様子を話す。「下を見ると、マイクは素手だった。でも、自分ではそれに気づいていないようだ。どのくらいそんな状態でいたのかはわからないけど、ものすごく痛そうで、このままじゃまずいことになると思った。だから、すぐに彼の手を取って、自分の上着の中に押し込んだ」

デイゴンの手が温まり、予備の手袋が用意されると、〈ザ・メンバーズ〉は午前五時半まで登り続け、五八〇〇メートルにある最後の壁の基部にたどり着いた。そこで、彼らはまた休む。今度はたっぷり一時間かけ、イェーツとパーカーの腹の上でデイゴンの手と足を温める。「エステがマイクに、お前はひどい低体温症になりかかってるから、みんなで山を降りようと言ったんだ」イェーツは言う。「でもマイクは、頂上は目と鼻の先なのに冗談じゃないと答えた。彼の決意は変わらず、最後の三〇〇メートルを登り続ける元気を取り戻した」

頂上に通じる尾根を登っていると、はるか四〇〇〇メートル下に、ルース氷河を覆う厚い雲からハンティントン山やムースズ・トゥースの美しい尖塔がにょっきりと顔を出し、現実離れした景色が広がった。「それが素晴らしい景色だってことは、頭ではぼんやりとわかっていた」とイェーツは言う。「でも、そんなことはどうでもよかった。一晩中、登り続けて、くたくただった。どうしようもなく疲れきっていたんだ」

一九八七年五月二十二日、午前九時二十分、〈ザ・メンバーズ〉はついにマッキンリーの頂上に立った。マイク・デイゴンはそのときの様子をこう語る。北米最高峰の頂は「丸い尾根の上にある三つのちっぽけなこぶだった。ほかの二つより一つのこぶが少しだけ高くなっていた。ただ、それだけだ。信じられないくらいそっけないものだったよ。頂上に着けばものすごく感動して、頭の中で音楽が流れるとかそういうことが起こるんじゃないかと思っていたんだ。でも、そんなことはなかった。着いたらすぐに回れ右をして、下り始めた」

メンバーズが頂に着いて数分経つと、最初に見たときにはルース氷河の上に漂っていた厚い雲が、頂へと四〇〇〇メートル上昇していた。十六時間続いた好天がいきなり終わった。それからの六時間、彼らはホワイトアウトの中で、五二四〇メートル地点目指して困難な下山を続けた。〈クラック・オヌーン〉が登りに四〇メートルおきに雪に刺しておいた竹棹だけが、〈ザ・メンバーズ〉を雪洞に導く手がかりだった。十八時間ぶっ続けの行動を終えて彼らは雪洞に戻ったが、悪天は続き、〈ザ・メンバーズ〉はさらに二日間、食べ物もないまま足止めを食うことになる。だが、五月二十四日、ついに彼らは重い足を引きずって四三六〇メートルへ降りてきた。そこでようやく、彼らの凍った指は、診療所にいるロブ・ローチとハワード・ドナーの数時間にわたる手当てを受けた。

〈ザ・メンバーズ〉――五月の登頂に成功したほんのひと握りのパーティのひとつ――が

不屈の意志を保ち、苦痛の限界で目標を達成したのを目の当たりにして、四三六〇メートルのキャンプにいた私たちは、もうしばらくそこに留まり、偉大な山に全力で挑戦してみようという気持ちになった。だが、その頃には、フィグバーしか食べていなかったせいで私の体力は落ち、喉は激しく渇き、溶かした雪以外の飲み物を欲していた。五月二十六日、私はテントをたたみ、スキーをつけると、戦友たちに別れを告げた。

いざ出かけようとザックを背負うと、エイドリアンが南にあるタルキートナの方向をなつかしそうに見やり、やっぱり天気はすぐには回復しそうもないなとつぶやいた。「たぶん」、彼は独り言のように言う。「俺もあんたのように山を降りたほうがいいんだろうな。そして、来年、あらためてマッキンリーに挑戦したほうが」。だが、次の瞬間、彼は振り向いて山を見つめると、ぐっと顎を引いた。私がストックで漕ぐようにして氷河を滑り降りるあいだも、エイドリアンはまだ同じ場所に立ち、頂上に続く斜面を見上げていた。マッキンリーに登る最初のルーマニア人に与えられる栄誉を思い描いていたにちがいない。

シャモニの休日

まだ九月だというのに、ここフランスのシャモニの狭い通りを吹き抜ける風は冬の匂いがする。夜を迎えるたびに、スリップの裾のような雪線はモンブランの広大な花崗岩のお尻を下り、谷底に並ぶスレート屋根や教会の尖塔へと近づいてくる。三週間前まで、ミッシェル・クロ通り沿いのオープンテラスのカフェは、夏の休暇を過ごす人々でごったがえしていた。彼らは法外な値段のシトロンをすすりながら、首を伸ばして、八月の霞の中で蜃気楼のように揺らめいている三〇〇〇メートル上方の有名な山々を眺めていた。いまでは、それらのカフェにはほとんど客はなく、ホテルも閑散として、ついこのあいだまで賑わっていた小さな酒場は図書館のように静まりかえっている。そんなとき、夜中の十二時近くにシャモニの通りをぶらついていた私は、町の中心にほど近いナイトクラブ、〈シュカ〉の入口に大勢の人が列を作っているのを見て驚いた。好奇心を抑えきれず、私は列のうしろに並んだ。

二十五分後にようやく中に入ると、テーブルと椅子は取り払われていた。スピーカーからはビールグラスが震えるほどの大音量でエルヴィス・コステロが流れている。カウンターの端からもう一方の端を眺めようとしても、ジタンの紫煙にさえぎられる。自己陶酔した生意気そうな若い客たちには、シェイクスピアの一節にある「自惚れ屋で好色家のフランス人」ということばがぴったりだ。だが、ダンスをしている客もいなければ、店内をうろついている客も驚くほど少ない。さらには、話に夢中になっている者さえいない有り様。私はすぐに気づいた。店の客はひとり残らず、ビデオを見るためにここに来ているのだ。みなが六台の巨大なテレビ画面に顔を向け、ちらつくブラウン管を食い入るように見つめていた。

客たちを釘づけにしていたのは、フランスで人気の高いバンジージャンプの映像だった。イザベル・パティシエという、すらっとした金髪の美女が、田園地帯の数百メートル上空を熱気球で飛んでいる。パティシエの足首には長さ約三〇メートルのゴムロープが縛り付けてあり、ロープの反対側は気球のゴンドラに結ばれている。パティシエ――世界有数のロック・クライマーで、怖いもの知らずの女性――は、ゴンドラの縁から虚空へと静かにスワンダイブを決めた。ものすごい速さで大地へと落ちていく。ゴムロープが伸びきると落下は止まり、彼女の体はすさまじい勢いで高く弾んだ。だが、パティシエはロープをつたって安全なゴンドラへと昇ることができず、さかさまのままロープにぶら下がり、風に吹かれている。彼女を助けようと、熱気球の操縦士は緊急着陸を試みるが、そうこうするうちにゴムロープは高圧電線に絡まってしまった。パティシエは今にも感電しそうだ。燃え始めたゴムロープの先に脚を縛り付けられ、なす術もなくぶら下がっている。

結局彼女は死の淵から助け出されるのだが、バーにいる誰もが深い安堵のため息をつく間もなく、テレビ画面は別の映像に切り替わる。今度もまた同じように、客たちは釘づけになる。地元のヒーロー、クリストフ・プロフィが、冬にそれぞれたった一日で行なったグランド・ジョラス北壁ウォーカー稜、アイガー北壁、マッターホルン北壁の単独登攀の映像だ。画面はさらに、ウィング・ウォーキング、ヌードでのスカイダイビング、ビッグウェーブのサーフィン、軽石の斜面を猛スピードで滑り降りるモノスキー、エヴェル・クニーヴェルのようなバイク・スタントと移り変わり、ビデオ上映は閉店まで続いた。これらの映像すべてに一貫して流れているのは、死の危険だ。恐ろしければ恐ろしいほど、客たちは引き込まれていく。実際、一番人気があったのは、カーレースの激しいクラッシュ・シーンだけを編集した四十五分間の映像だ。激突し、バラバラになり、生きたまま炎に包まれるドライバーや見物人たち。そんな身の毛のよだつシーンだけを集めたもので、見る者をさらに興奮させるべく、多くのシーンが画面いっぱいの大写しになったり、超スローモーションで繰り返されたりする。

その夜、途中でビデオの調子が悪くなり、画面に何も映らないというハプニングがあった。その間、私は近くの町アヌシーから来ていたパトリックという若いフランス人と話をした。彼はふくらはぎまである花柄の海水パンツをはき、ぶかぶかのバットマンのトレーナーを着て——太陽は六時間前に沈み、おまけに薄暗いバーにいるのに——ピンクのフレームのサングラスをかけていた。そして、いかにもフランス人らしい謙虚さで、自分は熟練したパラパント・パイロットで、最高のロック・クライマーだと言った。私はそれに対し、実は自分もクライマーだと応じた。これまでシャモニで登ったルートには、とても満足している、と。さらに、いまこそ大見得を切るチャンスとばかり、昨日登ったルートは特に楽しかったと続けた。古典的な高難度ルート——ヴァロのガイドブックに「極度に困難」と記されている——グラン・カピュサンというほっそりした恐ろしく急な岩塔を登ったのだと。

パトリックはすっかり感心したようだ。「カピュサンだって？　あそこの頂上からパラパントで飛ぶのはすごく難しかっただろ？」いや、そうじゃない。私は慌てて訂正した——ただ頂上まで登っただけで、そこから飛んだわけじゃない。「飛んだんじゃないのか」。パトリックの態度はコロッと変わった。「でも、まあ、単独《ソロ》でカピュサンをやったなんて、それはそれで大したもんだよ」。実は、と私はおどおどしながら説明する。一人で登ったわけじゃない、パートナーと二人でロープを使って登ったんだ。「ソロでもないし、飛んでもいないのか？」フランス人はまったく信じられないといった顔つきで言った。「あんたのやったことは、ちょっと——英語では何と言うのかな——陳腐だと思わないか？」

あとで聞いたところによると、私が迷い込んだ〈シュカ〉はシャモニで一番ヒップなバーだったらしい。そして、これはなかなかに大変なことなのである。なぜならシャモニの町自体、一年を通して住んでいる住民の数は一万人をちょっと超す程度だが、二世紀にもわたって、欧州大陸一の、いやおそらく地球一のヒップな山の町として君臨しているのだから。そしてそれは単に、そこに暮らす人々のお里自慢ではない。シャモニは『アルプスのアスペン』と形容してもまだまだ足りない、最高のお洒落《オート・シック》の発信地なのだ。アメリカの登山用具開発者イヴォン・シュイナードが、大西洋の反対側に小売店の橋頭堡《きょうとうほ》を築こうとしたとき、彼のブランド〈パタゴニア〉のヨーロッパ一号店をシャモニの中心部にオープンしたのは単なる偶然ではない。

シャモニの町そのものは立て込みすぎて、ヨーロッパの建築水準から見れば特に美しいとは言えない。観光客を食いものにする店もたくさんあるし、ただ大きいだけで目障りなコンクリートの建物も多い。車の数はむやみに多く、駐車スペースはまったくない。それでも、丸石を敷いた曲がりくねった通りや、昔ながらの厚い壁をもつシャレーといった、旧世界の遺産も数多く残っている。それに比べればアメリカの人気スキー・リゾートなど、バイエルンまがいのテーマパークにしか見えない。閉所恐怖症に陥りそうなほど窮屈なアルブ川の狭い谷に貼りついているシャモニの町は、イタリア、スイス、フランス三国が国境を接する地点からわずか一二、三キロしか離れていない。町の北側は赤い針峰群《エギーユ・ルージュ》の三〇〇〇メートル級の山々でがっちりと固められ、南側には四八〇七メートルのモンブランが城壁のようにそびえ立っている。この西ヨーロッパの最高峰があまりに間近にあるので、その頂から飛び立ったパラグライダーは毎日のように町の中心部に着陸している。〈シュカ〉で上映されるさまざまなビデオショーが人気を博しているのは少しも驚くにはあたらない。なにしろ、この町の活力源はとんでもなく危険なスポーツと、それに付随するビジネスなのだから。アメリカ人アルピニスト、マーク・トワイト――彼はとびとびだがこの町に通算五年間住んでいる――は心からの愛情と少しの皮肉を込めてこう言う。シャモニはまさに「世界に冠たる死のスポーツの首都」だと。イタリアから幹線道路を通ってシャモニに入ってくる客を出迎える巨大な看板には、単に「世界のスキーと登山の首都」と書かれている。まさにそのとおり、看板に偽りなしだ。シャモニとその住人たちが、登山の世界で、いまや昔以上に最先端を行っているのはまちがいないだろう。だが、過去十年間の常軌を逸した熱狂ぶりとアドレナリンに酔いしれたような風潮を考えれば、トワイトがこの町につけた先ほどの皮肉なあだ名のほうがより正確に思える。昔ながらの折り目のついたニッカーボッカーと山岳ガイドの着るセーターは色鮮やかなライクラタイツやゴアテックスにとって代わられ、伝統的な登山はスリルあふれる数々の山岳スポーツに変貌を遂げた。パカール医師が理解に苦しむようなスポーツに。

ミッシェル・ガブリエル・パカール医師は、ご存じのとおり、一七八六年八月八日、地元のカモシカ猟師であるジャック・バルマとともにモンブランの初登頂に成功し、スポーツとしての登山を確立した。初登頂時の苦悩をバルマはこう記している。「目は充血し、顔は黒ずみ、唇は青ざめた。笑ったりあくびをしたりするたびに、唇と頬から血が噴き出し、さらに、目がほとんど見えなくなった」。世界初の二人の登山家は、この土地の将来の経済基盤に大いに貢献したかどで、アメリカドルにして六十ドルの報奨金をもらった。村の中心にある広場はバルマ広場、メインストリートはパカール通りと命名された——その通り沿いには、二世紀経ったいまも、〈シュカ〉やお洒落な〈パタゴニア〉の新店舗はもちろんのこと、パラグライダー用品から、パリのランジェリー、登山界のスターであるジャン＝マルク・ボアヴァンやカトリーヌ・デスティヴェルの絵葉書、グラファイトの柄のピッケル、チタンのピトン、マンハッタンのシルエットを浮き彫りにした最新式のスノーボードまで、ありとあらゆる品物を売る店が並んでいる。

パカールとバルマの初登頂から数十年のあいだに、彼らの偉業とその後の数々の登頂報告が欧州大陸をかけめぐり、シャモニは金持ちと有名人が訪れる非常にファッショナブルな場所に変貌し、世界最初の山岳リゾートへと急速な発展を遂げた（それ以前は、『ニューヨーカー』のライター、ジェレミー・バーンスタインが書いているように、一般的に山とは「恐ろしく、醜く、旅行や通商の障害物であり、山の中やその周辺に住む者はみな人間以下だ」と考えられていた）。ゲーテもバイロンもラスキンもパーシー・シェリーも英国皇太子《プリンス・オブ・ウエールズ》もジョゼフィーヌ皇后も、みなシャモニへ旅した。一八七六年までに、総計七百九十五人の男女がモンブランの登頂に成功した。その中のひとり、アルバート・スミスというイギリス人は、仲間と一緒に合計九十六本のワインやシャンパン、コニャックを空けながら登って、頂上で酔いつぶれた。

人々が大挙して押しかけ、モンブラン登山が威光を失うようになると（最も簡単なルートから登れば、この四八〇七メートルの山は、高度な技術も必要とせず、それほど急峻な個所すらない）、野心的なアルピニストはまわりに数多くそびえる鋭く尖った頂——世界に名立たるシャモニ針峰群——に目を向けた。それらの峰々はモンブラン山群の尾根伝いにステゴサウルスの背の剣のように屹立していた。一八八一年には、アルバート・ママリー、アレクサンダー・ブルゲナー、そしてベネディクト・ヴェネツが、見るからに恐ろしいグレポン針峰を制覇し、人間離れした偉業と称賛された。しかし、その登攀のすぐあとでママリーは、グレポンが「アルプス最難の山」という名声を失い、「御婦人の一日のお遊び」と見なされるようになるのは時間の問題だと予言した。

ママリーの全盛期から百年が経ち、新しい技術、より高性能の登攀具、登山人口の爆発的増加などにより、彼の危惧は的中した。そして、それはグレポンに限ったことではなく、グランド・ジョラスのウォーカー稜、フレネイ中央岩稜、レ・ドロワット北壁、ドリュの北東クーロワールなど「最後の課題」と呼ばれるほとんどのルートがそれに続いた。

モンブランはヒマラヤの山々に劣らぬスケールを持ち、取付きから頂まで四〇〇〇メートル近くそびえ立っている。そんな山がたまたま西ヨーロッパの山脈の中にどっかりと腰を据えている。そこがポイントだ。この根本的な地理的条件と非常に高度な欧州大陸文化というたぐい稀な組み合わせが、好むと好まざるとにかかわらず、現代のシャモニを生んだのである。

天気のいい夏の一日、シャモニの通りは、フランスの他の観光地同様、さまざまな人でごったがえす。ミンクの毛皮をまとった婦人、シンシナティやミラノからの旅行者、ウールのベレー帽をかぶったきゃしゃな老人、ミニスカートから黒いストッキングに包まれた長い足を見せる店の売り子たち。ただ、シャム——地元ではシャモニをこう呼んでいる——がよその土地とちがうのは、道行く人の半数が登山靴を履き、太さ8・8ミリのペルロンのロープをひと巻き肩に担いでいる点だ。そして、さらに通りを眺めていれば、いずれはボアヴァンやプロフィ、マルク・バタールといった「共和国の英雄」たちが歩いているのを目にするにちがいない。彼らの偉業は、『パリ・マッチ』のような人気雑誌に定期的に掲載されている。昨年、ボアヴァンはパラグライダーでエヴェレストの頂上から飛ぶという人類初の快挙をなしとげた。彼のライバルであるバタールは丸一日もかからずにエヴェレストを登る最短記録を打ち立てた。これらの偉業の中でも、多くのフランス人の心に一番強烈に残っているのは、プロフィが冬期に単独で、モンブランのプトレイ山稜の長く恐ろしいナイフエッジを十九時間で完登した記録だ。

プロフィや、そう、たとえばモノスキーの世界チャンピオン、エリック・サランがシャモニのレストランにいればすぐにわかるはずだ。アメリカでドン・マッティングリーやマジック・ジョンソンを見かけたときのように、周囲が騒がしくなるからだ。言うまでもなく、フランス人はとても洗練されており、私たちアメリカ人のように公衆の面前で有名人にへつらうようなことはしない。が、中には例外もいる。マーク・トワイトは、ロック・クライミング界のスーパースター、パトリック・エドランジェが町に来たときの様子を話してくれた。

「みんな恥ずかしげもなくエドランジェを取り巻いていたよ。一年前の冬、〈シュカ〉のパーティに来たんだけど、まるで王様のように扱われてた。客はみんな彼に賛辞を呈するために同じテーブルにつこうと本気で喧嘩してた」

シャムにいるすべてのアルピニストが有名人というわけではない。いまや、年間六千人近くがモンブランに登り、幾万もの人々がそのまわりにある針峰群に群がる。そして、毎年、さまざまなスポーツにスリルを求める人々が大勢シャモニを通過する。山群を囲むようにホテルが建ち、高層建築の〝山小屋〟が点在している。五十七基ものチェアリフトやロープウェイが縦横に走り、幹線道路が走る長さ一〇キロのトンネルが山ふところを貫いている。登山シーズンのピークには、ヴァレ・ブランシュ――山の上にあり、メール・ド・グラス氷河に落ち込む高所の氷原――は多くの登山家で混み合い、空から見るその様子はさながらアリの大群のようだ。〈高山事務所〉にある記録簿に登録されている新しい登山ルートの数は、あまりにも多すぎて頭が変になるほどだ。この山群で人間が登っていない岩や氷は、せいぜい一平方メートルも残っているだろうか。

シャモニ周辺の山々で人間はすでにあらゆることをやり尽くしたから、挑戦的要素はもう何も残されていないだろうと思う人がいたら、それはまちがっている。フランス人は、誇り高く、自己演出の才能に恵まれた創造的な国民で、いとも易々と、刺激的な新しい山の楽しみ方を見つける。スピード・クライミング、エクストリーム・ソロ・クライミング、エクストリーム・スキーといったいまではおなじみの登山のバリエーションに加え、彼らはバンジージャンプ、ル・スュルフ・エクストレム（エクストリーム・スノーボード）、ル・スキー・スュル・エルブ（夏草の斜面を車輪の付いたスキーでロケットのように滑り降りる）、バリュル・ローリング（巨大なゴムボールの中に入って、斜面を転がり落ちるゲーム）に熱を上げている。そして、中でももっとも人気があるのが、フランス語で言うパラパント、山頂から飛ぶパラグライダーだ。

晴れた日の昼下がり、私はシャムのダウンタウンにある〈ブラッスリー・レム〉のテラスに腰を下ろし、ストロベリー・クレープとカフェオレを前にして、自分はこんな限られた才能で、あまりにも平凡ないまの人生から抜け出せるのだろうかと考え込んでいた。そんな私の上空を、パラグライダーの列が途切れることなくスイスイと飛んでいく。まわりの山々から飛び立ったパラグライダーが、着陸点である町外れの草地へ向かっているのだ。数分おきに、ほかに注文はないか（「それとも、もうお帰りですか、ムッシュ？」）と聞いてくるウェイターにうんざりしてようやく腰を上げた私は、その小さな飛行物体を間近で見るために、ブレヴァンのスキー・リフト乗り場にある着陸点へ向かった。

アメリカ全土のパラグライダー人口はせいぜい四百人程度だ。その数字は、このスポーツが非常に危険だという評判をそのまま反映している（広告にもそれが真実であることがはっきりと表われている。アメリカ最大手のパラグライダー・メーカー、フェラル社のマークは、髑髏《どくろ》とその下に交差した骨である）。だが、死の危険があろうと、訴訟を起こされる恐れがあろうと、アルプスのパラグライダー人口は増加する一方だ。最新の統計では、フランス全土で一万二千人ものパラグライダー愛好家がいると言われている。そして、フランス人のパラグライダーにかける情熱は、不慮の事故を避けようとするゲール的資質とは無関係のようだ。シャモニのパラグライダーは、しょっちゅう人家の屋根や往来の激しい自動車道路に墜落しているし、スキーのリフトにぶつかったり、ハエのように空から落ちたりしている。実際、私がシャモニの着陸点についてから三十分のあいだに、二機のパラグライダーがその小さな草地を飛び越えて森の中へ突っ込み、三機目のパラグライダーのパイロットはアパートの二階部分の壁に頭から激突した。

だが、パラグライダーの事故がこれほど多発しているにもかかわらず、フランス人はスキーリゾートでの飛行を禁止しようとは考えないようだ（アメリカ人ならまちがいなくそうしているだろう）。また同じく、毎年山で大勢の死者が出ているからといって登山を制限しようという動きもない。シャモニを取り巻く山々での遭難者は平均して毎年四十から六十人にものぼり、また、これまでのモンブランでの死者は二千人を超え、地球上で飛び抜けて死亡者数の多い山となっているというのに。

たいへん興味深いことに、シャモニでは、リフトに乗って行なう、いわゆる普通のゲレンデスキー――アメリカ人スキーヤーで、このスポーツが死に結びつくと考えている人はほとんどいない――による死者が年間死者数の約半分を占めている。シャモニの谷には八つのスキー場があり、その中にはストーやパーク・シティにあるなだらかなゲレンデのようなやさしいコースもたくさんある。が、それと同時に、リフトで行ける場所でも、ゲレンデスキーときわめて厳しい登山との境界線のような斜面も無数にあるのだ。たとえば、グラン・モンテやエギーユ・デュ・ミディ――どちらも人気の高いスキー場だ――の上でリフトを降り、ひとつまちがったターンをすれば、いともたやすくクレバスの底に落ち込んだり、あるいは崩れ落ちたセラックに埋もれるか、数百メートルの崖を転がり落ちるかもしれない。アメリカのスキーヤーたちは、危険個所があれば、それがどんなものであろうと、しっかりと柵や標識を立て、誰もが理解できるような防護策を講じるのが当然だと考える。ここシャモニでは、スキーヤーの安全に対する責任は、スキー場ではなく各自が負うべきだと見なされている。愚か者は長生きできないというわけだ。

つまり、フランス人とアメリカ人では、危険なスポーツ——あるいはスポーツ全般——に対する考え方が根本的にちがうのである。アメリカ人は野球やアメリカンフットボールのようなチームスポーツを好む。そして、子どもたちの手本となる英雄的なスポーツ選手を、高潔なオーレル・ハーシュハイザー的な人物に仕立て上げる傾向がある。それとはまったく対照的に、個人主義で知られているフランス人は、センセーショナルな行動や洒落たひねりや劇的な単独行動を好む。スポーツ選手に対する彼らの典型的なイメージは、立て続けにジタンをふかし、違法速度で車をとばし、それでいて長距離のウィンドサーフィンをこなしたり、5・12の岩壁を単独《ソロ》で登れるといった、一芸に秀でた者たちである。

そんなわけで、シャモニっ子は自分たちの裏庭で起きる惨事を喜んでいるわけではないにせよ、そういった災難を肩をすくめてやり過ごすことに慣れている。リュック・ベロンという痩せぎすのジャンダルム——フランスの警官——がこう説明してくれた。「シャモニには、ここ独特の考え方がある。ここの人たちは、たとえガイドや登山家でなくても——肉屋や土産物屋の主人であっても——自分のテーブルに食べ物が並ぶのは山のおかげだと考えている。漁師が海とともに生きているように、私たちがここで生きていくには、危険や悲惨な出来事を生活の現実として受け入れなければならないんだ」

リュック・ベロンは警官だが、だからと言って、毎日スリを捕まえたり、あの間の抜けた小さな帽子をかぶって交通整理をしているわけではない。ベロンは高山警備隊（PGHM）と呼ばれる州警察に属するエリート警官で、予想以上に刺激的な出来事に遭遇してしまった不幸な冒険家を救出するのが仕事だ。スピードを上げて山の上にいる怪我人の救助に向かうPGHMの青いずんぐりとしたヘリコプターの「タック！　タック！　タック！」というローター音は、ブロンクスでのパトカーのサイレン同様、シャモニではおなじみのものだ。七、八月は、世界中から軽率な登山家が大挙して氷河と針峰群に押しかける。ベロンと彼の同僚は一日に十回から十五回も連絡を受け、救助や遺体の回収を行なう。

皮肉なことに、PGHMの技術と不眠不休の警戒態勢が、ただでさえ多いシャモニの事故件数をさらに増大させているのかもしれない。多くのボアヴァン気取りが、普段よりさらに大きな賭けに打って出るのは、彼らが遭難した場合に備えてベロンとその仲間たちが二十四時間スタンバイしていることを知っているからだ。熟練したアメリカ人登山家であるジョン・バウチャード――一九七三年からシャモニに住み、フランス人の妻と一緒に登山用品の会社ワイルド・シングスと、髑髏と骨のマークのフェラル社を経営している――によると、「近頃の登山家は、非常用ビバーク用具も持たず、無線機だけをぶら下げて難しいルートに行くようになった。にっちもさっちもいかなくなったら、それで助けを呼べばすむと思ってるのさ」。

実を言うと、私自身、昨秋ここに来たときに、同じようなことをしようとした。シャムに着いて二日目、私はモンブラン・デュ・タキュルという四二四八メートルの山にある急峻だが頻繁に登られている氷のルートに一人で出かけた。氷壁の下部の登りで薄氷にピッケルを振るって氷の下にある岩に繰り返しピッケルを叩きつけているうちに、不注意にもピックを摩滅させてしまった。高度に慣れていなかったせいで体調もかなり悪く、ルートの中ほどにさしかかった頃には力尽きて、先の丸くなったピッケルを壁にしっかりと突き刺せなくなった。だが、懸垂下降のためのロープは持っていない。助かるには、このルートを頂上まで登り、山の裏側のなだらかな斜面を歩いて降りるしかない。だが、ちょうどそのとき、ＰＧＨＭのパトロール・ヘリが上空を通りかかった。ヘリコプターの乗員は私を見つけると、またひとり間抜けな男が窮地に陥ったのだろうかと、ヘリをホバリングさせた。私はすぐさま手を振って助けを求めようと思った。何と言っても、その前日、救助保険に大枚七十ドルを払い込んだばかりだったのだ。通りがかりの救助など、費用は十セントぐらいのものだろう。

問題は、粋な青いセーターを身につけた隊員が氷の上にいる私を引き上げるためにウインチ・ケーブルで降りてきたときに、救助を求めた理由をどう話せばいいのか思いつかなかったことだ。私は少しためらい、それから、良心のとがめに負けて片腕を上げた――すべてがうまくいっているという合図だ。ヘリコプターは、成長しすぎたトンボのように、谷へと姿を消した。惨めな登山用具しか持たない私を残して。

長いあいだにシャモニで起きた遭難事故と頻繁に行なわれてきた救助活動の中でも、特に印象深いものがいくつかある。もっとも有名なのは、一九六六年の夏、メール・ド・グラスから二〇〇〇メートルの高さでそそり立つ圧倒的な花崗岩峰プティ・ドリュの西壁で展開されたそれだ。八月十四日、登山経験の浅い二人のドイツ人がこの岩壁を登り始めた。だが、四日後に、頂上まであと三分の一というところまでたどり着いた彼らは、幅一メートルの岩棚の上で立ち往生する。頂上の尖塔を守るように突き出ている、氷の張ったオーバーハングを登ることができなかったのだ。ドイツ人たちはSOSを送り、ちっぽけな岩棚にうずくまって、荒れ始めた天気の中で助けを待った。

大がかりな救助活動が開始された。五十人以上のフランス山岳警備隊とシャモニのガイドたちが、西壁よりはやさしい北壁と東壁からドリュの頂上へ登り、そこからワイヤーロープを垂らそうとした。が、遭難した登山家の頭上にオーバーハングがあるせいで、何度やっても成功しない。SOSを発してから三日経っても、ドイツ人には救助の手が届かなかった。その頃には、シャモニの町は新聞記者やテレビ局のクルーであふれ、救助活動の様子は西ヨーロッパで発行される主要紙すべての第一面を飾っていた。

八月十八日、ゲーリー・ヘミングはモンブランのイタリア側にあるカフェで、ドイツ人の遭難に関する記事を読み、すぐに彼らを助けようと決心した。ヘミング――カリフォルニア出身で、背が高く、ぼさぼさの金髪。夢を追い、放浪生活を好む男――は、それまで五年間フランスで暮らしていた。大半はシャモニにいたが、ときにはパリで、それもセーヌ川の橋の下で寝るような生活をしていた。この遭難事件の三年後、理由はいまだにわからないが、彼はワイオミングのティートン山のキャンプ場で酒に酔い、自分の頭に弾丸をぶち込んだ。だが、この一九六六年の時点では、三十三歳の登山家はそのキャリアの頂点にいた。

それまでヘミングはドリュの西壁を何度も登っていた。一九六二年には、ロイヤル・ロビンズとともに新ルート〈アメリカン・ダイレクト〉を開拓したが、それは当時、世界でもっとも困難な登攀のひとつと言われ、また、現在でもアルプスの偉大なルートと見なされている。そういうわけで、ヘミングはドリュを熟知していた。そして、ドイツ人が立ち往生していることを知るや、西壁を登って救助に向かうのが最良の方法だと判断した。山岳警備隊やシャモニの屈強なガイドたちが、嵐の中で凍った岩壁を登るのは不可能だと、はなからあきらめた救助方法だ。ヘミングは急遽シャモニへ戻り、八月十九日、反骨的なクライマー八人で構成する多国籍パーティを率いて西壁を登り始めた。

言語に絶する困難な登攀を続け、三日後、ヘミングのパーティはようやくドイツ人のいる岩棚にたどり着き、二人の男が生きているのを発見した。彼らは意外なほど元気だった。偶然にも、その五分後、遠回りだがより簡単な北壁を登ってきたガイドのひとりが現場に到着し、自分たちのパーティが遭難者を山から降ろそうと申し出た。「だめだ」ヘミングはきっぱりとはねつけたと伝えられている。「先に着いたのは俺たちだ。このドイツ人は俺たちが降ろす」

翌日、ヘミングのパーティが無事にドイツ人を連れて下山すると、ドリュの下には、テレビカメラとテープレコーダーをまわす報道関係者の群れが待ち構えていた。ヘミングの隠者のような顔と、感動的な救助の様子がヨーロッパ中の新聞に載り、テレビの画面に映し出されると、彼は一躍時の人となった。特にフランス人は、この〝ビートニク〟、野性的な風貌でゲーリー・クーパーのように寡黙な、アメリカから来た高潔な野人に熱狂した。ヘミングはその日を境にヒーローとなった。一夜にして、社会に適応できない一文無しの登山家から、全能の金髪の神となり、永遠に語り継がれる神話となったのだ。

「別の世界に入るのに簡単な道はない」とジェイムズ・ソルターはその著書『ソロ・フェイス』に書いている――この本はシャモニを舞台に、ほぼ事実に基づいてヘミングの人生を描いた情熱的で力強い小説である。シャモニの人々は非常に閉鎖的で、自分たちの生活によそ者を入れるのを嫌う。パカール通りの店にかかる看板やガイド協会の登録簿によく見られるバルマ、パイヨ、シモン、シャルレ、トゥルニエ、ドゥヴアスーといった苗字は、ゲーテや皇后ジョゼフィーヌが初めて町を訪れた頃からここに住んでいた一族のそれだ。事実、「よそ者」——シャモニっ子によれば町の境界線からわずか数キロ外側で生まれた者でさえそうなる——は、ごく稀に与えられる特別な許可を受けない限り、シャモニ＝モンブラン・ガイド組合には入れない。そこで、〝異国生まれの〟（すなわち、シャモニ出身者ではない）若いガイドたちはモンブラン独立ガイド協会という組織を作って対抗している。だが、たいていのシャモニっ子は、根無し草連中が伝統ある「組合」に刃向かうなど片腹痛い、安ビールがシャトー・ラフィット・ロトシルトと張り合うようなもんだと鼻で笑う。

ヘミングはドリュでの英雄的な救助活動のあと、その功績だけでシャムの閉鎖的な社会に受け入れられた——フランス人はどんなときも名声には深い不変の敬意を払う。ジョン・バウチャードも、数々の人間離れした素晴らしい登攀——そのうち二つはそれまで未登のルートで、またいくつかは単独登攀——をなしとげ、さらに、優秀なクライマーでシャモニのシモン家の一員でもあるティトゥーヌ・ムーニエと結婚して、ようやく町の人々に受け入れられた。バウチャードの友人であり弟子でもあるマーク・トワイトはこう言っている。「ジョンはシャムに乗り込んで、アルプスの強者《つわもの》たちが喉から手が出るほど欲しがっていた初登攀をかっさらった。そのうえ、町一番のいい女の心まで奪ったんだ」。これこそまさに、完璧なスタイルでなしとげられた離れ業と言えるだろう。フランス人はこういうのに弱い。以来、シャモニっ子はバウチャードを自分たちの仲間、この土地の人間だと認めている。何か説明のつかない天変地異のせいで、彼はまちがってアメリカに生まれてしまっただけだと。

だが、ヘミングやバウチャード以後、シャモニ・クラブへの入会を許可されたアメリカ人――さらに言えば、どの外国人にせよ――はごくごく稀である。さきほどのマーク・トワイト――情熱的で、才能あふれる二十八歳のアルピニスト――はそのわずかなひとりだ。過去五年以上にわたって、トワイトは悪名高いシャモニの〝死のルート〟をかたっぱしからやっつけてきた。そして、この三月には、フランスの山岳雑誌『モンターニュ』に十ページにわたる彼の特集記事が載った。だが、そんなトワイトでさえ、まだほんとうに地元の人々に受け入れられたとは感じていない。「一九八四年に初めてここにやって来たときは、大半の人たちからのけ者にされ、無視された。いい登攀をいくつかやったいまは、地元の尖鋭的なクライマーやパラグライダーのパイロットたちともいちおうは仲良くなった。いい話もするし、ルートに関する情報をもらうぐらいはできる。でも、それだけのことだ。いまだって、誰からも夕食に招かれないし、ほんとうの仲間とは見なされていない。理由はよくわからないが、ここはそういうところなんだ」

外国からやって来るクライマーやスキーヤー——毎年シャモニに集う、多くのバスク人、イギリス人、チェコ人、ポーランド人、ドイツ人、スウェーデン人、イタリア人、スペイン人、アルゼンチン人、アメリカ人、韓国人、カナダ人、オーストラリア人、ノルウェー人、ニュージーランド人、インド人、そして日本人——の大半は、シャモニ社会に溶け込むことにはまったく興味がないようだ。山の上では自分たちだけで気の向くままにさいころを振り、登山の合間には谷でできるだけ安く気楽にやっていくことだけを望んでいる。

これだけ世界中から人が集まれば、そんな目的を達成するための方法にも、それぞれのお国ぶりがある。たとえば、チェコ人とポーランド人の多くは、外貨に交換可能な金には不足しているが肉体はすこぶる頑健だから、ホテルやペンションを避け、町外れの農地を好んでいる。そういった場所では、ひと晩につき四、五フランを払えば、森の中で用を足し、ぬかるみと牛糞の上におんぼろテントを張る権利が得られる。

理由は違うが、スウェーデン人もシャモニのホテルではあまり見かけない。スウェーデンではアルコールには法外な税金がかけられているらしい。したがって、アルコール類がスカンジナビアの半値近くで買えるフランスにやって来ると、彼らはどうしても酒を飲みすぎてしまう。トワイトが言うには「スウェーデン人は、酒を飲み、自制心を失って悪さをする。喧嘩はするし、部屋はめちゃめちゃに壊すし、どうにも手に負えない。だから、シャモニの宿屋の主人はスウェーデンのパスポートを見ると、大抵は『すまないね、いま思い出したんだが、部屋は全部ふさがってたよ』と断わるんだ」。そんなわけで事態は、最近スウェーデンの実業家がシャモニの町から谷を数キロ遡ったアルジャンティエールの村にホテルを何軒か買うところまで発展した。これで、シャモニの近くでスウェーデン人が眠れる場所ができたというわけだ。いまでは、スキーシーズンになるとアルジャンティエールはまるでスウェーデンの植民地の様相を呈している。

だが、フランスとスウェーデンの問題よりもっと厄介なのは、フランスとイギリスの問題だ。何世紀にもわたって相互に抱き続けてきた憎しみは、両方の国民の遺伝子にしっかりと組み込まれている。それでも、シャモニの人間にも若干はイギリス人の味方がいる。スネル一族は、パカール通りにある自分たちの二軒の登山用具店で万引きを働かないことを条件に、町外れにある所有地でイギリス人がキャンプすることを暗黙のうちに許してきた。だが、多くの英仏アルピニスト間の敵意は根深い。ときには、バーが破壊され、有名なイギリス人の登山家たちが大勢シャモニの留置場に入れられるといった、後々まで語り継がれるような喧嘩にエスカレートすることもある。

彼らの憎悪は、フランスとイギリスの俗語にも表われている。たとえば、英語ではコンドームのことを「フランス人の手紙《フレンチ・レター》」と言うが、フランス語では「イギリス人の外套《カポート・アングレーズ》」。挨拶もせずにこそこそと帰ることを、イギリス人は「フランス人のように立ち去る」と言い、フランス人は「イギリス人のように逃げる」と言う。フランスの口語では、アナルセックスのことを「イギリス風悪徳」と言う。英語にはそれに対応する俗語はないが、イギリス人クライマーは昔から、フランス人クライマーの服のセンスはフランス男がみな潜在的にホモ・セクシュアルである証拠だと考えている。

だが、このところ、フランス人は自分たちの優勢を楽しんでいるようだ。生っ粋のシャモニっ子は登山やスキーやパラグライダーの世界における現代のベストドレッサーであるばかりでなく、パカールとバルマの登攀以来初めて、氷や岩の上での彼らの驚異的な動きや優れた能力に対抗できるイギリス人（あるいはそれ以外の国の人間）はひとりもいなくなったのである。プロフィやボアヴァン、パトリック・ガバルーのようなスーパースターがピンクのスカーフやカラーコーディネートされたクライミング・ウェアを着ているからといって、いまや誰も彼らを女々しい男呼ばわりはできないのだ。

シャモニからエギーユ・デュ・ミディの頂への標高差三〇〇〇メートルの旅は、ロープウェイを二基乗り継いで所要時間約三十分。私を含む六十人が古ぼけた四角い箱に押し込められて登っていく。オレンジと緑の派手な服を着て、服の色に合わせたザックを背負ったフランス人の一団。楽しそうに歌を歌い、ジョークを飛ばし、大声で笑うイタリアの山岳会のパーティ。場違いなビジネススーツやワンピースを身につけ、黙りこくっている日本人観光客。

山頂——蜂の巣のようにトンネルが開けられ、奇妙な金属の建造物が建てられた茶色い花崗岩の目が眩むほど鋭い針峰——で、私はクロック・ムッシュを食べにちょっとレストランへ寄ってから、もう一度ロープウェイに乗って大きなクレバスが口をあけるヴァレ・ブランシュの上を横切り、イタリアとの国境へ向かった。そこから短い斜面を歩いて下ると、本日の目標、トゥール・ロンドと呼ばれる山の北壁に着く。もしこの山が、私がよく登るアラスカにあれば、四十キロの荷物を背負い、三、四日かけてシャモニの谷からここまで登ってこなければならないだろう。しかし、この山はフランスにある。ここまで来るのに（朝食をとる時間も含めて）二時間弱、ザックの中身は弁当と予備のセーターぐらいで、私はまだ汗もかいていない。

一方、この山がもしアラスカにあったら、私はここを独り占めできることだろう。残念ながらこの便利な山の基部でアイゼンをつけている私の頭上のルートには、すでに七人のクライマーがいる。

このルートでは、中間部が砂時計のようにくびれた滑りやすい灰色の氷壁を真っすぐに四〇〇メートルほどたどる。シャモニの基準に照らせばやさしいルートだが、それでも、私は頭上にいるクライマーたちが気がかりだった。一九八三年のこと、二人の登山家がここで壁の終了点付近から滑落した。ロープでつながったまま氷河へと真っすぐに落ちていった二人は、下を登っていた十八人の登山家をすべて壁からこそげ落とし、当人たちに加えて六人が死亡した。

私が氷壁の中間部のくびれた部分の下にたどり着くまでは、頭上の登山家たちは特に問題なかった。だが、両側から岩が張り出して漏斗《じょうご》の口のように狭まったそのくびれにさしかかると、彼らが蹴って剝がした氷はすべてその狭い溝を落ちてくる。そんな氷のシャワーの中を七〇メートル近く登らなければならないのだ。幸いにも、落ちてくる氷の破片のほとんどは小さく、ヘルメットをかすめるだけで特に危険はない。この手の登攀には落氷はつきものだ——登山家がピッケルを叩き込んだときに、小さな破片が飛び散るのはいたしかたない。だが、どうしたことか、頭上のパーティのひとつがフリスビー大の花崗岩を落とし始めた。ときには四、五キロもある塊が降ってくる。「おい！」私は彼らに向かって叫んだ。「下に人がいるのが見えないのか？」だが、その注意は彼らをさらにその気にさせただけだった。もう一度叫ぼうと上を向いたとたん、顎に小石が当たる。あわてて顎を引き、これまでよりさらにスピードを上げた。

十分後、私はくびれを登りきって上部の広い壁に出た。そこなら身をかわして落石や落氷の一斉射撃を避けられる。それから、四十五分後に山頂へ着くと、頂上の印である聖母マリアのブロンズ像の傍らでくつろいでいる二人のフランス人を見つけた。私の通り道に石を落とした二人組だ。私は彼らに近寄り、丁重にこう言った。「この野郎、よくもやってくれたな。下りは、でっかい石を蹴落としてやるからな。そうすればおまえらにも俺の気持ちが少しはわかるだろう」

二十代前半の二人の登山家は、まったく気にしていない様子だった。ひとりが肩をすくめて言う。「落石はアルプスにはつきものだよ。自然の障害のひとつだ。ここで登るのがいやなら、アメリカに帰るんだな。大した山もないだろうけど」

やがてフランス人の二人組が頂上に私ひとりを残し行ってしまうと、ようやく気分が落ち着いた。岩は温かく、九月の空は澄み、穏やかだ。まわりには、手を伸ばせば届きそうなところに無数の針峰がそびえている。こちらにはどっしりしたモンブランの頂、そして細い何本もの指のようなプトレイ山稜。あちらにはグレポンやシャルモ、そしてダン・デュ・ジェアンの巨大な牙、ドリュの双耳峰やグランド・ジョラスの素晴らしい横顔も見える。子どもの頃から、私はこれらの山々について書かれた本を読み、雑誌から切り抜いたぼやけた写真を壁に貼って見つめ、花崗岩の岩肌のざらざらした感触を想像してきた。

遅くなった。急いで下り始めなければ。さもないと谷へ向かうロープウェイに乗り遅れる。だが、心地良い不思議なぬくもりが背筋をじりじりと上がってくる。この感覚がどこかに消えてなくなるまではこのままでいよう。「あと五分」、私は声に出して自分に言い聞かせる。私の足下四〇〇メートルには、猫のような形をしたトゥール・ロンドの影が氷河に寝そべっていた。

腕時計を見ると、一時間が過ぎていた。山麓のシャモニの通りはすでに闇に包まれ、バーには山から降りてきた登山家やパラグライダーのパイロットが押しかけているだろう。もし、私がいま町にいたら、目に狂気を漂わせたメスナーやボナッティやテレイの後継者たちと同じテーブルにつき、トゥール・ロンドに登った話などあまりに陳腐で口に出せずにいるだろう。こうして、山の頂の岩棚の上にいると、まったくちがった景色が見える。山々はまだ秋の陽ざしに輝いている。岩壁が歴史を歌い、誰もいない氷河は光を浴びて生き生きと輝いている。「あと五分」、私はもう一度自分に言い聞かせる。「あと五分だけここにいて、それからほんとうに下り始めよう」

キャニオニアリング

アリゾナ州の真ん中を曲がりくねって流れるソルト川は、ニューメキシコとの州境に近いアパッチ族の住む高地に源を発して西流し、ソノラン砂漠の焼けつく固い大地を下り、フェニックス市のスモッグと不規則に広がった宅地の中を抜け、最後はヒラ川に流れ込んで終わる。途中に作られたダムや貯水池や用水路のせいで、ソルト川は本来の力強さを失い、フェニックスの中心街に入る頃にはコンクリートの土手にはさまれた砂床の流れにすぎなくなる。フェニックス空港へ着陸する直前に、私がボーイング737の窓から初めて眺めた巨大なソルト川には——四月初旬の、ほぼ満杯の水をたたえているはずの時期だというのに——水はまったく見あたらなかった。

そういうわけで、一時間後にリック・フィッシャーという男に真剣な顔で、ソルト川は「北米でも特に壮大で挑戦的な川のひとつだ。アラスカを除く四十八州の中で、本物の自然が残る最後の場所だよ」と言われたときも、私は儀礼的にうなずき、そのことばを適当に聞き流した。以前、自分がボストンから来た友人に、実はシアトル・マリナーズ——アメリカンリーグ西地区でずっと最下位を続けている、我が町のチーム——は、野球界でもっとも優秀なチームだと力説したのを思い出しながら。フィッシャーは三十六歳、トゥーソンからやって来た写真家兼僻地ガイドだ。彼は私の疑わしそうな目つきに気づくと、自信満々に言った。「まあ、待っててごらん。すぐに、わかるから」

だが、ソルト川とその支流で一週間のんびり過ごす予定で上流の峡谷に入っても、私にはまだわからなかった。我々は最後のダムと分水路の上流、フェニックスから一六〇キロのところにいた。たしかに川には水が流れ、周囲の干からびた大地は荒々しい魅力にあふれてはいた。だが、その峡谷を壮大だと言う人はあまりいないだろう。ほんの数時間車をとばしたところに、この土地が誇るザイオン国立公園やグランド・キャニオンを擁しているのだからなおのことだ。かてて加えて、河原では二百人ばかりの群衆——戦艦ほどもあるキャンピングカーでやって来た家族連れ、ラジカセから音楽を流しどんちゃん騒ぎをしている若者、四十ドルのヘアースタイルと百ドルのサングラスで決めて週末には必ず川に集まってくる暴走族、ビールをたらふく飲んで顔を真っ赤にした気さくなおじさんたち——がキャンプをしているし、穏やかに波打つ川面《かわも》には、夜明けから夕暮れまで、数珠つなぎのゴムボートの隊列が流れていく。私は思った。この峡谷はたしかに荒々しいが、手付かずの自然《ウィルダネス》じゃない、と。

だが、私はフィッシャーとソルト川に関する結論をあまりにも早く出しすぎたようだ。

フィッシャーは、二十世紀の圧倒的な力から何とか身をかわした砂漠の中の孤立地帯――サンベルト地帯の大雑踏のいわば日陰のようなもの――を嗅ぎつけるこつをきちんと知っていた。混雑したキャンプ場から下流へ二、三キロ走ると、彼はくたびれたジープを停め、友人四人とゴールデン・レトリバー二匹と私を連れて、ソルト川と合流しているシベクエという支流の狭い渓谷を遡った。

まもなく、険しい岩壁――黒い火山性の輝緑岩《きりよくがん》と黄色い砂岩のうねるような褶曲《しゆうきよく》が入りまじったモザイク――が頭上に迫り、谷底の道幅はひどく狭まって、最後は膝まである川の中を歩いて進むしかなくなった。水の流れは速く、澄んでいて、驚くほど冷たい。八〇メートルばかり遡り、カーブを過ぎたところで天然の袋小路に突き当たる。土地の人たちが〈ロック・ボックス〉と呼ぶとても珍しい地形だ。オーバーハングしたつるつるの岩壁に囲まれた、狭いU字形の岩屋である。川の水は、この岩屋の上から一五メートルの垂直の滝となって勢いよく流れ落ちていた。そこから峡谷をさらに遡るには、かなり興味深い技術が必要だろうと思われた。確保点のない極端に難しい壁を、濡れたスニーカーで登るといったような。

幸いにも、そんなことをする必要はなかった。フィッシャーに連れられて、川を四五メートルほど引き返すと、一本の岩柱が東側の岩壁の中間部まで斜めに寄りかかっている場所に出た。岩柱の基部はわずかにオーバーハングしていたが、滑りやすいハンドジャムを使い、隠れた大きなホールドを見つけ、最後にしんどいマントルをすると、岩柱のてっぺんの大きなテラスに到着した。そこからは簡単に崖の上へ、そして峡谷の上流へと歩いて行ける。数分後、私たちは――急ごしらえのハーネスをつけてロープで引き上げた犬も含めて――揃って先ほどの滝の上にいた。

登攀に難しい技術はいらなかったが、フィッシャーはいかにも南西部の田舎の人間らしい、穏やかなゆっくりとした口調で説明した。「そもそもそれほど大勢の人がこの峡谷に入ってくるわけじゃないけど、入谷した人の九八パーセントは滝の下で引き返す。〈ボックス〉を見て怖気づくんだ」。背が低く、筋肉質で、パンチョ・ヴィラのような口髭をはやし、どことなく寂しげな雰囲気を漂わせるフィッシャーは、それからこう告白した。「僕がこの峡谷に通い始めた頃は、ここを登るのはいまよりもっとやさしかった。でも、何年か前にフラッグスタッフから来た男たちが水圧ジャッキを持ち込み、岩柱の基部にあって登りやすくしていたあの大きな岩をどかしたんだ。僕ならそんなことはしないけど、ある意味で連中のやったことに感謝してるよ。フラッグの男たちのおかげで、滝を越えるのは一年でほんの数組しかいない。ここはさっき人であふれていたソルト川の河原からたぶん八〇〇メートルくらいしか離れてないけど、ここから先は、いまでも五百年前とほとんど変わらない美しい景色が広がっているんだ」

たしかに、滝の上はまったくの別世界だった。植物さえ異なっている。なぜなら、シベクエ・キャニオンは入口にも源頭にも巨大なロックボックスが立ちはだかり、牛や馬や羊がまったく入り込めないようになっているからだ。その結果、牧草地を埋め尽くしているような種々の草に駆逐されることなく、いまでも水辺の原生植物が茂っている。

峡谷を遡ると、二キロから三キロは続く広い草原に出た。さらに進むと、ふたたび谷は狭まり、深く曲がりくねった一筋の溝になる。一番狭い場所では切り立った壁と壁の隙間はわずか一・八メートルしかない。見上げると、谷から六〇メートルほどの高さにそびえる砂岩の尖塔の針のような頂に鷹の巣が載っている。そこから少し行くと、崖に作られた住居の下に出た。いまでも大部分が壊れずに残っているその住居は、北のアナサジ族と同時代に生きていた謎めいた種族、マギアン族が七百年前に作ったものだ。

シベクエ川は、ソルト川やほかの支流とともに、マギアン・リムと呼ばれる地形の南斜面を流れている。北アリゾナの中部、フラッグスタッフとフェニックスのあいだを斜めに切り取るように走っているリムは、広大なコロラド高原の南端にあたる。リムは一気に一八〇〇メートル落ち込んで、ロッキー山脈の高い山々や森林地帯と、ソノラン砂漠の焼けつくような平原や盆地をはっきりと分ける境界線だ。

リムには小さなさびれた鉱山や牧場の町が数多く点在し、リムの裾野はそのままフェニックスの郊外へ、そして二百万人が住む大都市へと続いている。だが、マギアン・リム周辺の地勢はあまりにも荒々しく、四万平方キロメートル以上もの土地がほとんど手付かずのまま残されており、そこにはアメリカクロクマ、ハクトウワシ、イヌワシ、ピューマ、シカ、オオツノヒツジが多数生息している。急峻なリムの斜面には、〈サロメ・ジャグ〉（サロメの酒宴）、〈ヘルズ・ゲート〉（地獄の門）、〈ドライ・ビーバー〉（乾いたビーバー）、〈デヴィルズ・ウィンドパイプ〉（悪魔ののど笛）といった洒落た名前がついた、立派な峡谷が十四、五本のしわを刻み、そこには、変わり者の牧場主や探鉱者を除けば何世紀ものあいだ人が入ることはなかった。

マギアン・リムの魅力が人々にまったく知られていなかったせいで、一九八四年には林野局が峡谷を商業開発対象地域にする計画を立てる始末だった。だが、フィッシャーの所属する自然保護団体によるリムのPR活動が功を奏し、計画は認可されず、連邦議会はそこを自然保護区に指定する。これでフィッシャーは胸をなでおろした。彼に言わせれば、マギアンの狭い谷々は北米大陸で最高のキャニオニアリングを提供してくれるのだから。

はたして彼の意見は正しいのか。コロラド川は、それと同じ名前の高原の中央に刻まれた、深さ一八〇〇メートル、長さ一六〇〇キロの溝の中を流れている。そして、コロラド川に注ぐ多くの支流――また、その支流に注ぎ込む谷川やほんの小さな流れ――が、地球の表面に刻まれた巨大なこの傷をさらに増やし、コロラドやユタ、アリゾナやニューメキシコの大地の多くを、めまぐるしく変化する赤い岩の峡谷の迷宮へと変貌させる。厳密に言えば、無数にあるこういった峡谷が、アラスカを除く米国の中に残された最後の偉大な自然の見本である。いまだに知られざる峡谷もあれば、ひと握りの人間しか立ち入らないものもある。ジョン・ウェスリー・パウエル（十九世紀のアメリカの地質学者。ロッキー山脈やグランド・キャニオンの地質研究を行なう）に誓って言うが、どうしたらその中の一つか二つ、あるいは二十が、ほかの峡谷よりいささかでも優れていると言えるのだろうか。

フィッシャーはなぜ、ザイオンやエスカランテ、キャニオンランズ、さらには圧倒的に壮大なグランド・キャニオンといった有名な峡谷よりも、マギアンの峡谷群——その多くの部分が、アリゾナに住む人々にもほとんど知られていない——のほうが価値あるキャニオニアリングの対象だと断言するのか。それを理解するには、まずキャニオニアリングの意味を知らなくてはならない。つまり、自然の中で行なうこの命名されたばかりの新しいスポーツの話になると一気に熱を帯びるミスター・フィッシャーが、何をキャニオニアリングと呼び、何をそう呼ばないのかということを。彼によれば、本物のキャニオニアリングとは、ロック・クライミングと川下り（あるいは遡行）とかなりハードなバックパッキングが結合したものだという。もし、三つの要素すべてがきちんと含まれていなければ、それは本物のキャニオニアリングとは言えないのだ。

フィッシャーがマギアン・リムでのキャニオニアリングにあれほど熱中しているのは、火成岩、変成岩、堆積岩がすっかり混じり合った、断崖を形成する複雑な地質のせいだ。

硬い層と柔らかい層が不規則に並んでいるために、谷ごとに驚くほど変化に富んだ構造が作り出され、さらに、それを彩る何段にもなった滝、越えるのが困難なウォーター・ボックス、窮屈な隘路といったものができやすい。「世界にはマギアン・リムより大きくて長い峡谷はたくさんある。でも、ここほど変化に富んだ谷は皆無だし、ここより難しい場所もめったにないね」とフィッシャーは断言する。

難しいことに挑戦するのが好きな点では人後に落ちないフィッシャーだが、特に気に入っているのはマギアン峡谷の他に類を見ない珍しい構造だ。なぜなら、そのせいで彼の同好の士や、ガンマニア、技術を持たない一般人、そのほかの有象無象が入ってこないからだ。「エスカランテやバックスキン・パリアやザイオン・ナローズの峡谷に通ってるやつを二百人ぐらいは知ってるよ。ああいったところはたしかに大きいけど、行動の大半はいくらか厳しいハイキングぐらいのものだ。だから、ザイオン・ナローズみたいな場所では、春の晴れた日ともなると、二十人ぐらいの行列で峡谷をたどることになる。それに対して、マギアン峡谷では、一番有名なウエスト・クリア・クリークの谷でも、たぶん一年間に四、五組のグループが入ってくるかどうかだ。北西部の四つの大きな谷にいたっては——どれがそうだとは言わないが——そこを下った記録はまだひとつもない」

人間があまり入らないということは、マギアンの地に数多くの環境的・文化的財産がまったく手付かずのまま残っていることを意味する。フィッシャーによれば、大都市フェニックスから一三キロ足らずのところにある二つの峡谷には、いまも未発掘の岩窟住居があるという。「そこに潜り込んでマギアンの壺を失敬してくれれば、けっこういい暮らしができるかもしれない――闇ルートで売ってかなりの金を稼げるから。でも、僕はとてもそんなことをする気にはなれない。僕の知ってるキャニオニアーたちは、岩窟住居にあるものは何ひとつ乱さないというすごく厳しい倫理観を持っているんだ。以前、仲間のひとりが、原形を完全にとどめたきれいな壺が首の部分まで砂に埋まっているのを見つけたことがあった。彼はそれを掘り出してじっくり眺めてから、もう一度埋め直した――見つけたときとまったく同じようにちょうど首のところまで。それから、彼はまたキャニオニアリングを続けたんだ」

リック・フィッシャーは、マギアン峡谷と、そこに隠された無数の謎の一大権威と言っていいだろう。現在生きている人間の中で誰よりも足繁くその地を歩き回っているのだから。だが、そんな彼も、初めてここを訪れたのは、一九七〇年代の後半に入ってからのことだ。当時、彼はアリゾナ大学の学生だったが、ウェスト・クリア・クリーク――セドナの南西五〇キロのところでリムの斜面を流れているヴェルデ川の支流――の上流の、どこか人目につかない場所に、〈ホワイト・プールズ〉と呼ばれる、ほかでは見られない不思議な場所があるという噂を耳にして初めてこの地へやってきた。

脆い崖と棘のある低木の藪を漕いで、峡谷の縁から谷底へ降りるだけで丸一日かかった。その夜、ザックの中で何かがガサガサと動く音がして目が覚めた。不思議に思って懐中電灯をつけると、彼の顔をじっと見つめている黒い尾のガラガラヘビと目が合った。翌朝、流れを遡ると、峡谷の両側にそびえる岩壁がだんだんと狭まり、谷はついには垂直な壁にはさまれた溝《ゴルジュ》となる。途中で、頭上二〇メートルのところに、左右の岩壁のあいだに大きな丸木が三本はさまっているのを見つけた。この谷を襲った鉄砲水の勢いと量を証明する冷厳なしるしだ。

狭いゴルジュに入って一・五キロ余り進むと、フィッシャーが〈ウォーター・ボックス〉と呼ぶ、深くて徒渉《としょう》もできず、周囲の壁に登るのも不可能な一連の大きな淵に初めて行き当たる。フィッシャーと二人の友人は泳ぐしかなかった。荷物をどっさり詰め込んだザックをかついで、中身を濡らさないように泳ぐのはかなり難しい。この経験からフィッシャーは、それ以降キャニオニアリングに出かけるときには、空気で膨らます小さなゴムボート——ザックにすんなり入るくらい小さく折りたためて、膨らませば一週間分の食糧と荷物を乗せて泳ぎながら押していけるくらい浮力がある——を持っていくようになる。だが、このミニ・ゴムボートが広くキャニオニアリングの必須アイテムと認められるようになったのは、一九七九年に、シエラ・クラブのフェニックス支部長が、これなしでここウェスト・クリア・クリークのゴルジュを通ろうとして溺死するという事故が起きてからだった。

初めてのマギアン行でさまざまな苦難を舐めたにもかかわらず、この体験がフィッシャーをキャニオニアリングにのめり込ませていった。ウェスト・クリア・クリークへは十回以上出向いたが、道具と技術に常に磨きをかけながら、マギアン峡谷にあるほかの谷の多くも着実に踏査していった。フィッシャーは言う。「マギアン峡谷に通い始めてすぐに気づいたのは、ここにはひとつとして似たような場所がないことだ。谷の地質的な構造が少しでもちがえば、そこへ降りるのに必要な道具や技術、適した季節が大きくちがってくる。ウェスト・クリア・クリークで有効なことが、サロメでは必ずしも有効ではなく、サロメで役に立つことはトントではまったく通用しない。五月には素晴らしかった谷が、六月には最悪の様相を見せたりもする」

フィッシャーはまた、米国地質調査所の地図に記された等高線を読んで、特に面白そうな谷——キャニオニアリングの一般的な美意識に照らせば、ごく狭いゴルジュやきわめて美しい滝や、すごく深く澄んだ淵などを擁する谷——がある場所を探し出す術も学んだ。「地図で面白そうな谷を見つけるには、まず、高くて降雨量の多い山を探す——このあたりだと二五〇〇メートルくらいの山だ。それから、興味を引かれた峡谷の上部に広がる、水の受け皿となる台地の大きさを分析する。まずまずの谷を形成する水の流れができるには、少なくとも一六キロ×三二キロの台地が必要だ。次に、等高線の目が詰まっているかどうかを確かめる。そういうところには深くて非常に狭い谷が見つかるはずだ。いくら深い峡谷でも、谷幅が広いと、面白いものは何もないからね」

フィッシャーの話はさらに続く。「最後に地質を調べる。地質の構造が谷を作るのに適していなければ、いくら水量が多くても川の水はほとんど土に浸み込んでしまうから、希望どおりの淵や滝には出会えない。そういうものを目当てにこちらは谷に入るんだから」。こういった要素すべてを正しく見積もれば、その谷が足を運ぶ価値があるか否かがまずはわかると彼は言う。

だが、いつもそうとは限らない。かつて、フィッシャーは何年にもわたって地図にある小さな谷に目をつけていたことがあった――彼は峡谷の場所を秘密にするために、ほんとうの名前ではなくクリスタル・キャニオンと呼んでいる。そこは地質的な構造を除いてはすべての条件を満たしているように思えた。その谷は火成岩だけでできていたのだ。「普通、そういった谷は大したことないんだ。だから、行かなかった。でも、まちがいだったよ。それも、大きなまちがいだ」。ある日、フィッシャーが峡谷に熱中していることを知るパイロットが彼に言った。たまたまクリスタルの上空を飛んでいたら「いくつかのかなり大きな滝」を見つけた、と。フィッシャーは地質についてはひとまず忘れることにして、さっそく出かけていった。

その峡谷へ入るには、きわめて獰猛な黒いヒシモンガラガラヘビ（フィッシャーによれば「長さは一メートルから一・二メートルしかないが、太さは筋肉質の人間の腕ぐらいあり、いかにも不気味な感じの平たい頭をしている」という）がうじゃうじゃしている台地を横切り、谷底まで垂直な岩場を六〇メートル這い降りなければならない。岩壁にはところどころにマギアン文化の線画が見られ、玄武岩の崖を下る道しるべの役目を果たしている。それでも、とフィッシャーは言う。「難しいことに変わりはなかった。マギアン族の連中は、かなり優秀なクライマーだったにちがいない。きっと高いところなんてへっちゃらだったんだろうな」

だが、それだけの危険を冒す価値は充分にあった。峡谷で見つけたのは予想していた滝だけではなかった。「そこには岩窟住居があったし、アリゾナでも特に深く、透明な淵がいくつもあった。さらに、ある淵の上の岩壁には、水晶の結晶がたくさんちりばめられていた。大きな塊もあった。宝石になるほどの純度ではなかったけど、それでも素晴らしいことに変わりはない。だから、その峡谷を秘密にしてるんだ。そこへは四季を問わずいつでも行くことができる——僕はいままでに都合七回行った。それに、そこでは決してほかの人間に会わないことは保証できる」

何かに取り憑かれるというのは不思議なものだ。ある人は友愛結社の会員になり、ある人は完璧なトマトを育てることに人生を捧げる。一方で、仮想野球ゲームにのめり込む人もいる。それは幼児期の教育や、染色体の配列といった気まぐれが原因だと推測するしかない。リック・フィッシャーが南西部の砂漠にある峡谷にへばりついて生きている理由が誰にわかるだろう。

フィッシャーはほぼ十年近く、ときには仕事で、ときには遊びで、ことあるごとにマギアン峡谷に通い詰め、別世界の光景を何千枚もの写真に残し、峡谷が正式な自然保護区の地位を得て守られるよう議会に働きかけてきた。峡谷の壮大な魅力を利用して少なからぬ女性とのロマンスを成功させ、多くの非行少年の更生に失敗した。また、障害を持ったくさんの子どもたちや、さまざまなすれっからしの都会人に自然の素晴らしさを紹介し続けた。

だが、皮肉なことに、フィッシャーをあまねく有名にしたのは、マギアン・リムの谷との付き合いではなく、メキシコのシエラ・マドレの深く急な峡谷での功績である。彼はその地の観光用ガイドブックを書き、また、過去数年間、そこで冒険ツアーの仕事を手がけて生活費の多くを得ている。

一九八六年にシエラ・マドレで、フィッシャーはそれまでの人生でもっとも注目すべきキャニオニアリングを成功させた。シンフォローサとウリクエという、北米有数の深さを持つ二つの峡谷を下ったのだ。後者では、彼はこれまでのキャニオニアリングで最大のピンチを経験した。しかも、泡立つ激流や極限的なロック・クライミングとはまったく無縁の場所で。

フィッシャーはケリー・クリューガーという女性と、その男友達リック・ブラントンを連れてバランカ・デ・ウリクエへ出かけた。三人はときに小さなゴムボートを漕ぎ、ときにそれを担いで三日間何ごともなく峡谷を下り、チワワ州からシナロア州へ入った。マリファナとヘロインの生産で悪名高い地域だ。夜になり、小さな支流との合流点でキャンプをするために川から上がると、フィッシャーはきれいな飲み水を探しに歩いていった。まもなく、異常なほど緑色をしたトウモロコシ畑に出くわした。近づいて見ると、トウモロコシの茎それぞれが鉢植えの苗の添え木の役目を果たしていた。「一目散にボートに戻ったよ。そして、言ったんだ。『すぐに荷物をまとめて、ここを出るぞ』ってね」

フィッシャーはそのときの様子をこう語る。メキシコのそのあたりの農民は「金持ちの外国人がわざわざ遠くまでやって来て、苦労して川下りをするなんてことはとても理解してくれそうもない。麻薬を追っている取締局のスパイでもない限りそんなことをするはずがないと思うだろう。だから、僕たちは誰かに出くわさないように、一時間必死で漕いだ。でも、川は大きく蛇行していて、そこを下っていったものだから、鉢植えの畑の真うしろに出てしまったんだ。カーブした部分にさしかかると、狭い川の両岸に毛むくじゃらの男たちが一列にしゃがんでライフルをかまえていた。中にひとりだけ立っている男がいて、洒落たシャツに洒落たカウボーイハットを身につけ、ライフルの代わりに、オートマチックの拳銃を持っていた。そいつが僕たちにこっちに来いと言うんだ。煙草をゆずってほしいからって。僕たちは『煙草は吸わないんだ、肺のためによくないからね』と答えた。どういうわけか、連中はそれがひどくおかしかったみたいだ」

最後にフィッシャーは、こういった事態に備えて常に持ち歩いている自分の記事の載った雑誌の切り抜きを、ピストルを手にした大物に見せて、緊迫した空気を和らげた。フィッシャーが麻薬取締局のスパイでないとわかると、鉢植えの栽培者たちはボートをそのまま行かせてくれた。それからまもなく、三人はある村に着いた。フィッシャーはこんなふうに言う。「そこから二四〇キロ以上行かないと道路にたどり着かない、クリント・イーストウッドのマカロニウェスタンに出てきそうな場所だ。馬が杭につないであって、まわりを歩いているメキシコ人はみな顔に傷があり、肩にライフルをかけている。そして、まるでたったいま宇宙船から降りてきたものを見るような目つきで僕たちを見た」

旅を続ける前に、フィッシャーは崩れた十八世紀の教会の写真を撮りに村の中心へ行き、その間クリューガーとブラントンがボートを見張っていた。そこへ、大量の鉢植えを村の滑走路まで運ぶという儲け仕事を終え、祝杯を上げて酔っ払った若い男が三人やって来て、そこにいた二人の外国人にふざけ半分に絡み始めた。フィッシャーがボートに戻ろうと歩いている頃、メキシコ人のひとりはクリューガーにキスをしようと迫り、二人のあいだにブラントンが立ちふさがった。フィッシャーが現場に着いたちょうどそのとき、メキシコ人がブラントンの胸に真っすぐ銃口を押し付けるのが見えた。
そのときも、フィッシャーは怪我人が出る前に緊迫した雰囲気を和らげることができた。今度は意外にも、ブロークンなスペイン語で銃を持った男たちを叱りとばしたのだ。「目を合わせないように注意したよ——挑発してると思われるとまずいから。そして、怒鳴ったんだ。おまえたちはとんでもない性悪野郎《ムイ・マロ・オンブレス》だ、罪のない旅行者を困らせるなんて恥を知れ、ってね。成功したよ。リーダー格の男は僕の肩を突き飛ばすと、銃をしまって去っていった」。フィッシャーと二人の仲間はがたがた震えながらボートに飛び乗ると、精一杯の速さでパドルを振り回して村をあとにした。

キャニオニアリングは、大量のアドレナリンが必要なものではないし、わざわざ僻遠の土地に出かけていく必要もない。このことは、フィッシャーや彼の友人とともにマギアンの大地で過ごした一週間の終わり近くに、土地の人がサロメ・ジャグと呼ぶ峡谷を訪れたとき、私の心に深く刻まれた。コンドルが飛ぶサロメの峡谷は、スコッツデールの町外れから八〇キロも離れていない——夜には西の地平線に、映画館の入口のネオン入りのひさしのようにフェニックスの町の明かりが輝く。だが、そこは私が訪ねたマギアンの五つの峡谷の中でもっとも魅力的な場所だった。トント・クリークやバランカ・デ・シンフォローサといった過酷な谷でのキャニオニアリングをヒマラヤで行なう大がかりな遠征登山にたとえるなら、サロメ・ジャグを歩くのは、シャワンガンクス（ニューヨーク州の小さな岩場）の日当たりのいい三ピッチのルートを登るのに似ている。

赤い花をつけたオコテロと高くそびえるキタハシラサボテンが並ぶ廃道になったジープ道を三十分歩けば、峡谷の縁にたどり着く。反対側の縁まで唾が飛ばせるほど狭い谷で、足元はすっぱりと六〇メートル下のサロメ・クリークのきらめく水面に切れ落ちている。懸垂下降するしかないように思えたが、フィッシャーに隠れた自然の傾斜路へ案内され、何の苦もなくあっというまに谷底へ下ることができた。

サロメ・ジャグの長さはたった一・六キロしかないが、自然のやさしさと厳しさがその小ささを補ってあまりあった。この谷は今まで見たこともない完璧な魅力を備えた場所だった。流れは静かに泡立ち、長くほっそりとしたいくつもの淵――鉱物が溶け込みきれいな淡い緑色をしている――が、高さ数十センチから二〇メートルを超えるものまで、さまざまな滝をつなげている。この絵のような光景の上方には、薔薇色の花崗岩の壁が美しい曲線を描き、信じられないような角度でそびえている。岩肌はボウリングのボールのように滑らかだ。

私たちはジャグの端からもう一方の端まで行くという普通のやり方から外れて、遊ぶことにした。淵で泳ぎ、しぶきを浴びながら滝を攀じ登って一日が過ぎていく。気が向けば、陽のあたる場所に腰を下ろし、両方の岩壁にはさまれてコバルト色の帯のように見える空を見上げ、流れる雲を眺める。一日が終わる頃、すべすべとした平らな花崗岩の上に寝そべると、ピンク色の温かな岩が、濡れて冷たくなった背中に心地よい。ふと、そういえば今日は自分の誕生日だったと思い出した。どう考えてみても、誕生日を過ごすのにここにまさる場所はないだろうと思った。

エヴェレストより高い山

その伝説的な出来事は一八五二年の暑い午後に起きた。デラ・ドゥーンにあるインド大三角測量局の局長サー・アンドルー・ウォーのオフィスに、いきなりヘネシーというコンピュータ（当時のコンピュータはディスクドライブとシリコンチップではなく、肉と骨でできていた）が飛び込んで来て言った。「局長！　世界で一番高い山を発見しました」。彼が〝発見した〟山は、禁断の王国ネパールの地にそびえるヒマラヤ山脈中に屹立しており、当時は単にローマ数字の番号でXV峰と呼ばれていた。ヘネシーの計算によると、その山は海抜八八四〇メートルというとてつもない高さだった。

測量局は一八四九年と五〇年に、正確な経緯儀を使って、インド北部の平野からXV峰を繰り返し〝射って〟いた。だが、それから二年後、ヘネシーがようやく測量結果の計算に取りかかるまでは、誰ひとりとしてXV峰がそれほどまでに高い山だとは考えもしなかった。山から一六〇キロ以上離れた測量局の観測基地から見ると、XV峰は頂上のこぶを残して手前にそびえる山群に隠れてしまい、だいたいは手前の山々のほうがより高いと錯覚してし

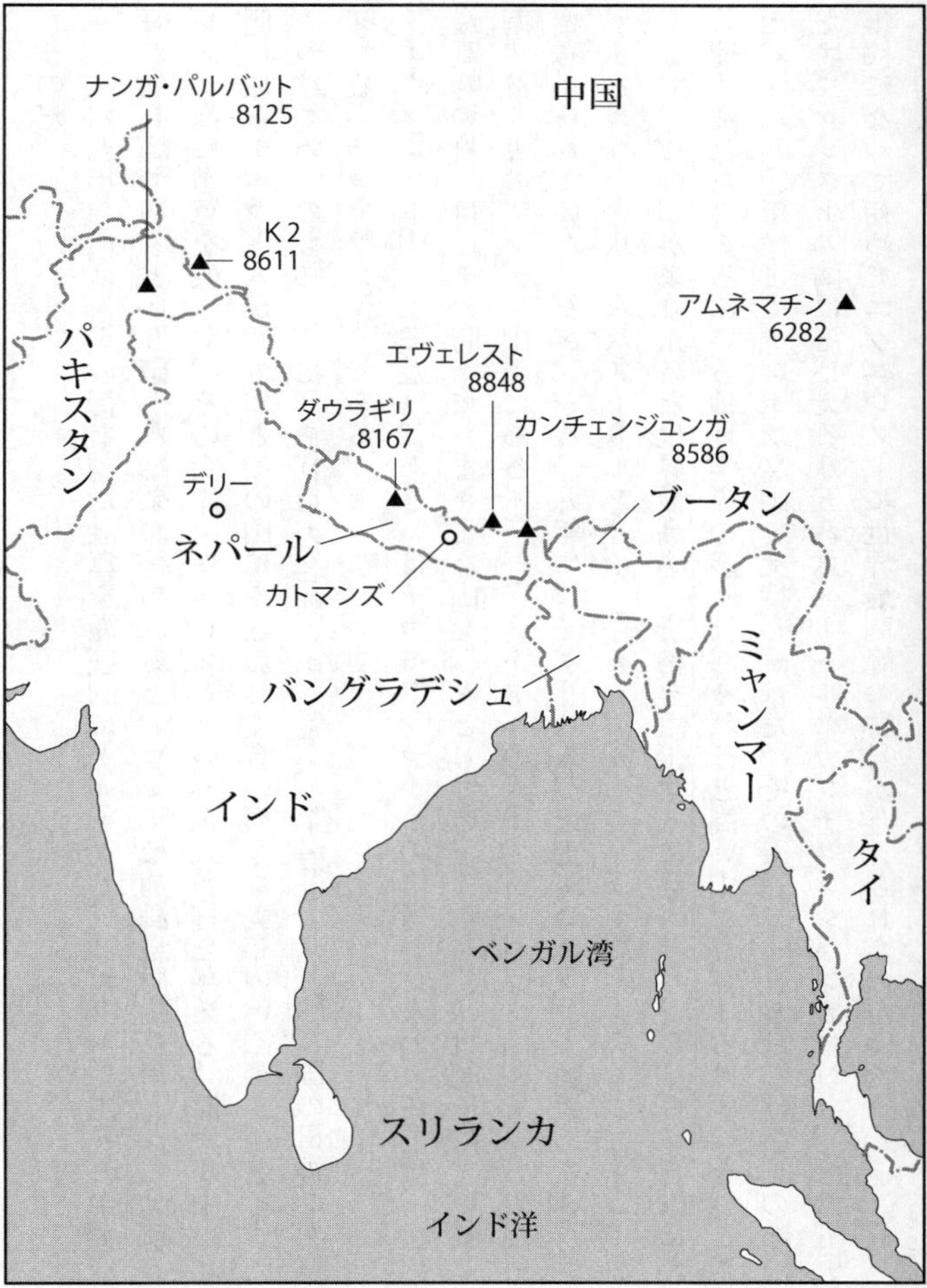

ナンガ・パルバット
8125
中国
K2
8611
アムネマチン
6282
パキスタン
エヴェレスト
8848
ダウラギリ
8167
カンチェンジュンガ
8586
デリー
ブータン
ネパール
カトマンズ
ミャンマー
バングラデシュ
インド
タイ
ベンガル湾
スリランカ
インド洋

まうのだ。

一八六五年、ヘネシーの行なった計算を徹底的にチェックし、ヒマラヤの山々の中でXV峰が最高峰であるという確かな結果が得られると、ウォーは前測量局長ジョージ・エヴェレスト卿に敬意を表して、その山にエヴェレストという正式名称を与える。偉大な山の北側に住むチベット人が、もっとその山にふさわしく音の響きも美しいいくつかの名をすでにつけていたのも知らずに。それらの名前の中でもっとも有名なのは、〝国の母神〟を意味する「チョモランマ」である。

エヴェレスト山——旧姓XV、あるいはチョモランマ——の測量が行なわれる前は、世界最高峰の称号は、その時々でさまざまな山を転々としていた。十七、八世紀には、一般に南アメリカのアンデス山脈にある六三一〇メートルの火山、チンボラソ山がもっとも高いと考えられていた。だが、一八〇九年に、イギリス人測量士がヒマラヤ山脈にあるダウラギリという山を八一八八メートルと計算し（のちに八一六七メートルに訂正された）、かくして、この山がより正統な世界最高峰の資格を主張するに至った。だが、インド国境から遠く離れたところにいる地理学者の多くは、それほど高い山が存在するはずはないと考え、一八四〇年代までチンボラソ山を支持し続けた。その後、タイトルはしばらくのあいだエヴェレストの隣にそびえる八五八六メートルのカンチェンジュンガに移り、一八五〇年代になって初めてエヴェレストに世界最高峰の称号が与えられたのだった。

言うまでもなく、ひとたびエヴェレストの頂が世界でもっとも高い場所だということがはっきりすると、男たちがそこに登らなければならないと決意するまでに時間はかからなかった。初期のヒマラヤ登山に多大な影響を及ぼした登山史家G・O・ディーレンフルトは次のように断言した。頂上に達するのは「全人類の願いであり、決してあきらめてはならない目標だ。たとえ、何を失おうとも」。その結果、多くのものが失われることになる。サー・アンドルーのオフィスでのヘネシーの重大発表の後、人類がエヴェレストの頂を征服するまでに、十五人が命を落とし、十三の遠征隊の努力と百一年の歳月が費やされたのだった。

そしてついに、一九五三年五月二十九日の早朝、エドマンド・ヒラリーという手足の長いニュージーランド人と、パートナーのテンジン・ノルゲイという小柄なシェルパが、風の吹き荒れる、ごつごつとしたエヴェレスト南稜の最後の部分を一歩一歩登り詰めていった。ヒラリーはのちにこう記している。昼が近づく頃には「我々は疲れてきた。足場を切り続けてすでにほぼ二時間が経っている。はたして頂上まで登りきる体力が残っているのだろうか。そんな考えが、朦朧とした頭の中に浮かぶ。ひとつのこぶをまわって上に出ると、目の前にあった山稜が消え、チベットをはるか彼方まで見渡すことができた。見上げると、頭上にはこんもりとした雪の円錐がある。ピッケルを数回振るい、慎重に何歩か進むと、テンシン（原文どおり）と私は頂にいた」。こうしてヒラリーとテンジンは、同日正午直前、エヴェレストの頂上に立った最初の人間となる。

四日後、エリザベス女王の戴冠式の朝、登頂の知らせがイギリスに届いた。そのニュースの第一報を伝えた女性ジャーナリスト、ジャン・モリス（当時、彼女はジェームズ・モリスという名で、男性として記事を書いていた）は記している。『タイムズ』紙はそのニュースを朝刊に載せ、雨の中で戴冠式を待っているロンドンの大勢の群衆はまだ暗いうちにそのニュースを知った。我々とともに世界中の人々が喜んでいた。万事がうまくいったのだ」。〝第三の極地〟（第一、第二の極地は北極と南極）の征服で、イギリス人の優越感は大いに高まった。ヒラリーは即座にナイト爵を授かり、テンジンはインド、ネパール、チベットの三国で国民的英雄となる（三国とも、テンジンは自国の国民だと主張した）。このときから、サー・エドマンド・P・ヒラリーとテンジン・ノルゲイは世界でもっとも高い山を征服した最初の人間として、あらゆる年鑑や百科事典に永遠に名を残すことになった。いや、少なくとも一九八七年三月七日まではそう思えた。「エヴェレストが第二の山となる新たなデータを発見」という見出しの短いニュースが『ニューヨーク・タイムズ』の最終ページに載るまでは。

問題のデータとは、一九八六年の夏にアメリカのK２遠征隊——K２はエヴェレストの北西一二八〇キロ、中国とパキスタンの国境にまたがって鎮座する茶色い岩と輝く氷でできた急勾配のピラミッド形の山である——が収集したものだった。測量は軍事衛星から発信された電磁波によって行なわれ、それをジョージ・ウォラースタインという六十五歳のワシントン大学の天文学者が計算した結果、それまでずっと海抜八六一一メートルとされていたK2が、実は八八五九メートルかもしれないというのだ。さらには、八九〇九メートルの可能性もある、と。もし、ウォラースタインの測定結果がきちんと証明されれば、一九七五年の中国による入念な測量で八八四八・一一メートルとされていたエヴェレストではなく、K2が実はこの惑星でもっとも高い大地の塊ということになる。

ヒラリーとテンジンの初登頂以来五十年足らずのあいだに、二百人以上の男女がエヴェレストの登頂に成功し、それを何倍も上回る数の人々が登頂を試みて失敗した。これらの遠征によって莫大な金が費やされ、多くの人が凍傷でつま先を失い、最新の統計によれば百人以上の人が命を落としている。そういった犠牲を払った人々はみな、登山における最大の勲章を得るためにそうするのだと固く信じていた。だが——と一九八六年のK2アメリカ遠征隊のリーダー、ランス・オーエンスは言う——もしウォラースタインが正しければ「誰もがまちがった山に登り続けていたことになる」。たしかにウォラースタインが正しければ、世界最高峰に初登頂した栄誉は、ヒラリーとテンジンではなく、一九五四年にK2の頂に初めて立ったリノ・ラチェデリとアキッレ・コンパニョーニというあまり知られていない二人のイタリア人登山家のものとなるのだ。

だが、地理学や測量学の大家の多くは、ヒラリーがナイトの身分を返還するのも、イタリア人がシャンパンのコルクを抜くのも、少し待ったほうがいいと、すぐさま警告した。ウォラースタイン自身も繰り返し言っているように、彼の「データはあくまで予備的な性質のもの」で、最新の人工衛星技術を使って、もう一度両者の綿密な測量が行なわれるまでは、エヴェレストよりK2のほうが明らかに高いと結論づけるわけにはいかないのだ。ウォラースタインは、近年のヒマラヤ史が、誰かがエヴェレストより高いこれこれの山を発見したと主張し、その根拠をよく調べてみたらお粗末な誤りだったという例に事欠かないのを充分承知していた。

たとえば、一九三〇年代前半、中国四川省の奥地にそびえるミニヤコンカという荘厳な山が突如として脚光を浴びた。一九二九年、その一帯でジャイアントパンダの調査を行なった遠征隊が帰国すると、カーミットとセオドア・ルーズベルト・ジュニア——かつて義勇騎兵隊で鳴らした大統領の息子たち——は一冊の本を書く。その中にはさりげなく、ミニヤコンカは「九〇〇〇メートルを超える世界でもっとも高い山である」と書き込まれていた。この噂に信憑性を付け加えたのが、芝居がかったことが好きで事実を見るにずさんな、ジョセフ・ロックなる独学の植物学者の報告だった。ロックはミニヤコンカの麓にある修道院を訪れ、携帯用コンパスと気圧計を使って山の標高を測定すると、すぐに米国地理学協会に電報を打った。「世界で一番高い山ミニヤコンカの標高は九二二〇メートル。ロック」と。

中国におけるロックの測量のスポンサーとなっていた地理学協会は、その数字を公表するのをためらった。そして、そのすぐあとでもう少し厳密に行なわれた測量では、ミニヤコンカの海抜は七五九〇メートルしかなかった。ロックの測定した値より一六〇〇メートル近く低いというわけだ。だが、ロックは悪びれる様子もなく、ミニヤコンカの北六四〇キロに位置するもうひとつの山も、九〇〇〇メートル以上はあると伝えてきた。それは、麓に暮らす好戦的な土着民から神の住む場所と信じられているアムネマチンという山だった。ミニヤコンカの一件が落着してからも、アムネマチンがとてつもなく高いという噂は長いあいだくすぶり続けた。

アムネマチンの伝説は、一九二一年にイギリスのベテラン探検家ジョージ・ペレイラ准将が行なった壮大な旅に端を発する。その旅は、北京を出発し、チベット、インド、ビルマ、中国南方をまわって、ふたたび北京へ戻ってくるというものだった。ペレイラは旅の途中で亡くなるが、一九二三年、彼は死ぬ前に中国の雲南省でたまたまロックと出会い、その際、自分がエヴェレストより高いはずだと確信しているアムネマチン山群の巨大な山について語った。ロックはすぐにその山へ行く決意を固めた。

一九二九年、ロックは困難な旅の末にアムネマチンへたどり着くと、約一〇〇キロ離れた場所から山の高さを測る――そのときも、一九八一年にアムネマチンの第三登に成功した報道写真家で登山家でもあるゲイラン・ラウェルが書いたように「コンパスによる測定と水の沸点を利用した標高計算、そして驚くべき数字をはじき出す彼のいつもの熱意」だけを使って。ミスター・ロックはアムネマチンの標高を、エヴェレストより一五二メートル高い、九〇〇〇メートルと結論づけた。

アムネマチンの標高に関する憶測は、その後約二十年のあいだ休止状態にあった。だが、第二次世界大戦末期に、世界中の多くの新聞に掲載されたある記事のせいで、それが派手に再燃することになる。一九四四年、ビルマから〝こぶ〟《ハンプ》（大戦中航空兵が用いていたヒマラヤ山脈のあだ名）を越えて重慶への空輸を行なっていたアメリカのDC3一機が、狂暴な嵐に遭い飛行ルートを大きく外れたという。飛行機はアムネマチン山群付近で高度九三〇〇メートルの雲の層から上へ抜け出した――飛行機の高度計はまちがいなく機能していたとパイロットは言う――が、パイロットがふと上を見ると、飛行機よりも数十メートル高いところに、雲の屋根からにょっきりと顔を出した雪をいただく峰があった。

残念ながら、その有名なフライトは、退屈した第二十空軍の将校たちが、パイロットにうるさくつきまとって武勇伝をせがむイギリスの従軍記者たちをからかうためにでっち上げた作り話だった（DC3型機の飛行高度はとても九三〇〇メートルには及ばない）。だが、一九四七年に五十五歳のアメリカのペン製造業者ミルトン・〝ボールポイント〟・レナルズが、ジェームズ・ラムゼイ・ウルマンが書いた新刊書で、その〝フライト〟について初めて読んだときには、――世界中の大半の人と同じように――それが作り話だとは知らなかった。レナルズが知ったのは、ウルマンが『冒険の王国――エヴェレスト』の中でアムネマチンのくだりをこのように結論づけていることだ。「……その謎の山がほんとうにエヴェレストより高いとしたら、近代の地理学における最大の発見となるにちがいない」

レナルズ――背が低く、太った、髪の薄い売名家の大富豪――は、自分がボールペンの考案者だと言いふらすのが好きだった。だが、ボールペンのほんとうの考案者はラズロ・バイロというハンガリー人で、レナルズは単にそれをアメリカ全体に広めたにすぎない。レナルズは、その新型の筆記用具にはさまざまな利点があるが、とりわけ、「水の中でも書けます！」と宣伝し（彼のペンはパリパリに乾いた紙の上でも書けなくなることがよくあるという事実はふせて）、一年で千三百万ドルを稼いだ。

一九四七年四月、レナルズは、二十七歳の一流テストパイロット、ビル・オドムが操縦する飛行機で、ハワード・ヒューズの世界一周飛行の記録を打ち破った。この派手な見世物が引き起こした騒動が鎮まるまもなく、彼はさらに素晴らしいアイデアを思いつく。オドムとともに中国へ飛び、ビルマの空軍パイロットの見たアムネマチンが九〇〇〇メートルを超す山であることを確かめようというのだ。

一九四八年二月二十九日、レナルズとオドムは、最新式の航空測量機材を特別に装備した四発の巨大なC87、チャイナ・エクスプローラー号で中国へ旅立った。レナルズはその旅に、ボストン科学博物館から引き抜いた有名な登山家で山の測量士でもあるブラッドフォード・ウォッシュバーンを伴い、アムネマチンの正確な測量を行なおうとした。飛行機の積荷の中には、蔣介石夫人への土産である一万本の金めっきのボールペンが入っていた。助手のひとりがレナルズに、金のペンの中にあるボールがまわらず、まったく使い物にならないと告げたときの彼の答えはこうだった。「わかってるよ。でも、どっちにしたって中国人は字を書けないんだから、喜んで受け取るさ」

調査旅行は初めからトラブル続きだった。北京では、アムネマチンへ飛び立つために滑走路へ向かう途中で、オドムは飛行機をぬかるみに突っ込ませてしまい、抜け出そうとエンジンをふかした。機内にいた中国人とアメリカ人の科学者が驚いて窓から外を覗いたとたん、右側の着陸装置が重みを支えきれずに潰れて、大きな飛行機の胴体は地面に叩きつけられ、燃料タンクが破損し、プロペラがひとつ壊れた。怪我人はでなかったものの、その時点で、レナルズは悲しげに調査旅行の終わりを告げた。

やがて着陸装置の修理がすむと、レナルズとオドムはC87で上海へと飛び、新しいプロペラを手に入れる。是が非でもその高価な飛行機をアメリカへ持って帰りたかったのだ。だがプロペラが直ると、レナルズはふと思いついて、オドムに言った。アメリカへは戻らずに、ウォッシュバーンや中国の厄介な関係者抜きで、こっそりと（そして完全に違法だが）上海から直接アムネマチンへ飛び、自分たちだけで山の測量を行ない、それから真っすぐカルカッタへ行こう、と。

四月二日、彼らはこの計画を胸に飛び立った。だが、オドムはそれをやってのけるのに必要な燃料を実際より少なく見積もっていた。上海からアムネマチンまでは二〇〇〇キロ、そこからカルカッタまではさらに一八〇〇キロある。もうすぐアムネマチンに着くというときに、オドムはすぐに引き返さなければならないと気づく。さもなければ、チベットの山奥に不時着することになると。レナルズはのちに記している。「引き返そうとしたそのとき、行く手に、眼下に広がる雲の層から突き出た大きな山が見えた。それは、高度九四五〇メートルのどんよりとした空にたしかに顔を出していた……ついに、私はこの目で世界で一番高い山を見たのだ！」

チャイナ・エクスプローラーは、残り十五分ぶんの燃料をタンクに残して、無事に上海へと戻ってきた。怒り狂った中国政府は即座に飛行機を押収し、武装警官をつけてアメリカ人を彼らのホテルに護送した。だが、レナルズは懲りなかった。数日後、彼とオドムは、ふたたび自分たちの飛行機に潜り込んで脱出を試みる。レナルズによれば、飛行機に乗り込むや否や、怒った〝中国人の群れ〟が追いかけてきたという。注意をそらすために、レナルズは残った二百本の金のボールペンを飛行機の扉から彼らに投げつけた。中国人がペンを奪い合っている隙に、オドムはエンジンをふかし、二人のアメリカ人は雨あられと飛んでくる銃弾の中を辛うじて脱出した。

レナルズとチャイナ・エクスプローラーは無事にアメリカに帰った。だが、アムネマチンがエヴェレストより高いという証拠は何ひとつ持ち帰ることはできなかった。その確証を得るために、一九四九年、レナード・クラークという探検家が、中国の道路局から借りたあまり精密でない経緯儀を持ってアムネマチンの麓へ行き、測量を行なった。結果は、九〇四一メートル。帰国後、彼は断言した。「私はまちがいなく世界で一番高い山を見つけたと信じている」

また、クラークは、一九二三年のペレイラ将軍の死と、一九四九年のクリーヴランドの航空ショーでのビル・オドムの墜落死をあげて、アムネマチンには〝ジンクス〟があると言った。「神の山と呼ばれているこの山を一目でも見た調査員、飛行士、冒険家はすべて」不幸になる、と。それから数年後、クラークは南アメリカのジャングルの探検中に行方不明となる。そして、残念ながらクラークのアムネマチンの測量も、彼の冒険と同じくらい悲しい結末を迎えた。一九七〇年代に行なわれた中国政府の綿密な測量によって、アムネマチンの頂が実は六二八二メートルという平凡な高さであることがわかったのだ。

クラークやロックやレナルズによるアムネマチンのまちがった測量と同じく、一九八六年のウォラースタインのK２の測量もまちがっているのだろうか。もしまちがいでないとしても、なぜアムネマチンのような平凡な高さの山を、ほぼ五十年間もエヴェレストのライバルと考え、アムネマチンより二四〇〇メートル近く高いK２のような山を、いまのいままで、誰ひとりとしてそうかもしれないと考えなかったのか。

第一の疑問の答えはこうだ。K２の測量はまちがいかもしれないし、まちがいではないかもしれない。第二の疑問に関しては、こんなふうに説明することができるだろう。アムネマチンと違い、エヴェレストもK２（このそっけない山名は、一八五六年にイギリス人が初めて三角測量を行なった際に、測量士が便宜上つけた測量番号である）も、専門的な測量が何度も行なわれており、二つの山の順位は変わらないとほぼ誰もが認めていたからだ。

だが、山の測量は非常に難しい作業で、ミスを犯す余地はどこにでもある。ルイス・ボームは、世界の高峰十四座の実状を解説した著書『シバラヤ』に書いている。「ヒマラヤにある高峰の標高の計算には、さまざまな学問がかなり複雑に絡み合う。それは経緯儀と鉛錘を持つ天使も踏み入るのを恐れるところである」

山の標高を算出する古典的な方法、三角測量では、測量士はまず経緯儀を使って、すでに高度がわかっている少なくとも二地点から山頂との角度を測る。そして、経緯儀を置いた二点の距離を測定すると、山頂と二基点を結ぶ巨大な架空の三角形の二角の角度と、一辺の長さがわかる。その三つの数字を簡単な三角法の公式にあてはめ、得られた数字を地球のゆがみに合わせて補正すると、山の高さがわかるというわけだ。

そもそも測量士はどうやって経緯儀を置いた地点の高度を知るのかという問題はここで

は無視して、先に、前段落でおおまかに解説した方法の中で測量士が抱える厄介な問題を考えることにしよう。たとえば、山の高さにたどり着くまでに行なう大量の数値計算の中で、測量士は大気差や鉛直線偏差など、予測不可能な現象をいくらか考慮しなければならない。鉛直線偏差とは、わかりやすく言えば、測量士が使う機器の中にある液体と気泡が、ヒマラヤ山脈のような巨大な山群では――月が海水を引っ張るのと同じように――わずかに山側に引っ張られるために起きる現象で、その結果誤差が生まれる。

先にあげた大気差は、光線――経緯儀の接眼レンズの中に山の像を結ぶ光線――が山と測量士のあいだにある大気を通過するときに、屈折する傾向があるために起きる現象で、その結果山は実際より高く見える。この光線の屈折率を正確に知るのはきわめて重要なことだが、それは光が通過するあらゆる空気層の気温や密度などによってかなり激しく変動する。

たとえば夜明けから正午までは、空気の温度が上がるにつれて屈折率が変化し、三角測量を行なった遠くの山の標高は簡単に数百メートル〝縮む〟こともある。そして、測量士のはじき出した数字の誤差は、測量者と山の距離が一キロ増すごとに倍化する。エヴェレストから遠く離れたインドの平野にある基点から山の標高を測量するには、測量士は四二〇メートルごとに推定される屈折率で補正しながら、測定結果を割り出していかなければならない。

だが、これまでに解説した頭をかきむしりたくなるような作業は、ジグソーパズルにたとえれば最後の一ピースにすぎない。そこまでのピースがきちんとはまっていなければ――それができて初めて前に省略した経緯儀の設置場所が与えられるのだ――、山の標高を測量しても、まったくの徒労に終わってしまうだろう。

ウォラースタインによれば、山の標高を決定する際に最も重要な問題は、「もし海が、何千キロも離れたところにあるのではなく、山の周囲を取り巻いていたとしたら、海面はどこなのか」を正確に割り出すことだという。エヴェレスト山頂の測量に使われたイギリスの測量基点は、基準となる測量が行なわれたインド南東部の海辺の町マドラスから一六〇〇キロ以上離れており、K２の測量基点はマドラスから二七〇〇キロ以上も離れている。どちらの山も、測量の前には、さまざまな場所で行なわれた無数の三角測量の結果をつなぎ合わせた三角測量網によってインド亜大陸全体を取り囲むという非常に手間のかかる作業の末に、最終的な測量基点の高度が確立された。シカゴ大学の天文学科と天文物理学科の前学科長デヴィッド・N・シュラムは言う。そういった作業は「トランプの家を作るようなものだ。それぞれのデータの階を前のデータの階の上に積み重ねていく。ひとつの階がなくなれば、そこで潰れてしまうのだ」

一九八六年に行なったK２の測量で、ウォラースタイン教授はドップラー受信機という、重さ三十五キロ、大きさはスーツケースほどの機材を使うことで、それまでにK２の高さを計算したすべての人々が直面した〝トランプの家〟の問題を完全に避けて通ることができた。ドップラー受信機は、もともとは米国海軍が潜水艦の航行支援のために軌道にのせた六個の衛星ネットワークが発信する電磁波を解析するために作られたものだ。ひとつの衛星が上空を通過するたびに、それが発する電磁波の微細な〝周波数〟の変化を測定し（よく耳にする、パトカーが猛スピードで通り過ぎたとたんサイレンの音が低くなるという現象も、これと同じドップラー効果だ）、その地点の緯度、経度、高度を決定する。しかも、その装置はどこに置こうと、海岸沿いにこの上なく丁寧に張りめぐらせた三角測量網で測量するより、はるかに正確な数値をはじき出す。ドップラー受信機で衛星の通過を十回から十二回観測し、観測結果の平均値を得られれば、そこが地球の表面のどこにあるのかという厳密な位置を一メートル以内の誤差で計算してくれる。

ドップラー受信機はたしかに正確だが、あまりにも高価で（いいものになると、八万ドル以上する）、比較的品薄だ。普通は、従来のエヴェレストやK２の高さがまちがっているのではないかと疑ったりする人間はいないので、その装置はヒマラヤの高峰の測量ではなく、――鉱物の埋蔵量を正確に知るとか、墜落した飛行機を探すといった――明らかにより実用的なことに使うための予約でいっぱいである。だが、ウォラースタインとランス・オーエンスはたまたま中古の安いドップラー受信機を手に入れ、試しにK２に持って行こうと考えたのだった。

一九八六年六月八日——中国南西部カラコラム高原のからりと晴れわたった一日——、ウォラースタインは、K２を見上げる小さな山の上でドップラー受信機のアンテナを立てると、スイッチを入れ、一一二〇キロ上空を猛スピードで通過する衛星によって、自分がいる地点の高度を測った。それから、その正確な基点の高度をもとに、三角測量で周囲にあるいくつかの代表的地点を測った。そのとき彼が測量したのは、一九三七年のイギリス人調査員マイケル・スペンダーの調査ですでに高度がわかっていた地点だった。

シアトルに戻ったウォラースタインは、スペンダーがはじき出した高度はすべて、自分の測量結果より約二七〇メートル低いのを発見して驚く。スペンダーがK２の山頂——彼の測量によると八六一一メートル——を唯一の基点として、すべての測量を行なっていたことから、ウォラースタインは、長いあいだ認知されていたK２の標高も実際より二七〇メートル低いにちがいないと考えた。かくして、彼の計算によると、K２はエヴェレストより数十メートル高いことになる。

このような数字を前にして、ウォラースタイン——著名な天文学者で、誠実な科学者だが、経験に乏しい測量士——は、自身の測量の精度の限界を理由に、K２はエヴェレストより高いのではなく、高いかもしれないのだと強調した。ウォラースタインが参加した遠征の第一目的は山の測量ではなく、あくまでK２の登頂だった（彼のパーティは北壁を八〇七七メートルまで登ったところで嵐に襲われ引き返した。その嵐のために山の反対側では十三人が命を落としている)。だから、中国でのウォラースタインは、大量の食糧と登山用具を山群の麓まで運び上げるのに、多くの時間を費やさなければならなかった。割り当てられた荷物運びを終えると、測量に当てられる日はほんの数日しか残っていなかったのである。

さらに、ドップラー受信機をきちんと作動させるために遠征に持っていった太陽電池の充電器がうまく働かなかった。その結果、バッテリーが上がる前に記録できた衛星の通過はたったひとつだけだった。その一度の通過から受信機がとらえた三十二の個別のデータはかなりはっきりしたものではあったが、その後の衛星の通過なしでは正確さを判定することはできなかったのである。

このように不備な点が多く、ウォラースタイン自身もK2の標高の上方修正は憶測的なものだと警告したにもかかわらず、K2がエヴェレストより高いかもしれないというニュースは大騒ぎを引き起こし、特にイタリアで大評判となった。ニュースが『アウトサイド』誌や『ニューヨーク・タイムズ』に載るや否や、ウォラースタインのもとにイタリアの新聞やテレビ局からインタビューの申し込みが殺到した。さらに、イタリア人に加えて、世界中の登山家の大半が(おそらく、エヴェレストに登った者は除いて)熱烈にK2の応援にまわった。K2はエヴェレストより美しい山であり、登るのもずっと難しいから、こちらのほうが高くて当然だというわけだ。しかし、この騒動のあいだ、ブラッドフォード・ウォッシュバーン――アムネマチン騒ぎの重要人物――は一貫して、論争が収まれば、依然としてエヴェレストが一位の座を守り通しているだろうと主張した。では、そうでなかったとしたら、どうなるのか。著名な測量士はこう答えた。「そうなると、エド・ヒラリーはいささか動転するだろうな」

ウォラースタインの測量結果が公表されると、一週間以内にいくつかの調査隊がこの問題にきっぱりと決着をつけるために、ドップラー技術を使ってK２とエヴェレストの調査を行なうと名乗りを上げた。これらの調査隊の中で、もっとも早く証拠を持ち帰ったのは、皮肉にも一九五四年にイタリア遠征隊がK２の初登頂をなしとげたときのリーダー、アルディト・デジオ率いるイタリアチームだった。エヴェレストとK２それぞれの麓で綿密に衛星の記録を採ったあと、一九八七年十月六日に――K２の肩を持って数字を多めに言いたいという強い誘惑に打ち勝って――デジオは測量結果を発表した。エヴェレストは八八七二メートル、K２は八六一六メートル。ヒラリーとテンジンはほっと大きなため息をついたにちがいない。

双子のバージェス

コロラド州フロント山群にも春の兆しが訪れたというのに、どんよりとした雲に覆われたエルドラド・キャニオンには、冷たい風が吹いている。ボウルダーに住む三十九歳のイギリス人、エイドリアン・バージェスはそんな寒さの中、セ・ラ・ヴィと呼ばれる急峻な赤い砂岩のルートを力強く登っていた。地上から四〇メートルのところにある傾斜した岩棚《レッジ》に着くと、二個のボルトにロープを通して、三人のパートナーのために確保《ビレイ》態勢に入る。彼に続き、ひとり、またひとりとレッジへ登ってくる。しんがりはアラン・バージェス。エイドリアンの一卵性双生児の兄弟だ。

アランがこの空中にさらけ出されたとまり木に着いたとき、にわかに風が強まり、ビレイ・レッジに雪が吹きつけた。アランは次のピッチの始まりとなる5・11のほんの小さなホールドに目をやってから、エイドリアンに視線を移すと、こう言った。「兄弟、そろそろ〈バストップ〉が開く時間じゃないか?」

〈バストップ〉とは酒場の名で、この九年間双子の兄弟の生活の大半を占めているヒマラヤ遠征の合間に、アランがボウルダーに住むエイドリアンのもとを訪れたときは、そこへくり込んで楽しむのが習慣のようになっていた。アランがそれほどまでに〈バストップ〉に入れ揚げている理由は、本人に言わせるとエイドリアンの家に近いからだ。あるいは、〈バストップ〉では、サービスタイムに一ドルで二杯のビールが飲めて、そこがたまたまトップレス・バーだからかもしれない。

手際よくエルドラドの壁を降りたバージェスと仲間たちは、〝悪銭はドンチャン騒ぎをやるやつの身につく〟と書かれたステッカーをバンパーに貼った——エイドリアンの最大の有形財産である——デトロイト製の錆びついた鉄の箱でさっそうと〈バストップ〉の入口に乗りつける。洞窟のように薄暗いこの酒場のダンサーたちの大半がアランの顔見知りらしい。アランの先導で舞台を見下ろすテーブルへ向かっていると、何人かの女が満面の笑みを浮かべて彼の名を呼びながら出迎える。私たちの担当ウェイトレスはスーザン。彼女とアランが初めて会ったのは、エヴェレストへのトレッキング・ルートにある高地のシェルパ村、ペリチェだ。ネパールでトレッキングをして休暇を過ごすストリッパーにお目にかかれるのは、おそらくここボウルダーだけだろう。

席に着くと、エイドリアンがそわそわし始めた。「ローナだ」とアランが私に小声で言う。「エイドはここに来ちゃいけないことになってるんだ」。エイドリアンが下院議員の姪で裕福な家庭に育ったローナと結婚して七年が経つ。アランは隙を見て〈バストップ〉の紙マッチをエイドリアンのコートのポケットにそっと滑り込ませた。ローナがいつかそれを見つけて、エイドリアンに詰め寄ることもあろうかと。「やつにはいつも気を緩めないでいてほしいね」。アランは小声で言うと、にやりと笑った。

幸いにも、エイドリアンは気を引き締めてつま先で小さなホールドに立つ名人だ。また、その点では、アランも負けていない。その半面、仕事が大嫌いで、うまうまと人に取り入ったり、ときにはけちな詐欺まがいのことをして生計を立て、一年の大半を世界の屋根で死と隣り合わせに過ごして豊富な経験を積んでいる。

現代の登山界で、バージェス兄弟が占めている位置はちょっと変わっている。登山というサブカルチャーでは、きちんとした生活を送り、厳しいトレーニングを積んだ高潔なフランス人やドイツ人やオーストリア人が優位を占めつつある。彼らはアルファロメオのポスターのためにポーズを取ったり、洒落たウェアを作るメーカーに名前を貸したりしている。そんな中で、双子の兄弟は常に権威の一歩先を行きながら、いまだに酒場を徘徊し、喧嘩口論に明け暮れる低レベルの生活を送っている。イギリスの労働者階級出身のクライマーとしては最後の生き残りに属する彼らにとっては、どれだけ酒を飲み、誰と喧嘩をするかは、いつも、どの山を登るかと同じくらい重要なのである。世の中の大半の人にとって、バージェス兄弟の名は何の意味も持たないが、常により高く、より困難な山をひたすら追い求めている、狭く、自閉症的な多国籍共同体の中では、二人は燦然と輝く星なのだ。

二人とも線路のレールのようにひょろっとして、肌はいつ見ても青白く、イギリス人特有の長い顔に、劇画のヴァリアント王子の髪形に似たくすんだ金髪。エイドリアンとアランが、アニマルズやフーみたいな六〇年代の半ばのイギリスのロックバンドでリズムギターをかきならしていてもちっとも違和感はないだろう。兄弟はヨークシャーの広大な荒野《ムーア》の外れにあるホウムファースという労働者階級の村で生まれ育った――ブロンテ姉妹の小説を生んだ殺伐とした陰鬱な荒野だ。姉妹とちがってバージェス兄弟のほうは、小さな頃から荒野を歩き回り、無鉄砲な北部イングランドのクライマーに数多く出会った。そういった年長のクライマーたちは、ドン・ウィランスやジョー・ブラウンといった大酒飲みの〝グリットストーン（イングランド北部に多い硬く目のつんだ砂岩の岩壁）の英雄たち〟がなしとげた、大胆かつ桁外れの偉業を兄弟の若く多感な頭に詰め込んだ。これが二人のその後の人生を決定づけてしまったのだ。

双子は十四歳でクライミングを始めると、たちまち激しくこのスポーツにのめり込む。十七歳で初めてアルプスへ出かけ、シャモニやドロミテの数々の恐ろしいルートを、あっというまに手中に収める。彼らはイギリスの先輩たちから、ドロワット北壁やフレネイ中央岩稜の伝説的な登攀の話を延々と聞かされて、ヨーロッパでは生死に関わる危険を冒して有名な北壁に登るのがあたりまえなのだと思い込んでいた。一九七三年、二十四歳になった彼らは、自分たちの登山の限界を広げようと、おんぼろのミニバンで陸路はるばるインドへ向かい、アリ・ラトニ・ティバという五四八六メートルのヒマラヤの山で困難な新ルートを開拓する。

一九七〇年代前半、二人のヨークシャーの若者は、イギリスでにわかに湧き起こった野外教育人気に乗じて、非行少年のための野外講座を受け持ち、臨時雇いで働いた。「アメリカ人が『森の中の不良』と呼ぶプログラムだ」とエイドリアンは言う。「でも、俺たちの場合は、『森の中で不良を教える不良』だったな」

七〇年代の半ばにはカナダへ移り住み、腕のいい大工と称してカルガリーで建築の仕事につく。実のところ、二人が建築について知っていることと言えば、仕事に応募する前夜に図書館の本で詰め込んだ一夜漬けの知識だけだった。さらにアランは、自分はフォルクスワーゲンの優秀な整備士であると申請して、カナダの永住移民の資格と、それに付随する権利や恩恵を得る。どうやら、その町にはワーゲンの整備をできる者がひとりもいなかったらしい。だが、たとえ野外で行なう仕事でも、登山と比べればまったく面白みがないとわかると、バージェス兄弟は定職を持たずに暮らしていこうと決意する。ほんのわずかな期間を除けば、一九七五年以来、二人ともまっとうな職にはついていないと兄弟は誇らしげに言う。

そのときから、彼らはウィランスの素晴らしい伝統に従って、酒場へ通い、喧嘩騒ぎをやらかしながら、本格的に地球を放浪し始める。彼らは四つの国で逮捕され、そのほかにも多くの厳重注意を受けている。ペルーのリマにある売春宿では、看板に偽りありと文句をつけ、大乱闘を引き起こした。アラスカのタルキートナの住民たちは、バージェス兄弟とイギリス人の仲間六人が〈フェアヴュー〉の酒場から三十ケースのビールを持って姿をくらまし、危うく牢屋入りを免れたときのことを今でも腹にすえかねている。

双子は旅を続けながら、フィッツロイからマッキンリー、ワスカランからハウザー・タワーズ、ドロワットからローガン、グランド・ジョラスと、困難なルートを片っ端から踏破していく。「俺たちの人生はほんとうに長い旅みたいなもんだ」とアランは感慨深げに言う。「あまりにも旅ばかりで、ときどきどれがどれだか区別がつかなくなる」

イギリスの登山界は、バージェス兄弟が行なった一連の登攀に気づいていないわけではなかった。実際、すでに一九七五年にクリス・ボニントンは、彼の歴史的なエヴェレスト南西壁——〝世界で一番高い山の一番困難なルート〟と鳴り物入りで喧伝されたルート——の遠征に二人を加えようかと考えた。結局、その遠征ではドゥーガル・ハストンとダグ・スコットが頂上に立ったが、双子の名前が遠征隊のメンバーに加えられることはなかった。アランはそれについてこんなふうに推測している。「俺たちがたまに、ちょっとばかり暴力的になるという評判のせいだよ。ボニントンはマスコミをすごく気にするから、かっとなりやすい人間とは一緒にやりたくなかったんだろう」

双子は、自分たちが〝たまに、ちょっとばかり暴力的になるという評判〟のせいで、これからもヒマラヤの有名な山への遠征には招かれないだろうと知って、自力でことを運ぼうと決意した。一九七九年、彼らはポール・ムーアズという友人と組んで、七九三七メートルのアンナプルナⅡ峰にアルパイン・スタイルで登るという大胆な計画を立て、ネパールへ旅立った。結局は、ハリケーン並みの強風に遭い、七一六〇メートル地点で引き返すが、ヒマラヤの希薄な空気の味は彼らの欲求をますます掻き立てた。それ以来、バージェス兄弟は毎年ヒマラヤやカラコルムに通うことになる。

昨秋、彼らが注目したのはローツェ——エヴェレストのすぐ隣にある世界第四の高峰——だった。結果的に見れば、一九八七年はヒマラヤ登山に適した年ではなかった。ものすごい嵐がたて続けにこの山塊を襲い、K2とエヴェレストの山頂にはひとりの登山家も立てなかった。エヴェレストの頂上に人が登れなかったのは、実に十六年ぶりのことだ。だから、九月二十七日、ネパールのクーンブ地方に朝日が昇り、いい天気になりそうだとわかると、ローツェの中腹まで登っていた双子が胸をなでおろしたのも無理からぬことだったのである。

アランは、エイドリアンとコロラドから来たディック・ジャクソンという知人をリードして、ローツェの南東バットレスの上部を登っていた。山には新雪が大量に積もっていたから雪崩の危険についてはよくよく考えたが、膝までの深さの粉雪の下にある斜面は充分に硬かった。ヒマラヤ遠征を一ダース以上経験しているアランは、山が安全か否かをきちんと判断できる自信があった。さらに、晴天に恵まれることがきわめて少ない年だからこそ、このわずかな晴れ間を最大限に利用すべきだと考えた。七〇一〇メートル地点では、ルートは次々と現われる氷崖のあいだをジグザグに登っていく。エイドリアンに下から気軽にビレイされたアランが、やさしいセラックのひとつを乗り越えた瞬間、酸素不足で朦朧としていた意識に、突然、低くくぐもった音が飛び込んできた。顔を上げると、頭上の斜面にぎざぎざの亀裂が走り、風で硬くしまった厚さ一・五メートル、幅五〇メートルの巨大な雪板が剝がれようとしていた。

一瞬スローモーションで動いているように見えた雪板は、脆い基盤から完全に剝がれて一六〇〇メートル下の谷へと滑り落ち始めたとたん、驚異的に加速した。一二メートルばかり落ちたところで、雪板の先端がアランの胸にまともにぶつかった。「雪板の上に這い上がろうとした」と彼は言う。「でも、そんなのは無理に決まってる。あっというまに雪崩に呑み込まれて、目の前が真っ暗になった。そのとき考えたのは『ちくしょう、死ぬってのはこういう気分なのか』ってことだけだったよ」

アランの話はさらに続く。「でも、三秒ぐらいすると、いきなり雪の上に顔が出たんだ。斜面の下方を向いて、腰まで雪に埋まってた。雪の重みで両脚がちぎれそうだった。そこで、反射的に頭をのけぞらせて、体をできるだけ弓なりに反らすと、雪は全部、俺の体の下を滑り落ちていった」

が、一難去ってまた一難。そのあと、この雪崩は下の二人の仲間を襲い、ものすごい力で彼らを高さ六〇メートルの氷崖の縁へと引きずっていった。腰にまかれたエイドリアンとジャクソンの命綱に引っ張られてもう一度ローツェの脇腹からむしり取られる寸前に、アランはピッケルを叩き込み、自分の体を安定させた。

パートナー二人の重さでロープはピアノ線のようにぴんと張り、アランと硬い斜面をつなぐ貧弱な連結点はいまにも外れそうだったが、急いで行なった彼のビレイがジャクソンとエイドリアンを雪の表面へと引き上げ、雪崩は彼らの下を滑り落ちていった。アランが二人の滑落を食い止めたとき、ジャクソンとエイドリアンは氷崖の縁までわずか三メートルの場所にいた。

その日の午後、ベース・キャンプで体を休めていた三人は、空高くヒゲワシ——翼を広げると二・七メートルにもなる、チベットのハゲワシの一種——が上昇気流に乗って弧を描いているのに気づいた。不可解だった。ヒゲワシは、近くにヤクなどの屍肉があるときしか姿を現わさないはずなのだ。そして、そのあたりにヤクがいるわけがなかった。翌日、その謎が解ける。帰りが遅れている仲間を探しにいくというスペイン隊の医師とともに、兄弟が山の取付きへやって来ると、扇のように広がった巨大な雪崩の上に、登山用具の破片が散らばっていた。

行方不明のスペイン人が登っていたルートは、バージェスとジャクソンのルートのすぐそばで、彼らもまたバージェスたちと同じ朝に、同じような雪崩に呑み込まれたのだ。だが、スペイン人のクライマーたちにつきはなかった。四人全員が一八〇〇メートル押し流され、命を落とした。雪崩の通り道を徹底的に捜索し、ずたずたになった二遺体を発見すると、アランとエイドリアンは医師に手を貸してそれを埋めた。「ほんとうに、ぞっとする仕事だったよ」とエイドリアンは身震いしながら言う。だが、それは双子にとって不慣れな作業ではなかった。

ヒマラヤの高峰を狙っている登山家はみな、人の早過ぎる死に立ち会う機会が少なくない。バージェス兄弟のように頻繁に八〇〇〇メートル級の山に登っていれば、統計学的に見てもそれは避けられない。一九八二年、二人は別々にそういう場面に遭遇している——アランはカナダの大規模なエヴェレスト遠征隊の一員として。また、エイドリアンは西かららローツェ登攀を試みた小人数のニュージーランド人パーティと一緒だった。まず悪名高いクーンブ・アイスフォールでの雪崩で、次にセラックの崩壊で、それぞれの山仲間五人が命を落とした。また、兄弟は、十三人もの男女が亡くなった一九八六年のあの忌まわしい夏のK2でも同じような目に遭っている。死者の中には彼らの遠征隊のリーダーだった優秀なイギリス人クライマー、アラン・ラウスも含まれていた。ラウスと一緒にいた仲間は（バージェス兄弟ではない）、自分たちが助かるために、昏睡状態だったがまだ息をしていた彼を、七九〇〇メートル地点のテントの中に置き去りにするしかなかったのだ

（「K2の不幸な夏」参照）。

エイドリアンの計算によれば、彼らの山仲間の半数以上が――そして、その大半がヒマラヤで――彼のことばを借りれば〝ぶった切られている〟という。だが、たとえバージェス兄弟がこのぞっとするような死者数を心の中では気にかけているとしても、そんなふうには見えない。危険を承知で、一本の細い線の上を歩き、常にエスカレートしていく生死の境で勝負する――常に登山の最先端にいるというのはそういうことなのだ。あえてこの危険きわまりない遊びをやろうという人々は、非情な賭けであるにもかかわらずそれを行なうのではなく、まさに非情な賭けであるがゆえにそれを行なうのだ。

スペイン人の遭難という不快なおまけまでついたその九月の雪崩で危機一髪の目に遭ったにもかかわらず、兄弟は当初からの計画を断念しようとはこれっぽっちも思わなかった。ローツェの南東バットレスを登りきって、頂上の長く豪快な鋸歯状の山稜を縦走し、はるか彼方の山の西面を下り、フィナーレとしてクーンブ・アイスフォールの試練を経て山の基部へ戻ろうというのだ。アランは実際に、死が自分たちをかすめたことで勝算が高まったと確信するようになる――それ以降、三人はさらに慎重になるだろうから。

雪崩から一週間後、バージェス兄弟とディック・ジャクソン、それにコロラドからやって来たもうひとりの男ジョー・フランクは山に戻る。結果は、前回よりもさらに雪崩の危険が増しており、六六〇〇メートルで登攀を中止するしかなかった。しかし、それでもまだ、兄弟はその山をあきらめなかった。自分たちのルートより、死んだスペイン人のルートのほうが安全そうだと考え、アランは登山許可書の内容をスペイン隊のルートに変更してもらうためにナムチェ・バザールの村へ下る。

エイドリアンは言う。「アルがナムチェに行ってるあいだに、特大級の嵐がヒマラヤを襲った。あのとんでもない年の中でも一番大きなやつだ。そいつは三十六時間で一二〇センチ以上の雪を降らせていった」。嵐に襲われて二晩目、ベース・キャンプのテントの中でエイドリアンが寝ていると、頑丈なドーム形テントの後部がいきなり潰れた。雪の塊でぺちゃんこに押し潰されたのだ。テントの出入口にたどり着くこともできず、テント生地を切り裂いてどうにか這い出ると、テントを半分叩き潰したのは、キャンプを見下ろす丘の斜面から音もなく落ちてきた――実際ほんのかさぶた程度の――小さな雪崩だということがわかった。雪は彼の上にのしかかる三〇センチ手前で止まっていた。数メートル離れたところにあるアランのテントは、高さ一・八メートルのセメントのように固まった雪崩にすっかり埋まっていた。エイドリアンは真顔で言う。「あの夜、もしアルがテントの中にいたら、どうなってたかは言うまでもないよな」

翌朝、エイドリアンはアランを探しにナムチェへ向かう。キャンプ地から出るには、胸までの雪を掻き分けて進まなければならず、普段なら十五分で歩ける最初の二キロ足らずに二時間かかった。さらに同じ距離だけ進んだアイランド・ピークの真下で、エイドリアンは英国空軍遠征隊のベース・キャンプに出る。そのときの様子を彼はこう語る。「爆弾でも落ちたのかと思った。テントは全部ぺちゃんこで、そのそばに二つの死体が転がってた。もう一体の一部が凍って雪から突き出ている。生き残った連中の話では、四人目の遺体がどこかに埋まってるはずだが、どこだか見当もつかないし、雪崩のあとで、タマンのポーターが一人、血迷って、夜だっていうのに服を全部脱ぎ捨て、どこかへ走って行ってしまったということだった。『まさかー、こんなことがほんとうに起こるのか』と思ったよ」

彼らはどうにか裸のポーターを見つけ出した。凍傷にやられ、低体温症にかかっていたが、まだ生きていた。エイドリアンはポーターが荷物を運ぶときに額にかけて使う紐を使って彼を背負うと、一〇キロ以上離れた一番近い村、チュクンへ急いだ。半分あたりのところで、アランが山道を登ってくるのに出くわした。「やあ兄弟、いいところで会った。こいつを運んでくれないか」。二人は交代でポーターを背負って残りの道のりを走り、チュクンの村にたどり着いてポーターの命を救うことができた。

最終的には、バージェス兄弟はローツェ登攀をあきらめた。だが、カトマンズに戻るまもなく、二人は翌年夏のK２遠征の資金を稼ぐ算段をする。計画のひとつは、二年経ったいまもアラン・ラウスが標高七九〇〇メートルのテントの中で生きているかもしれないという話を『ナショナル・インクワイアラー』紙に持ち込んで信じさせようというものだった（一九八六年八月にラウスが置き去りにされて以来、K２をその地点まで登った者はいなかった）。ラウスが滑落死した仲間の肉を食べながら生きているという話を持って帰り、その見返りとして『インクワイアラー』紙にちょっとした金——そう、一万ドルか二万ドルくらい——を要求しようという計画だ。

残念ながらインクワイアラー計画は離陸せずに終わるが、兄弟はかまわずなんとかカラコルムへ出かけ、五月の末にはK２の麓にベース・キャンプを設営した。これを書いているいま——もし、すべてが計画どおりに運んでいるなら——バージェス兄弟はK２の山頂に迫りつつあるだろう。

＊　＊　＊

またしても、彼らは頂に達しなかったようだ。バージェス兄弟の登山記録を見ると、ヒマラヤがあまりにも頻々と彼らをはねつけているのに驚く。兄弟が登攀を試みて失敗した山は、アンナプルナⅡ峰、ナンガ・パルバット、アマ・ダブラム、エヴェレスト（アラン二回、エイドリアン一回）、ローツェ（エイドリアン三回、アラン二回）、チョー・オユー（アラン二回）、そしてK２。実際に彼らがその足で頂を踏んだヒマラヤの高峰は、七五二五メートルのアンナプルナⅣ峰と、八一六七メートルのダウラギリだけだ。登山家の成績を打率で表わすとしたら、ヒマラヤン・リーグでのエイドリアンのアベレージは二割、アランは一割六分七厘という低さである。

このようなお粗末な数字は、少なくとも幾分かは、非常に困難なルートを、きわめて少人数のパーティで狙う兄弟の習慣のせいだと言える。しかも、多くの場合、登る時期は、強風と想像を絶する寒さがルートをより厳しくする冬をあえて選んでいる。皮肉なことに、双子はこれまでの高峰登頂の少なさを、自分たちの〝慎重な性格〟のせいだと考えている。アランは言う。「イギリスの知り合いのクライマーたちからはいつも、無茶をしない慎重なクライマーだと言われてる。だからこそ、俺たちはいまも生きてるんじゃないかな。ほとんどの連中はもうこの世にいないっていうのに」

兄弟は、ヒマラヤでは人知の及ばない運命が、誰を生かし、誰を死なせるかを決めていると認める。だがその一方で、山での事故の大半は回避できるはずだとも主張する。エイドリアンは言う。「悲劇の大半は、クライマーのミスで起こるのだと思う。たしかに俺たちだってミスはするけど、しっかりと目を見開いて、山に登る理由さえまちがえなければ、それほどたくさんのミスはしないものだ」

アランによれば、二人の親友だったアラン・ラウスとロジャー・マーシャル（後者は一九八五年、エヴェレスト北壁の単独登攀中に転落）の死は、人がまちがった理由で山に登ったときに起きる典型的な例だという。アランはこう説明する。「ロジャーもラウスも、まわりからのプレッシャーをどうにかしようとして無理に登ったから死んだんだ。故郷イギリスでのラウスの生活は滅茶苦茶だった――好きな女にふられ、好きでもない女に赤ん坊ができたんだ。だから、頂上にも登れずに故郷へ帰ったら格好がつかないと思ってたんだろう。ロジャーの場合は大きな遠征資金のプレッシャーを抱えてエヴェレストに登った。だから、何としても頂上に登って、登頂者として本を書き、彼の肩に重くのしかかっている借金と、足枷《あしかせ》になっている女房や家族から自由になりたかったんだろう。高所ではそういったプレッシャーがなくたって判断が鈍るんだから、そんな状態で正しい決定を下すなんて到底無理な話さ」

たしかに兄弟の敗退の原因は慎重さと山に対するセンスにあるのかもしれないが、彼らを批判する人間――大勢いる――は、二人の度重なる失敗にすぐさま、もっと厳しいほかの理由を挙げる。バージェス兄弟を声高に酷評する者たちも、兄弟が並外れて高所に強いことは認めざるをえない――たしかに、二人は〝死の地帯〟と呼ばれる超高所の冷たく希薄な空気の中で、どんなクライマーにも負けないくらい元気に動き回っているらしい。だが、ゴードン・スミス――カルガリー出身。バージェス兄弟のかつての友人で、一緒にアンナプルナⅣ峰、エヴェレスト、マナスルに遠征――は、八〇〇〇メートル峰の上でも、彼らの無責任な行動、「何とかなるさ」というやり方は変わらないと言う。「大きな山に登るのは、踏み出した足の先にただもう片方の足を置けばいいというものじゃない」。スミスはきっぱりと言う。「兄弟はパーティをまとめていく能力に欠けている。どういうわけか、彼らのヒマラヤ遠征のどれをとっても、何かしら問題が起きているんだ」

スミスによれば、マナスル遠征では兄弟の頑固さゆえに、スノー・ペグのような必要不可欠な登山用具が大幅に不足するという事態が起きた。同じ遠征では、トレッキングのグループが兄弟に高い金を払って第一キャンプまで一緒に連れて行ってもらうことになっていたが、アランが不慣れなトレッカーに痺れを切らしたため、山に着いたとたんに約束を反故にした。スミスは、兄弟が遠征隊のリーダーとして問題なのは、彼らがあまりにも多くのことをやろうとしすぎることにひとつの原因があると感じている。「すごく難しいことなんだ」とスミスは言う。「一日中最前線で必死になってルートを拓き、夜には登攀計画をきちんと見直すエネルギーを保ち続けるのはね」

だが、スミスはさらに兄弟の管理能力以外の部分に不服を呈する。「二人は、自分たちに好都合なときだけは、魅力的な人間になれる」と彼は苦々しげに続けた。「でも、ほんとうは単なる二人組のペテン師なのさ。どんなに大勢の敵を作ろうと気にしないんだ。嘘がばれたら友達を替えて、次から次へと新しいカモを見つけていくだけだ」。スミスのバージェス兄弟に対する不信が辛辣すぎるように思えるとしたら、それは彼らが一緒に行った最後の遠征——不成功に終わった一九八三年のマナスル——で起きた事件のせいかもしれない。その遠征では、アランの登山資金の扱いをめぐって意見が対立し、最後にはカトマンズの通りでの激しい殴り合いにまで発展したのだった。

シャモニやホランベリス（ウェールズの登山基地）やクーンブの飲み屋で少し時を過ごせば、バージェス兄弟がすぐに暴力をふるい、平然と人をだますという話に事欠かないのがよくわかるだろう。アメリカ人登山家で医師のジェフリー・タービンは言う。「ネパールのどこへ行っても、土地の人たちは西洋人と見ればすぐに、『バージェスを知ってるか？　バージェスを知ってるか？』とうるさく聞いてくる。あの兄弟は四大陸の生きた伝説なんだ。アランの型破りな性行動だけで『ペントハウス』的な体験本が何冊かできるんじゃないかな」

数あるバージェス兄弟の伝説に加えられた最新のエピソードは、ネオンきらめく幻想の街ラスヴェガスでの恒例のアウトドア用品見本市の最中に生まれた。兄弟は財界の大物にローツェ遠征の資金援助と登山用具の無償提供を頼もうと、見本市に出席した。売り込みに大忙しの一日を過ごしたあと、いつもどおりパーティをはしごしていると、アランは感じのいいイギリス女性と出会い、ナイトキャップを一緒に飲もうとホテルの部屋に誘われた。

アランとエイドリアン、そしてアランのこの新しい友人が、エイドリアンのぽんこつトラックに乗り、彼女のホテルに行く途中にあるエイドリアンのホテルへと大通りを走っていると、赤信号で彼らの隣に街のチンピラたちが乗った車高の低い車が停まった。エイドリアンはちょっとからかってやろうと、ちびちびと飲んでいたビールを掲げて、窓から盛大なヨークシャー訛りで叫んだ。「このアメリカのビールはしょんべんみたいな味がするぜ」

次の赤信号で、その車はふたたび彼らのトラックの横に停まり、中からチンピラが二人飛び降りてきた。エイドリアンも車から飛び降り、先手必勝の信念に従って、すばやくチンピラのひとりに殴りかかった。だが、かなり酔っていたエイドリアンは、パンチをくり出そうと大きく腕を振ったとたんにバランスを崩し、相手が殴り返す前に顔から道路に倒れ込んだ。倒れたエイドリアンを見て、やられたのだと勘違いしたアランは、車から飛び降りると、不運なそのチンピラの鼻を叩き潰した（そのときには、もうひとりのチンピラは安全な車の中に避難していた）。それからアランはエイドリアンを抱き起こし、トラックに戻ると、轟音を上げて大通りを走っていった。

次の信号で停まると、車高の低い車は明らかに挑発するように兄弟の車のすぐ前につける。だが、このときは車からは誰も降りてこなかった。これに猛烈に腹を立てたエイドリアンはトラックから飛び降り、停まっている車の後方から駆け上がると、信号が青に変わって、その車が逃げ去るまで、屋根の上で何度も飛び跳ねた。

だが、不幸にも、その夜の信号はチンピラたちの味方ではなかった。次の信号もまた赤だったのだ。アランは車高の低い車のすぐうしろにつけると、やや間をおいて、うしろから勢いよく車をぶつけた。さらに少しバックして、同じことを繰り返す。

その頃には、チンピラは、バージェス兄弟と関わったのは恐ろしいまちがいだったと気づいていた。彼らは赤信号を無視することにして思いっきりアクセルを踏み込んだが、その直後、折悪しく通りかかった一台の車にもろに突っ込んでしまった。チンピラとの遊びが終わってがっかりしたアランは、ひん曲がった鉄とガラスの破片をよけながら、エイドリアンのホテルへ向けて悠然と車を走らせていった。

それからまもなく、トラックは、回転灯をまわしサイレンを響かせた五台のパトカーに取り囲まれた。アランは運転席から引きずり出され、両手を広げてボンネットに押しつけられた。警官はアランに、地元の人間に暴力をふるい、しかるのちに当て逃げをした疑いで二、三質問がしたいと言う。アランは警官に向かって丁寧に、それはすべてまちがいだと答えた。重要な国際ビジネスでこの町に滞在している自分と、同じく清廉潔白な兄は、暴行事件の加害者どころか被害者だ、と。また、当て逃げ事故は、自分たちを襲った暴漢が犯罪現場から逃げようとして、別の車にぶつかっただけだと説明した。

アランがこの筋書きをさらに脚色し続けると、警官はだんだんと彼の話に引き込まれていき、その話が真実のように思えてきた。彼らはアランに好印象を抱いた。彼の礼儀正しいボーイスカウトのような態度と、オーストラリア人とまちがえそうな面白い話し方が気に入った。実際、警官たちはアランが、つい最近見たばかりの、『クロコダイル・ダンディー』の主人公に似ていると思った。
それからあとは、警官たちはヨークシャー男の思うがままだった。彼らはアランに、『クロコダイル・ダンディー』はすごく面白い映画だから絶対に見るべきだと薦め、さらに、普段は平和なこの町で暴漢に襲われたのは心から同情するが、数少ない悪人のしたことですべてのアメリカ人を判断しないでほしいと何度も念を押した。そして、最後に笑いながらアランにおやすみの挨拶を送った。

バージェス兄弟の武勇伝にある途方もない奇談の中でも、その最たるものは、おそらくエイドリアンとローナ・ロジャースの組み合わせだろう。何と言ってもエイドリアンは、本人も認めているとおり、貧しく無教養な三十九歳の男であり、対するローナはとびきりの上流階級なのだ。家族は四世代にわたりデンヴァーの上流社会の頂点を占めている。ポロ競技用の馬を何頭も持ち、正式なパーティで社交界にデビューし、この上なく排他的なカントリー・クラブのメンバーで、子どもたちはしかるべき学校へ行き、しかるべき一族と結婚するという世界だ。ローナ――情熱的で、意志の強い、すこぶる魅力的な弁護士――は、そういった慣例すべてに則った華々しい人生を送ってきた。名門ウイリアムズ・カレッジに通い、下院議員モー・ユードルを伯父に持ち、ストレス解消にサラブレッドに乗ってキツネ狩りをするのを好んだ。そして一九八一年、二人がカトマンズの酒場、〈ヤク・アンド・イエティ〉で出会ってから十一か月後、彼女はヒマラヤの反逆児、エイドリアン・バージェスと結婚する。

ローナに毎年四、五か月も家を空ける夫を持つのはどういうものかと尋ねると、彼女はこう答えた。「最初の二、三年はほんとうに寂しかったけれど、いまはこういう生活が気に入ってるわ。夫が家にいたり、いなかったりすると、夫婦間の新鮮味が保てるから。私には夫がいて、彼と人生を共有しているけれど、同時に大きな自由もある。実を言えば、彼が山に行ってしまうのもそう悪くはないと思ってるの。山に行く準備で家の中がいまいましい遠征一色に染まっているよりはね」

ローナの影響を大いに受けて、エイドリアンの行動はいくらか上品になった。たとえば、安酒場に通い、道端の喧嘩で名をはせた男が、最近は頭のてっぺんからつま先まできっちり正装して、馬に乗って家族とキツネ狩りをするようになった。まちがいなくウィランスは墓の中で目をまわしているだろう。だが、エイドリアンはこんなふうに言う。「実を言うと、ありゃあなかなか刺激的だよ。ああいう馬に乗ると、スピードの出るバイクに乗ってるみたいだ。それも自分でハンドルを動かすんじゃなくて、そいつが勝手に好きなところへ連れて行ってくれるんだ」

双子の片割れのほうの人生には、いまだにいかなるキツネ狩りも見当たらない。アランはいまでも完璧なペテン師であり、人をだます達人だ。よく引用されるエリック・ベックの格言「社会経済階層の両端には有閑階級が位置する」を地で行っている。昔の友人ゴードン・スミスによれば、アランは「目に見える生計の道はいっさい持ってない。仕事はまったくやってないようだけどどうにか暮らしているみたいだ。彼がどうやって食ってるのかは実際ちょっとした謎だよ」

彼がどうにかやっていけるのは、ひとつには、遠征の合間も大抵はネパールで友人のシェルパたちと一緒に住んでいるせいでもある。「一年のうち、だいたい六、七か月はネパールにいると思うよ」とアランは言う。「遠征の合間もヨーロッパやアメリカに戻るより、あっちにいたほうが安上がりだからな。あそこなら一日三ドルで生活できる。もちろん、シェルパと同じものを食べなきゃならん。たしかに、毎食じゃが芋とレンズ豆とカードってのはちょっと飽きるし、その金じゃビールは飲めないから、チャンとロキシーで我慢するしかない」

アランはさらにこう続ける。「だがそんなことはちっとも気にならない。ほんとうに第三世界のライフスタイルが気に入ったんだ。いまじゃ欧米に戻ると、選ぶものが多すぎて困るくらいだ。ほんとうにカルチャーショックを感じるよ、一方の文化はある深みを持ち、もう一方は、深いと思ってるだけというこのギャップにね。実際、腸のほうもシェルパの野菜に慣れてきたみたいで、いまじゃ、あっちで腹の調子が悪くなることもなくなった。でも、こっち——たとえばバンクーバーみたいなところに戻ってくると、いきなり具合が悪くなる。下痢になるわ、息苦しくなるわ、まったくひどい話だよ」

また、高地のシェルパ村に住んでいれば、登山許可や入山料、連絡官などの煩わしい手続き抜きで、こっそりと山へ行き、勝手に登ることができる。たとえば、一九八六年の冬、アランとシェルパの友人ひとりは、それぞれシェルパのガールフレンドを連れて、ひそかにチベットへ入り、あと一日である八〇〇〇メートル峰に登頂できるところまで行った。

「もちろん完全な違法行為だってことはわかってる」とアランは言う。「でも、この八年間で最大の冒険だったよ。ほんとうに素晴らしかった。四人でテント一張り、マット二枚、シュラフ二個という、超軽装備で出かけたんだ。トレッキング中は、ヤクの鈴の音に耳をすましてなくちゃならなかった。そして、チベット人の商人がやって来たらさっと伏せるんだ。やつらに見つかると、ネパールのチェックポストに密告されるからね」

アランは八年以上断続的にネパールのクーンブ地方に住み、登山を行ないながら、シェルパたちと素晴らしい関係を築き上げた。実を言えば、ヒマラヤではシェルパと対等に行動できる西洋人がほとんどいないことから、ほとんどのシェルパは内心では御主人《サーブ》たちを見下している。「彼らはたいがい西洋人は間抜けだと思っているんだ」とアランはにべもなく言う。アランは白人としては並外れて高所に強く、シェルパと同じように額にまわした紐を使って巨大な荷物を運ぶことも学んだ。それゆえに、彼らから他に類を見ない尊敬を勝ち得ることができたのだ。アランは誇らしげに言う。「ある意味で、シェルパは俺を土地の人間だと認めてるんだ」

彼がそう認められるようになったのは、幾分かは一九八七年六月の事件のせいだろう。ニマ・ディキという二十一歳のシェルパニが、標高四〇〇〇メートル付近にあるポルツェ村の木の葉のベッドで、アランの息子を産んだのだ。アランは言う。「シェルパの友達から『ニマ・ディキの腹がちょっとでかくなってるみたいだぞ』という警告の手紙をもらったとき、『まいったな、どうすりゃいいんだ』と思ったよ。でも、村に行って坊主の顔を見たら、迷いなんか吹っ飛んだ」

ダワという名の子どもができたことで、アランの長すぎた青春がようやく幕を閉じて——五十代を迎える準備が整うとともに——、彼がほんとうに責任ある大人の世界に足を踏み入れたのかどうかは、まだわからない。だが、噂によると、彼はダワをカトマンズの学校に通わせるべきか、あるいは、クーンブの学校にすべきかという、いかにも父親らしい悩みを抱えているらしい。

一方で、クリス・ボニントン——今はもう双子の兄弟の評判を気にかけていないらしい——は最近、一九八九年の春に予定されている、エヴェレストに唯一残された貴重な未踏ルートを登る重要な遠征隊のメンバーに、エイドリアンとアランを招いた。そのルートとは、一九八二年に最高のイギリス人ヒマラヤ登山家ジョー・タスカーとピーター・ボードマンが姿を消した悪名高い北東稜だ。一九八九年の遠征は——十六人の西欧人クライマーに三十人のシェルパ、テレビの生中継、包囲作戦に酸素ボンベといった――ボニントンお得意の派手なイベントになるはずだが、大金をかけた大人数のヒマラヤ登山に苦い経験を持つエイドリアンとアランは、二人とも丁重に誘いを断った。

一九八六年に大人数で行なって不幸な結果に終わったアラン・ラウスのK２遠征に参加して以来、「登山は自分たちだけでやろう、もう二度と大きなパーティではやらないと決心した」とエイドリアンは言う。その遠征の複雑な戦術のせいで、バージェス兄弟はK２ではほとんどロープを結び合うことができず、それがきわめて不満だったのだ。

シェルパの人々は一卵性双生児――彼らのことばでゾングリー――には特別な幸運があると信じている。幸運かどうかは別にしても、双子の持つ絆の強さは計り知れない。彼らの生まれながらの深い相互理解は、ときに超能力のようにも思える。エイドリアンは言う。

「双子はいつでも互いに相手の考えや、相手が何をしようとしてるかがわかるんだ。その能力は恐ろしいぐらいだ。たとえば、嘘をつこうとしたって、双子の相棒には嘘はつけない。すぐに見破られてしまうからな。一方で、大きな遠征では隊内の政略があるから、自分のクライミングのすべてを自分自身でコントロールするのは不可能だ。誰と誰が一緒に登るのか、いつ登るのか、いつ降りるのかを決めるのはベース・キャンプにいる人間だ。これは危険だよ」

そういった点から見て、エイドリアンはボニントンのエヴェレスト遠征はかなり危ない剰に煽り立てられる。登山家はそういった煽動に乗って、自然に〝いちかばちかやってみよう〟という気分になる。たぶん誰かが死ぬと思うよ」

もしバージェス兄弟が行けば、二人のどちらかがその誰かになる可能性は充分にあるとエイドリアンは言う。「山では死を日常的なものとして受け入れることを学んだ。親しい友達の死さえ受け入れることができる。でも、アルが死んだらそうできるとは思えない。とてもじゃないが受け入れられないだろう」

ボニントンの遠征隊に参加しないという兄弟の決定は、慎重さと同時に、幾分かは彼らのプライドのせいでもあるようだ。一九八二年のカナダ隊のエヴェレストへの大遠征では、誰に聞いてもアラン・バージェスは登頂を成功させるために——ルートの下調べ、指揮、荷物運びなどの点で——メンバーの中で一番よく働いたという。にもかかわらず、タイミングが合わなかったり、酸素マスクがうまく作動しなかったりしたせいで、彼は頂上に立てなかった。アランはそのこと自体はさほど気にしなかっただろう——遠征後の栄光と金銭面の利権がすべて登頂者に独占されるのを見さえしなかったら。

アランと同じく、エヴェレストで自分の分担以上の働きをしながらも頂上に立てなかったゴードン・スミスは言う。「登山が終わってベース・キャンプを出るときには、八人のクライマーはまだお互いをとても親密に感じていた。でも、カトマンズに着くと、マスコミが勝者と敗者をはっきりと区別するようになった。頂上に立った者が勝者で、彼らだけが称賛され——また、スポンサー契約や何かで、それなりの金も得た。俺たち敗者は家に帰っても仕事も金も称賛もない。そして、こう思うんだ。ちくしょう、たまたま頂上に立ったやつなんかより、あの山でたくさん働いたのは俺なんだぞ。こんな不公平なことがあっていいのか、って」

そういうわけで、双子の兄弟が一九八九年のエヴェレストに行くか否かという疑問の答えは言うまでもない。いや、少なくとも言うまでもないように思えた。だが、アランがK2に旅立って数日後、私は彼からはがきを受け取った。そこには彼の心変わりが記されていた。結局、ボニントンと一緒にエヴェレストに行くことにした。エイドリアンは絶対に行かないと言っているが、と。この前、私は双子の兄弟が〈バストップ〉のテーブルで一般的な大遠征の悪、そして、特にこのエヴェレスト遠征の抱える悪を延々と話すのを耳にしていた。そこで、エイドリアンに電話をかけ——彼はまだK2に出発していなかった——真相を尋ねてみた。

「アルはいつでもうまく自分の言動を正当化するんだ」とエイドリアンは言う。「あいつはいま自分にこう言い聞かせてるんだよ。今回のルートは最初に考えていたよりはるかに難しい。だから、酸素を吸ったり、固定ロープを使ったり、大人数で登ったり、その他諸々のことをやる正当な理由がある、と。でも、急に行くことにしたほんとうの理由は、エヴェレストに行けば、三か月間ただ飯が食えて、家に電話する場所が確保されるからだと思うよ」。長い完全な沈黙のあとで、エイドリアンは最後にこう付け加えた。「まあ、いかにも俺の兄弟らしいよな」

Ｋ２の不幸な夏

パキスタン最北の地カラコルム山脈の中央に、砕石に覆われた長さ六〇キロのバルトロ氷河と呼ばれる氷の舌が延び、そこには地球上で十七番目までの高さの山のうちの六座がそびえている。一九八六年六月、その氷河の源頭には、十か国からやって来た遠征隊が設営した百五十張りのテントが並んだ。テントの中にいる男女のほとんどが、世界でももっとも野心的で、もっとも高い評価を受けているクライマーたちだった。そんな彼らが狙っていたのはただひとつ、K2の頂だ。

K2は高さ八六一一メートルで、エヴェレストより約二四〇メートル低いが、その鋭く優雅な姿は世界最高峰以上に印象的で、また、登るのも難しい。実際に、世界に十四座ある八〇〇〇メートル峰の中で、K2の登頂失敗率はもっとも高い。一九八五年までに、その山を目指した二十六の遠征隊のうち、成功したのはわずか九隊、頂に立ったのは三十九人で、十二人の命が奪われている。一九八六年、パキスタン政府はK2に対して、前例になく多数の登山許可を発行し、その夏の終わりまでに、先の数に加えてさらに二十七人のクライマーが頂上に達した。だがその際、登頂者の二人に一人が死亡することになる――それまでの八十四年間の死者数を一気に二倍以上にする、合計十三人が命を落としたのだ。この代価は、最近のヒマラヤで行なわれている登山方法をめぐる難しい問題を浮き彫りにした。一部の人々が信奉する方法が、弁明しがたいほどに無謀なものになったのだ。最新の登山方法には、失敗の余地がほとんど残されていない。そこで、現代のクライマーたちの多くは、もし何か問題が起きたら、ロープを結ぶ仲間との絆――つい最近までもっとも神聖なものとされていた絆――は、自分の身は自分で守るというポリシーによって捨て去られるだろうという了解のもとで登山を開始する。

現在の高峰登山の方向が定まったのは、一般には、一九七五年の夏にラインホルト・メスナーとペーター・ハーベラーがK２の隣にそびえる八〇六八メートルのヒドゥン・ピークで新ルートを登ったときだと考えられている。彼らは昔からヒマラヤ登山に必要不可欠とされてきた、酸素ボンベもサポートチームも、固定ロープも、あらかじめ設けた一連のキャンプも、また、その他のいかなる包囲戦略も使わずに登ったのだった。メスナーはこの大胆で新しい登山法を「正当《フェア》な手段による登攀」と明言した。それ以外の手段で山頂に立つのはまやかしだと暗にほのめかして。

昔から賞金が高く勝算の低いゲームで、メスナーとハーベラーは、いきなり賭け金を大幅に吊り上げたのだった。最初にメスナーが、ティートンやアルプスに登るのと同じ方法でヒマラヤの八〇〇〇メートル峰に挑むと宣言したとき、世界の一流クライマーの多くが、その計画を成功の見込みのない自殺行為だと決めつけた。しかし、メスナーとハーベラーが成功すると、メスナーから王座を奪おうと狙う者――一九八六年にK2の麓にテントを張っていたかなりの数の男女がそれを企てていた――に選択肢はほとんど残されていなかった。つまり、ヒマラヤの高峰に、メスナーと同じように〝正当〟かつ無謀な手段で登る以外に方法はなかったのだ。

K2を登る誰もが一番欲している勲章は、ひときわ目をひく巨大な未踏ルート、南稜《サウス・ピラー》（実際には南々西稜にあたる）である。メスナーが〝マジック・ライン〟と名づけた「最後の大きな課題」だ。氷河から山頂まで真っすぐに三〇〇〇メートル以上そびえ立つこの稜は、これまでヒマラヤで登られたどのルートにも増して、超高所における急峻でテクニカルな登攀を要求する。

一九八六年には四つのパーティがマジック・ラインに挑戦した。その中にオレゴン出身の三十五歳の男、ジョン・スモーリック率いるアメリカのパーティがあった。六月二十一日、雲ひとつない快晴の早朝、スモーリックとパートナーのアラン・ペニントンはルートの基部にあるやさしいガリーを稜の取付きに向かって登っていた。そのとき、太陽に温められ、氷が溶けて岩壁から剝がれたトラックほどの大きさの岩が、はるか上方から山肌を転がり落ちてきた。その岩がガリーの上端にぶつかったとたん、緩傾斜の雪面に深さ五メートルの亀裂が走り、巨大な雪崩が起きて、あっというまにスモーリックとペニントンを呑み込んだ。それを目撃したクライマーたちは、すぐにペニントンの埋まっている場所を探して掘り出したが、ときすでに遅く彼は死んでいた。また、スモーリックの遺体は、数千トンの氷塊の下敷きになり、二度と見つかることはなかった。

残ったアメリカ隊のメンバーは登攀を中止して帰路についたが、同じときに山にいたほかの遠征隊は、アメリカ人の悲劇を特異な事故——悪いときに悪い場所にいただけだ——と考え、ためらうことなく登攀を続けた。

そして、六月二十三日、二人のバスク人——マリ・アブレゴとホセマ・カシマロ——と、フランスとポーランドの混成チームの四人——モーリスとリリアヌのバラール夫妻にワンダ・ルトキエヴィッチとミッシェル・パルマンティエ——が、もっともやさしいルートであるアブルッツィ稜からK２の頂に到達した。その結果、リリアヌ・バラールとルトキエヴィッチはK２の頂上に立った初の女性となったが、さらに驚くべきことに、彼女たちは酸素ボンベなしでその快挙をなしとげたのである。

だが登頂後にこの六人のクライマーは全員、巨大な頂上ピラミッドの吹きさらしの斜面で夜を迎え、ビバークを強いられた。そして翌朝には、前日まで一週間続いていた冷たい快晴に代わって、激しい嵐が襲来した。その中で下山を続けていると、バラール夫妻——

夫婦ともに八〇〇〇メートル級の山を何度も経験している非常に熟練したヒマラヤ登山家――が遅れ始め、二度と追いつくことはなかった。鼻と指先が凍傷で黒ずんできたルトキエヴィッチとバスク人はそのまま下山を続けたが、パルマンティエは、バラール夫妻は墜落したか、雪崩にさらわれたのだろうと思いながらも、一縷の望みを抱いて上部キャンプにとどまり、二人を待った。

その夜――六月二十四日――嵐はますます激しさを増した。目覚めると、完全なホワイトアウトですさまじい風が吹き荒れており、パルマンティエは携帯用無線機でベース・キャンプと交信しながら下り続けた。だが、固定ロープや仲間の残した足跡はすべて新雪に埋もれていたために、いくらも行かないうちに広く目印も何もないK2の南の肩で方向を失った。彼を下山させるために、ベース・キャンプのクライマーたちはルートを思い出しながら無線で指示を与えた。それだけを頼りに、パルマンティエは自分がどこに向かっているのかもわからないまま「グランド・ヴィッド（巨大な空白）、グランド・ヴィッド」とつぶやきながら、標高八〇〇〇メートルの嵐の中をよろよろとさまよい歩いた。

「無線の声から、パルマンティエが疲れきって自暴自棄になっているのがわかった。嵐の中を行きつ戻りつしながら、彼は下山の目印になるものを探していた」とイギリス隊のメンバーだったアラン・バージェスは言う。「そしてついに、パルマンティエは小便の染みがついた氷のドームを見つけた。俺たちもそこを覚えていた。貴重な目標が見つかったことで、それから先のルートを無線で指示することができた。彼はほんとうについてたよ」

七月五日には、イタリア人四人、チェコ人一人、スイス人二人、それにフランス人男性ブノワ・シャムーがアブルッツィ・ルートから頂上に達する。シャムーはベース・キャンプから頂上までを二十四時間かけて一気に登った。わずか二週間前に、このフランス人が近くにある八〇四七メートルのブロード・ピークの斜面をベースから頂上まで十七時間で駆け登っていたことを考えれば、それがいかに驚くべき運動能力を要する偉業かがわかる。

だが、さらに驚異的だったのは、Ｋ２の南壁を舞台とした離れ業だ。南壁は左右をアブルッツィ稜とマジック・ラインにはさまれた、高度差三〇〇〇メートルにも及ぶ薄氷に覆われた急峻な岩壁と、雪崩の通り道であるガリーと、いくつもの危なっかしい懸垂氷河から成っている。七月四日、三十八歳のポーランド人イェジ・ククチカと、四十六歳の同じくタデウシュ・ピョトロフスキは、ヒマラヤ登攀の限界をまったく新しい水準にまで押し上げる決意のもと、軽装備の、完璧に純粋なやり方で、この未踏の壁の真ん中を登り始めた。

ククチカは、世界最高の高所登山家というメスナーの非公式の肩書きの後継者として有力視されていた。Ｋ２の麓に着いたとき、ククチカは十四の八〇〇〇メートル峰全座登頂の競争でメスナーのすぐうしろにつけていた。彼はすでに十四座中十座を完登しており、これはヒマラヤ登山にかかる費用とポーランドの通貨ズローティの悲惨な交換レートを考えれば、ことのほか素晴らしい達成であった。ククチカとポーランド人の山仲間たちは、遠征費用を捻出するために、毎回決まってウォッカや敷物やスニーカーや、そのほかちょっと考えられないような自国の産物をひそかに持ち出しては、交換可能な通貨に換えざるをえなかったのである。

ククチカとピョトロフスキは高度の技術を要する登攀を続け、四晩の厳しいビバークの末（最後の二晩はテントやシュラフはおろか、食糧も水もなかった）、七月八日の日没直前に、吹きすさぶ嵐をついてＫ２の頂に到達した。二人はただちにアブルッツィ稜を下り始める。二日後、疲れ果て、嵐の中でお互いをロープでつなぐこともせずに必死で下山を続けていると、ピョトロフスキ――その朝、彼は指がしびれていてアイゼンのストラップをきちんと締めることができなかった――が鋼のように硬い氷を踏みつけて、片方のアイゼンを落としてしまう。よろめき、体を立て直そうとした拍子に、もう一方のアイゼンも落ちた。自力で滑落を止めようとしたが、両手からピッケルがすっぽ抜け、あっというまに急な斜面をなす術もなく滑り落ちていった。ククチカはパートナーが岩にぶつかりながら霧の中へ消えていくのを、ただ眺めているしかなかった。

その頃には、その夏の死者数のあまりの多さに、入山中のクライマーたちの大半が二の足を踏むようになったが、多くのクライマーにとって頂上の魅力は抗いがたかった。ククチカ自身は十四座の完登競争でメスナーに追いつくために、彼にとって十二番目の山となる八〇〇〇メートル峰を目指してすぐにネパールへ向かった（メスナーがその年の秋にマカルーとローツェの登頂に成功し、十四座征服の栄誉を手にした時点で、ククチカの努力は水の泡と消える）。

ククチカがベース・キャンプに戻って自分が舐めた辛苦を語ってからまもなく、三十八歳のイタリア人ソロ・クライマー、レナート・カーサロットが、その夏彼の三度目の攻撃となるマジック・ライン登攀に一人で出発する。その際、彼は妻のゴレッタに、今回でマジック・ライン挑戦を最後にすると約束していた。フィッツロイやマッキンリーを始め、南米やアルプスの高峰で困難な新ルートの単独登攀に成功していたカーサロットは、恐れを知らない男という勇ましい名声を得ていたが、実際には、非常に注意深く、慎重なクライマーだった。七月十六日、頂上まであと三〇〇メートルの地点で、天候の悪化を見越して賢明にも彼は登頂をあきらめ、サウス・ピラーを一気に基部の氷河まで下りてきた。

ベース・キャンプの手前の最後の氷河を進んでいたカーサロットは、行く手を阻む狭いクレバスの前で立ち止まり、それを跳び越そうとした。その様子をベース・キャンプから双眼鏡で眺めていたクライマーたちは一瞬恐怖で凍りついた。跳んだ瞬間に、クレバスの縁の柔らかい雪が崩れ、突然カーサロットの姿が見えなくなったのだ。四〇メートルの氷河の腹の中に落ちたのだった。一命は取りとめたものの重傷を負った彼は、クレバスの底にたまった氷水の中でザックから携帯無線機を取り出し、ゴレッタを呼び出した。ベース・キャンプにいた彼女の耳に無線を通して夫のか細い声が届いた。「ゴレッタ、クレバスに落ちた。死にそうだ。助けてくれ。早く！」

さまざまな国のクライマーから成る救援隊がすぐに行動を起こし、日が暮れる直前にクレバスにたどり着いた。すぐに滑車が用意され、まだ意識があったカーサロットは地上に引き上げられた。彼は真っすぐ立ち上がり、何歩か歩いたかと思うと、仰向けに倒れ込み、そのまま帰らぬ人となった。

Ｋ２でメスナーの倫理にまったく従おうとしなかった唯一のパーティは、国家の支援を受けてやってきた韓国の巨大な遠征隊だった。実際、韓国人たちは、どんな登り方をしようと、隊の誰かがＫ２の頂に立ち、その者が無事に帰ってきさえすればそれでよかった。その目的のために、彼らは四百五十人のポーターを雇って、小山ほどもある登山用具と食糧をベース・キャンプへ運び上げ、アブルッツィ稜に何キロにも及ぶ固定ロープを張りめぐらし、充分な食糧を蓄えたキャンプをいくつも設けた。

八月三日の午後遅く、完璧な天気のもとで、三人の韓国人が酸素ボンベを使いながら頂上に達した。下り始めると、彼らは疲労困憊したポーランド人二人とチェコ人一人に追いつかれる。その三人は、型どおりの包囲法ではあったが酸素は吸わずに、カーサロットと二人のアメリカ人の命を奪ったルート――メスナーの憧れのマジック・ラインの初登攀に成功したばかりだった。夜を徹して、二つのパーティがともに下降を続けていると、ポーランド人のひとりで有名なアルピニスト、ヴォイチェフ・ヴロス――彼の注意力は低酸素症と疲労で低下していた――が、闇の中で懸垂下降をしていて、うかつにも固定ロープの端から落ちてしまった――その年で七番目の犠牲者だった。翌日、山の基部付近で荷物を運んでいたパキスタン人ポーター、ムハンマド・アリが落石にあたり、八番目の犠牲者となる。

その夏、バルトロ氷河にいたヨーロッパ人やアメリカ人の多くは、当初、アブルッツィ稜を登るのに韓国人が行なったような大掛かりな時代遅れの方法を馬鹿にしていた。だが、日が経ち、山に圧倒されるにつれ、彼らの多くは口々に唱えていた当初の行動方針を黙って放棄し、韓国人によってアブルッツィ稜に据えつけられた縄ばしごやテントを勝手に使うようになった。

ポーランドとオーストリア、そしてイギリスからやって来た七人の男女は、それぞれの本来の登攀計画が失敗に終わると、誘惑に負けてアブルッツィ稜に転進し、ゆるやかに協力し合うことにした。韓国人が頂上アタックの準備をしている頃、その急ごしらえのパーティは山の下部を登っていた。この多国籍〝チーム〟の登攀スピードはまちまちで、ルート上に広く散らばっていたが、韓国人が登頂に成功する前夜、男五人と女二人のそのパーティは全員、八〇〇〇メートル付近にある第四キャンプ――もっとも高所にあるキャンプ――に到着した。

八月三日、雲ひとつない空の下、韓国人が頂上を目指しているときに、オーストリア＝イギリス＝ポーランド隊は頂上アタックを一日延ばすことにして、第四キャンプのテントの中にとどまっていた。どうしてこういう決定を下したのかははっきりしないが、理由はどうあれ、翌四日の朝になって、ようやくヨーロッパ人のパーティが頂上へ向かう頃には、天気が変わり始めていた。「南からチョゴリザを越えて大きな雲が流れてきた」と、その頃すでにベース・キャンプまで下りていたイギリス人クライマー兼映画カメラマンのジム・カランは語る。「どう見ても、天気はかなり悪い方向へ向かっていた。そんなときに登れば大きな危険を冒すことになるのは皆わかっていたにちがいない。でも、K2の頂上が手の届くところにあったら、いつも以上にいちかばちかの賭けに出ようという気持ちになるだろう。あとで考えてみれば、それが大きなまちがいだったのだ」

三十四歳の経験豊かなイギリス人登山家アラン・ラウスと、三十歳のポーランド人女性ドブロスラヴァ・ミヨドヴェシ＝ヴォルフは、真っ先に頂上ピラミッドへと登り始めたが、すぐにミヨドヴェシ＝ヴォルフの体力が尽き、遅れ始める。ラウスは一人でほぼまる一日、骨の折れる作業を続けてルートを切り拓いていったが、午後三時半、頂上のすぐ下まで登ったところで、二人のオーストリア人、四十四歳のヴィリ・バウワーと四十歳のアルフレ

ラウスとイミツァーに追いつかれる。午後四時、三人の男たちは頂上に達した。その結果、ラウスはK2を征した初のイギリス人となり、韓国人が残していった二本の酸素ボンベ用のシリンダーに記念のユニオンジャックを掲げた。下山の途中、頂上から一五〇メートルほど降りたところで、三人組は雪の中に寝ているミョドヴェシ＝ヴォルフを見つける。激しい議論の末、ラウスは引き返すよう彼女を説得して、一緒に下り始めた。

それからまもなく、ラウスは頂に向かう別のメンバー、オーストリア人のクルト・ディームベルガーとイギリス人女性ジュリー・タリスに会う。五十四歳のディームベルガーは西ヨーロッパでは有名な、二世代に及ぶ長い経歴を持つ伝説的な登山家だ。彼はかつて、かの有名なヘルマン・ブールのパートナーを務めたこともあり、八〇〇〇メートル峰八座に登っている。また、ディームベルガーの弟子であり、非常に親密な友人でもある四十七歳のタリスは、ヒマラヤの経験は浅いものの、きわめて強固な意志と体力の持ち主であり、一九八四年にはディームベルガーとともにブロード・ピークの登頂に成功していた。二人揃ってK2に登るのは、彼らの数年来の夢だった。

時間も遅く、天気も急速に悪くなっていることから、ラウスとバウワーとイミツァーは、ディームベルガーとタリスに登頂をあきらめ、山を降りるように説得する。二人は彼らの忠告をじっくりと考えた。だが、ディームベルガーがのちにイギリスの新聞に語っているように、「これまでの数年間のことを考えると、最後には挑戦したほうがいいという結論に達した。ジュリーも『ええ、登り続けましょう』と言ってくれた。危険な賭けだということはわかっていたが、山登りには正当化できる賭けもあるのだ』。午後七時、ディームベルガーとタリスは頂上に達し、自分たちの賭けがまさに正当化されたかのように思えた。二人は抱き合い、タリスは感動して言った。「クルト、とうとう夢がかなったのね。K2はいま、私たちのものよ」。十分ほど頂上にとどまって、写真を何枚か撮ってから、夕暮れが夜の冷たい暗闇に変わる頃、二人は一五メートルのロープで結び合って下降を始めた。

　頂上を離れてまもなく、ディームベルガーの上部にいたタリスが滑落した。ディームベルガーは語る。「一瞬だけ、私は彼女を支えられると思った、でも、あっというまに、二人揃って、巨大な氷の崖がその先に待ちかまえる急斜面を滑り始めた。私は思ったよ。『くそっ、これで終わりなのか』とね」。ベース・キャンプを発ったとき、二人は山の基部で、三週間前に上部の斜面から三〇〇〇メートル滑落したリリアヌ・バラールの遺体に偶然出くわしていた。そのバラールの滅茶苦茶に破壊された体のイメージが、滑落しているディームベルガーの頭に閃光のように浮かんだ。「同じことが私たちの身に起こりつつある」と彼は絶望の淵で考えた。

　しかし、どうしたわけか、氷の崖の縁から飛び出す前に、彼らは奇跡的に滑落を止めることができた。そのあとは、闇の中でふたたび滑落することを恐れて下山を中止し、雪に間に合わせの浅い穴を掘り、高度八二三〇メートルの吹きさらしの中で震えながら朝までの時間を過ごした。二人は一夜を生き抜いたが、朝になると嵐はますます本格的に襲いかかり、タリスの鼻と指の凍傷は悪化し、目も見えなくなってきた――脳浮腫の初期症状の可能性があった。それでも、昼までに二人が第四キャンプのテントにたどり着き、五人の仲間と再会したとき、最悪の事態は過ぎ去ったように思えた。

その日、時間が経つにつれ、嵐はますます激しさを増した。大量の雪が降り、風は時速一八〇キロを超え、気温は零度をはるかに下回った。ディームベルガーとタリスのテントは嵐に潰され、ディームベルガーはラウスとミョドヴェシ＝ヴォルフのテントにもぐり込み、タリスはバウワーとイミツァー、そして頂上には行かなかったオーストリア人ハンネス・ヴィーザーのテントに移る。

嵐がさらに激しさを増していった翌八月六日の夜、寒さと高度、滑落の苛酷な体験、そして厳しいビバークといった要素が結びついて、タリスの状態が悪化し、やがて彼女は息を引き取る。朝になり、タリスの死を知らされたディームベルガーは打ちひしがれた。その日の夜、六人の生存者は最後の食糧を食べきり――さらに不吉なことに――最後の燃料も使い果たし、雪を溶かして飲み水を作ることもできなくなった。

続く三日間で、彼らの血液は濁り、体力は完全に衰え、ディームベルガーによれば「夢と現実を区別するのが難しい段階にまでなった」という。奇妙な幻覚症状と現実のあいだをさまよっていたディームベルガーは、ラウスがほかのメンバーより早く衰弱し、最後には譫妄《せんもう》状態から覚めなくなるのを見ていた。ラウスは頂上に登った日に一人でルートを切り拓いたために、体力と体内の水分を使い果たしてしまったようだった。ディームベルガーはそのときのことをこう語る。ラウスは「水のことしか話さなかった。でも、水はまったくなかった。一滴もだ。雪を食べようとしても、あまりにも冷たく乾燥していて、口の中でほとんど溶けてくれなかった」

嵐が弱まる気配もないまま五日間が過ぎた八月十日の朝、気温はマイナス三〇度にまで下がり、相変わらず強風が吹き荒れてはいたが、雪はやみ、青空が広がった。まだ何とか意識がはっきりしていた者たちは、いますぐに行動を起こさなければ、山を降りる体力が完全に失われると考えた。

ディームベルガー、ミョドヴェシ＝ヴォルフ、イミツァー、バウワー、ヴィーザーはすぐに下降を開始した。半昏睡状態のラウスを下山させるのは不可能だと考え、できるだけ暖かい格好をさせて、テントに残した。ひとりとしてラウスにもう一度会えるという幻想を抱いた者はいなかった。実際、五人の意識のある生存者たちも極度に衰弱しており、彼らの下降はまもなく、「自分の身は自分で守る」しかない状況へと悪化していった。

キャンプから数十メートル離れたところで、ヴィーザーとイミツァーは腰まである深い雪の中を進む力がなくなった。ディームベルガーは言う。「励まして下山させようとしたが、アルフレートはただ弱々しく返事をするだけだった。何も見えないとつぶやいていた」。ヴィーザーとイミツァーを倒れた場所に残したまま、バウワーが道を切り拓き、三人で苦しい下降を続ける。数時間後、ミョドヴェシ＝ヴォルフが遅れ、二度と追いついてこなかった。パーティはとうとう二人にまで減ってしまった。

バウワーとディームベルガーは七三〇〇メートルにある第三キャンプまで降りたが、そこには雪崩で壊滅したキャンプ跡があるだけだった。彼らはさらに六四〇〇メートルの第二キャンプを目指し、日が暮れてから、食糧と燃料とテントのあるそのキャンプにたどり着く。

ジム・カランによれば、その頃にはベース・キャンプにいた誰もが、「山にいるクライマーたちの生存を完全に絶望視していた」という。だから、その次の晩、闇の中に「モレーンの上をよろよろとキャンプに向かって歩いてくる幽霊のような人影を見た」とき、みんなが自分の目を疑った。

その幽霊はバウワーだった――ひどい凍傷にやられ、極度の疲労と脱水症状で話をすることもできず、辛うじて生きていた。彼がやっとのことで、ディームベルガーも上のどこかでまだ生きていると伝えると、カランとポーランド人クライマー二人がすぐに彼を探しにいった。彼らは真夜中にディームベルガーを発見し、固定ロープを使って第二キャンプから第一キャンプへと移送した。そして、翌日、まる一日かけて彼をベース・キャンプへと降ろす。八月十六日、ディームベルガーとバウワーはベース・キャンプからヘリコプターで病院へ運ばれ、数か月間入院して、手足の指を何本も切断することになった。

この最後の大惨事はかなりねじ曲げられてヨーロッパへ伝わり、大ニュースとなった。当初、特にイギリスのマスコミは、ラウスを第四キャンプに置き去りにしたとして、かつての英雄ディームベルガーを非難した。そのラウスは、八月五日に高所にあるキャンプからさっさと無事に降りてくる代わりに、一晩がかりで頂上から苦しい下山をしてくるディームベルガーとタリスを待っていたではないか、と。

カランはそういった非難はまちがっていると主張する。彼の考えはこうだ。ラウスとほかの者たちが八月五日に第四キャンプに残っていた第一の理由は、ディームベルガーとタリスを待つためではなく、「前日からの疲れがかなり残っていて、さらに嵐のせいで第四キャンプから第三キャンプへのルートを見つけるのが非常に困難だったからにちがいない。第四キャンプのまわりには目印と言えるものがほとんどなく、ミッシェル・パルマンティエも似たような状況でそこを降りようとして、危うく迷いそうになったことは誰もが知っていた」

カランはこうも言う。ようやく第四キャンプからの下山を始めたときには「ディームベルガーもヴィリ・バウワーも、ラウスを生きたまま山から降ろすのは到底不可能な状態だった。自分たちも死にかけていたからだ。想像を絶するほど絶望的な状況だ。遠く離れたところにいた人間がそのことに判決を下すことはできないはずだ」と。

だが、そうは言っても、一九八六年の事件の顚末を、三十三年前にK2の同じ場所で、よく似た苦境に立たされた八人の登山家の行動と比べずにはいられない。チャールズ・ハウストン博士率いるアメリカ隊の登山家たちは、当時未踏だったアブルッツィ稜のルート上七六〇〇メートル地点にキャンプを張り、頂上アタックの準備をしていた。そのとき、彼らは桁外れの猛吹雪に襲われ、九日間テントに釘づけになる。嵐がおさまりかけた頃、アート・ギルキーという若い登山家が血栓静脈炎という生死に関わる病に倒れた。高度と脱水状態によって静脈の流れが悪くなる病気だった。

ギルキーの七人の仲間たちは、ディームベルガーとその仲間たちよりははるかに良い状態ではあったが、万全の体調ではなかった。また、ギルキーが生きられる可能性はほとんどなく、彼を救うにはほかの者全員の命を危険にさらすこともわかっていた。ハウストンは言う。それでも「彼らの絆はきわめて強くなっていたので、ギルキーを置き去りにして自分たちだけが助かろうという考えはまったく浮かばなかった──たとえ彼が病気で死ぬかもしれないにしても、置いていこうとは夢にも思わなかった」。結局、下山の途中で、ギルキーは雪崩に巻き込まれて死亡する。だが、仲間全員が危うく命を落としそうになりながらも、その苦い結末に至るまで彼を決して見捨てなかったことに、誰もが感動せずにはいられない。

ギルキーを見捨てないという一九五三年の決定が、究極の英雄的な行為なのか、あるいは愚かで感傷的な行為なのかは議論の余地が残るところだが、もし、偶然にも雪崩が仲間の手からギルキーをさらっていかなければ、彼らの勇敢な行為は、一人のために八人が命を落とすという結果に終わったかもしれない。そういった観点で見れば、一九八六年にK2での生存者が下した、衰弱し、死期が迫った仲間を置き去りにするという決定は、薄情で卑怯な行為ではなく、むしろかなり分別のある決断のように思える。

だが、たとえディームベルガーとバウワーの行動が正当だとしても、さらに厄介で大きな問題が残る。どんなスポーツにおいても、さらなる大きな挑戦を追い求めるのが自然の姿だ。そして、スポーツがそういうものである以上、さらに大きな危険が冒されることになるのではないだろうか。文明社会は、死をありうべき結末として容認する傾向が増大しているようなスポーツを許し続けてよいのだろうか？　ましてや誉め賛え続けてよいのだろうか？

人々がヒマラヤに登り続ける限り、そこでは同時に高い確率で人が死に続ける。だが、一九八六年のK２での大量の死者数は、それとは別の問題だ。最近のかなり包括的なデータを分析すると、ヒマラヤ登山の開始から一九八五年までに、八〇〇〇メートル峰の登攀を試みて生還しなかった人間の数は三十人に一人の割合であった。それに対して、八六年夏のK２でのその割合はほぼ五人に一人という驚くべき数字だ。

この気がかりな数字は、ここ十五年間でラインホルト・メスナーがヒマラヤで打ち立てた数々の素晴らしい成果に、少なくともいくらかは原因があると言えるだろう。おそらく、メスナーの栄光が、彼と張り合おうとしている何人かの人間の判断を狂わせたであろう。メスナーが開拓した大胆な新境地は、彼をその間生かし続けた超人的な〝登山センス〟を持たない多くのクライマーに根拠のない自信を与えた。フランスやポーランドからやって来たひと握りのアルピニストは、メスナーが始めた賭け金の高いゲームのテーブルに着く資格を持っているかもしれない。だが、そういったゲームの敗者がときに非常に大きなものを失うという現実を見失っている者たちもいるように思える。

カランは、八六年夏のカラコルムであれだけ多くの人が死んだ理由を一般論で語ることはできないと警告している。「登攀に固定ロープを使おうが使うまいが人は死ぬ。山の頂上でも、山の基部でも人は死ぬ。年老いていようと若かろうと死ぬのだ」と。

だが、カランはさらにこうも言う。「大半の死に共通点があるとすれば、それは、多くの人が並々ならぬ野心を持っており、K２を登ることで多くのものを得る——そして、多くのものを失う——ということだ。カーサロット、オーストリア人たち、アラン・ラウス、バラール夫妻はみな、野心を抱きすぎた者たちだと言えるだろう。もし、アルパイン・スタイルで八〇〇〇メートル峰を登ろうとするなら、失敗の余地を残しておかなければならない」

その夏、Ｋ２に登ったあまりにも多くの人々が、その余地を残しておかなかったように思える。

デヴィルズ・サム

州間ハイウェイに入ると、目を開けているのが辛くなった。フォートコリンズからララミーまでの曲がりくねった二車線のアスファルト道路ではそんなことはなかったのに、ポンティアックが州間ハイウェイ八〇号の滑らかな直線に入ると、タイヤが立てるシューという眠気を誘う音が、目を覚ましていようとする私の意識を枯れ木に巣くうアリのように蝕み始めた。

その日の午後、九時間ぶっ続けで2×10インチの板を何枚も運んだり、厄介な釘打ちに励んだりしたあとで、私はボスに仕事を辞めることを伝えた。「いや、二、三週間先の話じゃないんだ、スティーヴ。いますぐ辞めたいんだ」。ボウルダーでの住まいとなっていた錆の浮いた建築現場のトレーラーから三時間もかけて山道具や細々《こまごま》とした所持品を運び出した。すべてを車に積み込むと、パール・ストリートを走って〈トムズ・タヴァーン〉に行き、一杯のビールで祝杯を上げた。そして私は旅立った。

午前一時、ローリンズの東約五〇キロのところで、一日の疲れがどっと出た。すばやい脱出のおかげで体中にみなぎっていた浮き立つような幸福感が圧倒的な疲労に変わり、私は急に骨の髄までぐったりするのを感じた。真っすぐに延びるハイウェイには、地平線のかなたまで車の姿はなかった。車外の夜の空気は冷たく、荒涼としたワイオミングの平原が、ルソーの『眠れるジプシー女』の絵のように月光を浴びて輝いている。不意に、あのジプシーのように、星の下で横たわり、眠ってしまいたいと心から思った。目を閉じた――ほんの一瞬だけだが、それは至福の瞬間だった。わずかしか保たないにせよ、元気を取り戻せたような気がした。アイゼンハワーの時代に製造されたがっしりとしたビヒモスのようなポンティアックは、長いこと使い込んだショック・アブソーバーに乗って大海の波に浮かぶ筏《いかだ》のように道路を浮遊している。遠くに見える石油掘削機の灯りが、励ますように瞬いていた。もう一度目を閉じ、さっきよりも少しだけ長くそのままでいた。セックス以上の快感だ。

数分後、私はふたたびまぶたを閉じた。今度はどのくらいのあいだ、うとうとしていたのだろうか――五秒くらいか、いや、三十秒かもしれない。目を覚ますと、ポンティアックが時速一〇〇キロで土の路肩を荒々しく突き進む不愉快な震動が体に伝わってきた。車はいつ茂みに突っ込んで横転してもおかしくなかった。後輪が六、七回激しくスリップした。だが、私は荒れ狂うマシンをパンクもさせずにどうにか舗装道路に戻し、そのまま惰性で走らせて、少しずつスピードを緩め、ゆっくりと停めるのに成功した。ハンドルをしっかりと握り締めていた手を緩め、胸の動悸を静めるために何度か深呼吸する。それから、シフトレバーをもう一度ドライブに入れ、ハイウェイを走り続けていった。

車を道路の脇に寄せ、ひと眠りするのが賢明だったろうが、自分の人生を変えるためにアラスカを目指している二十三歳の私の頭には、「忍耐」という文字は露ほども浮かばなかった。

一年四か月前、私はパッとしない成績で、しかも売りものになるような技術は何ひとつ身につけずに大学を卒業した。四年間断続的に続いていた恋人との仲――私の人生で初めての真剣な恋愛――は、結論を引き延ばしすぎたために、締まりのない終幕を迎えた。その後、一年近く経ったが、ベッドをともにするような相手は皆無だった。食べるためにプレハブ住宅建築の大工として働いた。クソ重い合板を何枚も担ぎ、ぶつぶつと文句を言い、次の休憩までの時間を数え、いくら落としてもすぐにまた首のうしろの汗にへばりつくおがくずを払いながら。いずれにしても、時給三ドル五十セントで分譲アパートや建売住宅を建て、コロラドの景観を破壊していくような仕事は、私が少年時代に夢見ていたものではなかった。

ある晩遅く、私は〈トムズ〉のスツールに腰掛け、こういったことすべてについてあれこれ考えながら、惨めな気持ちで実存のかさぶたをいじりまわしていた。すると突然、自分の人生のまちがいを正すためのある計画が頭にひらめいた。それは驚くほど単純で、考えれば考えるほど素晴らしいことのように思えた。ビールのピッチャーを一杯飲み干す頃には、その計画はまさに完全無欠に思えてきた。その計画とは、アラスカにあるデヴィルズ・サム（悪魔の親指）という山を登ること、ただそれだけだった。

デヴィルズ・サムは花崗閃緑岩の尖峰で、コンパスのどの方位から見ても堂々たる山姿をさらしているが、特に北からのそれが素晴らしい。未登の巨大な北壁は、基部の氷河からすっきりと垂直に一八〇〇メートルそびえ立っている。高度差はヨセミテのエル・キャピタン（世界最大の花崗岩の塊と言われる大岩壁）の二倍。北米大陸でもっとも大きな花崗岩壁のひとつであり、世界でも有数の大岩壁といえる。アラスカへ行ってスキーでスティキーン氷原を横断してデヴィルズ・サムへ向かい、その悪名高い北壁の初登攀をやろう。二杯目のピッチャーが半分になった頃には、それをすべて単独でやるのが、格別素晴らしいことのように思えた。

そのときから十二年以上の月日が流れ、これを書いているいまとなっては、なぜ、一人でデヴィルズ・サムに登れば人生が変わると思ったのかさえはっきりしない。それは、クライミングこそ、それまでの人生で私が初めてにして唯一得意になったものだったからかもしれない。この計画のお粗末な根拠は、若さゆえのやみくもな情熱と、ニーチェやケルアックやジョン・メンラヴ・エドワーズ――最後の男は深い悩みを抱いた作家兼精神科医で、その時代の卓越したイギリス人ロック・クライマーのひとりだったが、一九五八年に青酸カリのカプセルで自らの生涯にピリオドを打っている——の作品の読みすぎによってしっかり補強された。

エドワーズ医師は、クライミングをスポーツではなくむしろ〝精神神経症的傾向〟と見なしていた。彼が山に登るのは楽しむためではなく、彼の存在の核となっている精神的苦悩からの逃げ場を探すためだった。一九七七年の春、私は、『ある男からの手紙』というエドワーズの短編の一節に特に心を引かれたのを覚えている。

たしかに、君の想像どおり、私の体は充分に成長したが、心は過敏で飢えていた。それは常に何かを、触れることのできる何かを求めていた。現実性のあるものを必死に探し求めていた。いつもそれが、そこにないかのように……

だが、君はすぐに私のやっていることを目にする。私は攀じ登っている。

こんな散文に心を奪われた一人の男に、サムが無線の電波のように合図を送ってきたのだ。計画に賭ける私の信念は揺るぎないものになった。自分が能力以上のことをしようとしているのは何となくわかっていたが、もし、なんとかデヴィルズ・サムの頂に登れたら、そのあとはすべてがうまくいくにちがいないと信じていた。そういうわけで、ポンティアックが危うく大破しそうになってアドレナリンが放出され、気分が浮き立った私は、アクセルをさらに少し踏み込み、スピードを上げて闇の中を西へとひた走った。

実は、車ではデヴィルズ・サムのすぐ近くまで行くことはできない。山はアラスカと、カナダのブリティッシュ・コロンビア州の境にあるバウンダリー山脈中にそびえていて（八九頁地図参照）、近くに、船か飛行機でしか行けないピーターズバーグという漁村がある。ピーターズバーグまではジェット機の定期便が飛んでいるが、ポンティアックと現金が二百ドルという私の頼りない資金では、片道の飛行機代にも足りなかった。そこで、私はワシントン州のギル・ハーバーまで車で行き、そこからは乗組員が不足している北へ向かう底引き網漁の船に乗せてもらった。五日後、オーシャン・クィーン号が燃料と水を補給するためにピーターズバーグへ立ち寄ったとき、私は船から飛び降りて、ザックを担ぎ、雨が降りしきるアラスカの波止場を歩き出した。

ボウルダーでは、サムに登る計画を話すと誰もが木で鼻をくくったようにこう言った——マリファナの吸い過ぎだ。どうしようもなくくだらない思いつきだ。クライマーとしての自分の能力を過大評価しすぎている。一人きりで一か月もやり抜けるはずがない。クレバスに落ちて死ぬに決まっている、と。

だが、ピーターズバーグの住人の反応はちがった。アラスカに暮らす人々は、突飛な考えを抱く人間に慣れている。なにしろ、その州に住むかなりの数の人々が、ブルックス山脈でウランを採掘したり、日本人に氷山を売ったり、通信販売でムースの糞を扱ったりといった現実離れした計画を胸に抱いているのだ。私が会ったアラスカ人の多くは、たとえ反応したとしても、デヴィルズ・サムのような山に登ればどのぐらい金が儲かるのかと聞くだけだった。

いずれにしても、サムを登る魅力のひとつ――そして、登山というスポーツ全般の魅力のひとつ――は、他人が何と思おうがいっさい関係ないという点にあった。計画を実行に移せるかどうかは、人事管理者や承認委員会や認可評議会や苦虫を噛み潰したような顔をした審判団の承認で決まるわけではない。岩と氷のミックスした未登の壁を狙いたいと思ったら、すべきことはただひとつ、その山の基部へ行って、ピッケルを振るい始めることだけだ。

ピーターズバーグは島にあり、デヴィルズ・サムは本土にそびえている。サムの基部に達するには、まず最初に海を四〇キロ渡らなければならない。私はほぼまる一日波止場をうろついて、私を乗せてフレデリック海峡《サウンド》を渡ってくれる船を探したが見つからなかった。そんなとき、偶然バートとベンジャミンに出くわした。

髪をポニーテイルに結んだバートとベンジャミンは、〈ホダッズ〉というウッドストック・ネイションの植樹を行なう団体のメンバーだった。私は彼らと話をし、以前自分も木を植える仕事をしていたと言った。彼らは〈ホダッズ〉から、翌朝、本土にあるキャンプ地まで行くのに水上機をチャーターする許可を得ているという。「あんた、今日はついてるな」とバートが私に言った。「二十ドルで飛行機に乗せてやるよ。これで、カッコよくそのすごい山に乗り込めるわけだ」。こうして、ピーターズバーグに着いて一日半後の五月三日に私は〈ホダッズ〉のセスナを降り、トマス湾の外れにある干潟へ渡り、奥地への長い徒歩旅行を始めたのだった。

デヴィルズ・サムはスティキーン氷原から突き出している。この氷原は、多くの氷河が網の目のようにつながった巨大な迷路で、カナダのブリティッシュ・コロンビア州との境に細長く延びたアラスカの山々をタコのように抱き、国境に沿った岩だらけの高地から海へと無数の触手をくねくねと伸ばしている。トマス湾の岸に上がると、私はいちかばちか、その数ある凍結した触手のひとつであるベアード氷河に賭けてみた。それが、約五〇キロ先にあるサムの基部へと安全に導いてくれることを願って。

砂利の浜を一時間歩くと、ねじ曲がったベアード氷河の青い氷の先端に出た。私はピーターズバーグのきこりから、そのあたりの海岸地帯ではグリズリー・ベアに用心を怠らないようにと忠告を受けていた。「あの辺のクマは、いまちょうど冬眠から覚める時期だからな」と彼は笑って言った。「冬のあいだ何も食べてないから、ちょっと怒りっぽくなってるぞ。でも、いつも銃を手元に置いておけば、何の問題もない」。問題は私が銃を持っていないことだった。だが、結局、私が遭遇した唯一の危険な野生動物といえば、ヒッチコック映画に出てくる狂暴な鳥のように私の頭めがけて急降下してくるカモメの群れだけだった。空からの攻撃やら、クマの心配やらで、気を緩める暇もなかったが、ようやく私は海岸に背を向けてアイゼンを着けると、生き物の気配もない広々とした氷河の先端に足を踏み入れた。

五、六キロ登ったところで雪線までたどり着き、アイゼンをスキーに履き替えた。足にスキー板をつけたので、背中に背負った恐ろしく重い荷物が約七キロ減って、しかも速く進めるようになった。だが、氷上の雪が、氷河にぽっかりと口をあけた多くのクレバスを隠してしまったから、単独歩行はかなり危険なものになった。

このことをあらかじめ予想していた私は、シアトルで金物屋に立ち寄り、長さ三メートルの太いカーテンレールを二本買っておいた。雪線まで登ったところで、その二本の棒を十字に結びあわせ、雪面に対して水平になるようにザックのヒップベルトに取り付けた。奇妙なブリキの十字架をつけて、重すぎるザックを担ぎ、よろめきながら氷河をとぼとぼと登っていると、自分が風変わりな贖罪苦行者にでもなったような気がした。だがこれで、たとえヒドゥン・クレバスの上に薄く積もった雪を踏み抜いたとしても、カーテンレールが、クレバスの縁《ふち》に引っかかり——ぜひともそうあってほしいものだ——、ベアード氷河の冷たい腹の中に落ちるのを防いでくれるはずだ。

スティキーン氷原に最初に足を踏み入れたクライマーは、ベスター・ロビンソンと、アメリカに移住したドイツの伝説的アルピニスト、フリッツ・ヴィースナーだ。彼らは一九三七年にバウンダリー山脈で嵐の一か月を過ごしたが、大きな山には登れなかった。ヴィースナーは一九四六年にドナルド・ブラウンとフレッド・ベッキーを連れて、スティキーンでもっとも威圧的にそびえる山、デヴィルズ・サムを登るためにふたたびこの地を訪れる。その遠征でヴィースナーは歩行中に転落して膝に重傷を負い、嫌気がさして足を引きずりながら帰ってしまったが、ベッキーは同じ年の夏にボブ・クレーグとクリフ・シュミトケとともに、再度その山に挑戦した。山の東稜で何度か試登を繰り返し、かなり難しい登攀を行なった挙句、八月二十五日、ベッキーとその仲間は疲労困憊してめまいを感じながら、ウエハースのようにほっそりしたサムの頂に腰を下ろした。これは、それまでにアラスカで行なわれた登攀の中でもっとも高度の技術を要するもので、アメリカ登山史に重要な一ページを記す出来事だった。

その後の数十年間で、異なる三つのパーティがサムの登頂に成功しているが、三隊とも巨大な北壁を避けている。私は彼らの遠征記を読んで、どうして誰も、少なくとも地図上ではもっともやさしく、もっとも論理的に見えるベアード氷河側のルートから登らないのだろうと不思議に思った。だが、ベッキーが書いた記事を読んで多少納得がいった。記事の中でその天才登山家は「ベアード氷河からデヴィルズ・サム近くの氷帽に至るまでには、長く、急峻なアイスフォールが立ちふさがっている」と警告していたのだ。しかし、私は航空写真をじっくりと検討した結果、ベッキーはまちがっていると判断した。アイスフォールはそれほど大きくもなければ、それほど厄介なものではないように見えた。そして、ベアードを通っていくのが、実はその山への最良のルートであると確信した。

二日間、私はこんなにも賢明なサムへの道を発見した喜びをかみしめながら、なにごともなく氷河を着実に進んでいった。三日目に、長い腕のように延びたベアード氷河が本流の氷河と合流しているスティキーン氷原の源頭に着いた。そこで、氷河はいきなり高い台地の端から溢れ出し、グサグサに砕けた氷がめまぐるしく変化しながら、二つの峰のあいだのギャップを抜け、海のほうへと落ちている。そのアイスフォールをひと目見ただけで、私は写真とは異なる印象を抱いた。一・六キロ離れた場所からその恐ろしげな光景を眺めたときに、コロラドを発ってから初めて、このデヴィルズ・サムへの旅は自分がこれまでに思いついた最高のアイデアではなかったかもしれないという思いが頭をかすめた。

アイスフォールはクレバスと不安定なセラックの迷路だった。遠くから見ると、それは酷い列車事故の跡を思わせた。何両もの白い幻のような列車が氷帽の先端で脱線し、斜面をごろごろと転がり落ちているのだ。近づいてみると、さらに不気味さが増した。幅一二メートル、深さ八〇メートルのクレバスの前では、私の三メートルのカーテンレールなど取るに足らない防備でしかなかった。アイスフォールを通り抜けるルートを見つけ出せないでいるうちに風が強まり、不意に降り出した横殴りの雪が私の顔を叩き、視界はほぼゼロに近くなった。

せっかちな私はとりあえず進み続けることにした。その日はほぼ一日中ホワイトアウトの迷宮の中を手探りで進み、何度も行き止まりにぶつかっては、来た道を引き返した。幾度となく出口を見つけたと思ったが、結局は、群青色の袋小路に行きつくか、まわりから切り離された氷柱のてっぺんで立ち往生する始末だった。加えて、足元から聞こえてくる音が、必死で歩く私のあせりをつのらせる。きしむような音と鋭い破裂音――モミの木の大枝がゆっくりとたわんでもう少しで折れそうになっているときに聞こえるような音――があちこちから響いてきて、氷河は動くもの、セラックは崩れるものだということを思い知らされた。

崩壊する氷の壁に押し潰されるのも怖かったが、それ以上に恐ろしいのはクレバスに落ちることだった。底が見えないほど深い裂け目に架かる一本のスノー・ブリッジに片足を踏み出したときは、さらに恐怖がつのった。そのすぐあとで、私は別のスノー・ブリッジを踏み抜き、腰まで落ち込んだ。カーテンレールのおかげで、その下の深さ数十メートルの穴からは逃れたが、自力で這い上がったあと、吐き気を覚えて体をくの字に折り曲げた私は、クレバスの底で骨折した体を横たえ、自分がどこでどんな最期を迎えたかさえ知られることなく死を待っているのはどんな気持ちだろうと考えた。

ようやくにしてセラックの斜面を登りきり、風がすべてを吹き飛ばす何ひとつない広々とした氷の台地へ出たときには、夜のとばりが降りかけていた。放心状態で、体の芯まで冷えきっていたが、アイスフォールが立てる恐ろしい音が聞こえないところまでスキーを走らせた。テントを張ってシュラフにもぐり込み、震えの止まらぬまま、途切れがちな眠りに落ちた。

デヴィルズ・サムに登るという計画は、一九七七年の春までは頭の隅にもなかったが、その山は約十五年のあいだ——正確には、一九六二年の四月十二日から——私の心の奥に潜んでいた。それは私の八歳の誕生日のことだった。その日、いざバースデープレゼントをもらう段になって、両親は私にプレゼントを選ばせてくれると言った。始まったばかりのシアトル・ワールドフェアに連れて行ってもらい、モノレールに乗って、スペース・ニードルを見るか、あるいは、晴れた日には私の部屋の窓から見えるオレゴンで三番目に高いサウス・シスターという休火山に行き、初歩的な山登りをするか、どちらかを取れということだった。選ぶのは難しかった。私は長いこと考えあぐねた末、最後に山登りに決めたのだった。

父は私に登山の厳しさを教えるために、『登山——山々の自由』という一冊の本を手渡した。それは当時一番よく読まれていた登山入門書で、ボウリングのボールよりわずかに軽いぐらいの分厚い本だった。それ以来、私は目を覚ましているときはほとんどその本に読みふけり、複雑なピトン技術やボルトの打ち込み方、肩梯子やテンション・トラヴァースの方法を頭に叩き込もうとした。だがあいにく、私の初登山にはそういった技術はひとつとして必要なかった。サウス・シスターは厳しい登山とはまったく無縁の山で、そこで要求されるのは技術的な能力ではなく、歩くための体力だけだった。実は、その山には毎夏何百人もの農家の人やペットや小さい子どもが登っていた。

だからといって、両親と私がその巨大な火山を征服できたわけではない。私はかの入門書のそこかしこに載っているスリルあふれる場面を読んで、登山とは常に死と隣り合わせのものなのだと思い込んでいた。そして、サウス・シスターを半分まで登ったところで、突然それを思い出したのだ。たとえ滑落しようとしたところで不可能な、二〇度の傾斜しかない雪の斜面の真ん中で、自分はいま、死の危機に瀕しているのだと考え、私は大声で泣き出した。それで初登山は終わった。

だが、サウス・シスターで大失敗したにもかかわらず、私の登山に対する興味はますます高まった。そして、憑かれたようにあの『登山』の熟読を再開する。私はその本に書かれていた登山の恐怖のようなものに魅せられていた。ブーツ・アックス・ビレイや、ビルジリ・レスキューといった奥義を解説するために描かれている多くのイラスト——ほとんどが粋なチロル帽をかぶった小男の漫画だった——に加えて、その本には太平洋岸北西部とアラスカにある主要な山々のモノクローム写真が十六葉も載っていた。どの山も素晴らしかったが、中でも一四七ページに掲載された写真はもっとも印象的で、それを見ると鳥肌がたった。氷河学者のメイナード・ミラーによる空撮写真で、氷で覆われた異様に不気味な黒い岩塔が映っていた。その山のどこにも安全無事な場所はないように思え、実際にそれを登る人がいるとは想像もできなかった。ページの下のほうにその山の名が記されていた。デヴィルズ・サム。

ひと目見ただけで、その写真――デヴィルズ・サムの北壁――はほとんどポルノグラフィー的な力で私を魅了した。その後十五年間にわたり、何百回も――もしかしたら何千回も――本棚から『登山』を取り出しては、一四七ページを開き、じっと見入った。私は幾度となく想像をめぐらせた。この親指の爪ほどの薄っぺらい頂上山稜に立って、地平線から湧き上がってくる嵐雲を心配しながら、風と厳しい寒さをこらえて体を丸め、両側に切れ落ちた恐ろしい斜面を眺めたら、どんな気分になるのだろうかと。どうやったらそんなところで生きていられるのか。もし、私が北壁の高みにいたら、凍った岩にしがみつき、なんとかして生き抜こうとするのだろうか。それとも、ただちに運命の必然に屈することにして、飛び降りてしまうのだろうか。

私はスティキーン氷原で三週間から一か月ぐらい過ごすつもりでいた。四週間分の食糧と冬用の重いキャンプ用具、そして山ほどもある登攀具をすべて背負ってベアード氷河を運ぶのはぞっとしなかったので、ピーターズバーグを発つ前に山岳パイロットに百五十ドル——残りの所持金すべて——を払い、私がサムの麓に着く頃にダンボール六個分の物資を飛行機から落としてもらうよう手配しておいた。自分がいるはずの位置を彼の地図できちんと教え、私がそこに着くのに三日かかると言っておいた。その日が来たら、天候さえ許せばすぐに飛んでいって空中投下をするとパイロットは約束してくれた。

五月六日、私はサムのちょうど北東にある氷帽の上にベース・キャンプを設営し、空中投下を待った。だが、その後四日間雪が降り続き、飛行機が飛べる状態ではなかった。クレバスが恐ろしくてキャンプから遠く離れることもできず、暇つぶしにときどき少しスキーをするぐらいで、たいがいはテントの中でおとなしく横になり——天井はものすごく低かったので、背筋を伸ばして坐ることもできなかった——、湧き上がる疑念の声と戦いながら、物思いにふけっていた。

日が経つにつれて不安は増した。私には無線を始め外界との連絡手段は何もなかった。スティキーン氷原のこの一帯を最後に人が訪れてから何年も経っていたし、もう一度誰かがここを訪れるのは、さらに何年も先のように思えた。コンロの燃料もほとんど底をつき、食糧はチーズがひとかけに、ラーメンの最後の一パック、それに半箱のココア・パフしか残っていなかった。最悪の場合は、これで三、四日は持ちこたえられるだろうが、それから先はどうすればいいのだろう。ベアード氷河をスキーで下れば、トマス湾には二日で戻れるはずだ。でも、それからピーターズバーグまで乗せていってくれる漁船がたまたまそこを通りかかるまでには、すぐに一週間ぐらいは過ぎてしまうだろう（私を運んでくれた〈ホダッズ〉のメンバーは、二〇キロ以上離れた入り組んで通行不能な海岸でキャンプをしていて、そこへは船か飛行機でしか行けなかった）。

五月十日の夕方、シュラフにもぐり込んだときには、相変わらず雪が降り、強風が吹き荒れていた。朝になったら海岸へ向かうか、それとも最後まで氷帽にへばりつき、食糧や水がなくなって死ぬ前にパイロットが来てくれることに賭けてみようか。その二つの考えのあいだを行ったり来たりしていたちょうどそのとき、蚊の羽音のようなかすかな響きが聞こえてきた。私はあわててテントの入口を開けた。空には雲はもうほとんどなくなっていたが、飛行機はどこにも見えなかった。すると、もう一度、今度はさらにはっきりと音が聞こえた。そして私はついに見た。西の空高く、小さな赤と白の染みが、単調な音を立ててこちらへ近づいてくるのを。

数分後、飛行機は私の真上を通り過ぎた。だが、パイロットは氷河飛行に不慣れで、その土地のスケールを大きく見誤っていた。高度を落としすぎて予期せぬ乱気流に巻き込まれるのを警戒して地上からゆうに三〇〇メートル以上上空を飛んでいたパイロットは——自分では地表すぐ上を飛んでいるつもりだった——、ぼんやりとした夕方の光ではテントを見つけられなかった。私は手を振り、叫んだが無駄だった。その高度からでは、私はまわりに転がっているたくさんの岩と見分けがつかないのだ。それから一時間、彼は氷帽の上を旋回し、不毛の大地を何度も見渡したが、何も見つけられなかった。だが、この見上げたパイロットは、私が直面している重大な危機を察して、あきらめなかった。私は夢中でクレバス用のカーテンレールの先にシュラフを結びつけると、必死に振りまわした。すると、不意に飛行機が機体を傾け、真っすぐに私のほうへ飛んできた。私は喜びの涙が目に溢れてくるのを感じた。

飛行機は連続して三回、テントの上を低空飛行して、そのたびに二個ずつ箱を落とすと、尾根の向こうに消えていった。私はひとり取り残された。氷河がふたたびひっそりと静まりかえり、私は捨てられたような、無防備なまま置き去りにされたような気分になった。気がつくとすすり泣いていた。きまりが悪くなり、泣くのをやめて、声が嗄れるまでみだらなことばを叫んだ。

五月十一日の朝早く目覚めると、空は晴れ上がり、気温はマイナス七度で比較的暖かかった。意外な晴天に驚いた私は、本格的な登攀を始める精神的な準備ができていないにもかかわらず大急ぎでザックに荷物を詰め込むと、スキーを履いてサムの基部へと向かった。それまでに経験した二度のアラスカ遠征で、もしどこかに登るつもりなら、準備が整っていようがいまいが、快晴の日を無駄にしてはならないことを学んでいたのだ。

氷帽の舌端からは小さな懸垂氷河が落ちていて、それが細い通路《キャットウォーク》のようにサムの北壁へとつながり、壁を横切っている。計画では、このキャットウォークを登り、壁の中央にある舳先のような岩の先端まで出るつもりだった。そうすることで、雪崩で磨かれた北壁の危険な下半分を避けようと考えたのだ。

登ってみると、キャットウォークは膝までの粉雪が積もったクレバスだらけの五〇度の雪の斜面だった。深い雪に、歩みは遅々として進まず、大いに消耗させられる。かくして、キャンプを出てから三、四時間後、一番上のベルクシュルントのオーバーハングした壁をフロント・ポインティングで登る頃には、私はすっかり疲れきっていた。おまけに、私はまだ〝ほんとうの〟登攀を始めてさえいないのだ。それが始まるのはそのすぐ上の、懸垂氷河が垂直の岩壁に変わるところからだった。

この岩壁にはホールドがほとんどなく、厚さ一五センチの脆い霧氷で覆われていて、どう見ても登れそうになかった。だが、大きく突き出ている岩のちょうど左側に、雪解け水が凍結した帯となって輝いている本を開いたようなコーナー――クライミング用語で言うオープン・ブック――があった。この氷の帯が六〇メートルから一〇〇メートルほど真っすぐ上に続いていて、もし、その氷がピッケルのピックを支えられるほど硬いものであれば、そこを登っていけるはずだった。雪の斜面に、しばらくのあいだ足裏に感じられる最後の平らな地面となる小さなテラスを切り出すと、キャンディバーを食べ、考えをまとめた。十五分後、ザックを担ぎ、コーナーの基部まで少しずつ移動した。そして、右手のピッケルを厚さ五センチの氷に慎重に振るった。粘りのある硬い氷で、できればもう少し厚みが欲しかったが、それを除けば完璧だった。私は前進を開始した。

ルートの傾斜はきつく、景観は壮大で、私は空間にさらけ出されてめまいを感じた。登山靴の足下で、岩壁は、はるか一〇〇〇メートル下の薄汚れた雪崩の跡が丸く広がるウィッチズ・コールドロン氷河までなぎ落ちている。頭上にある舳先のように突き出した岩壁は、垂直に八〇〇メートル上の頂上岩稜へと神々しくそびえている。片方のピッケルを叩き込むたびに、その距離が五〇センチずつ縮まった。

高く登れば登るほど、私の気分はだんだんと楽になった。山と私を、この世と私をつないでいるのは、釉薬《ゆうやく》のような氷に一センチばかり突き刺さったクロムモリブデンの六本の薄い爪だけだというのに、私は無敵で、メキシコの安ホテルの天井を這うトカゲみたいに、重力からすっかり解放されたように感じ始めた。困難な登攀を開始した直後は、特に単独登攀《ソロ・クライム》の場合には、背中を引っ張られ、奈落へ引きずり込まれそうな気がしてならないものだ。深淵の呼ぶ声や、その激しい渇望を常に感じることになる。それに耐えるには言語に絶する意識的な努力が必要だ。一瞬でも気を緩めてはいけない。虚空から聞こえてくる魅惑的な歌に苛立ち、動きはためらいがちに、ぎこちなく、ぎくしゃくとしてくる。だが、登り続けるにつれて、露出感にも、死が肩に触れていることにも慣れてきて、自分の手や足や頭が信頼できるようになる。自分の自制心を信じることを学ぶのだ。

やがて、注意力が極度に高まり、もはや指の関節の皮がむけていることも、腿の痙攣も、集中力の持続による疲労も気にならなくなる。催眠術にかかったような状態になって、作業の辛さを感じなくなり、登攀は鮮明な夢となる。数時間が数分のように過ぎていく。鬱積した罪悪感、日常生活の細々《こまごま》とした問題——道徳的堕落、未払いの請求書、逸した好機、ソファの下の埃、うんざりするような家族のしがらみ、避けようのない遺伝子の牢獄——は、一時的に忘れさられる。圧倒的に明確な目的と目の前にある課題の深刻さによって、頭の中から押し出されるのだ。

そうした瞬間には、幸福感のようなものがたしかに胸に湧き上がってくるが、それはあまり強くすがりたい類の感情ではない。単独登攀では、すべての行動は強烈な自負心によってまとめられているにすぎないが、その接着力はさほど頼りにはならない。その日遅く、サムの北壁で、私はそのニカワがピッケルのひと振りで崩れるのを感じた。

そのとき、私はアイゼンの前爪とピッケルのピックだけで、懸垂氷河からすでに高度にして二〇〇メートル近くを登っていた。雪解け水が凍った帯は一〇〇メートルほどで終わっており、そこから先は、脆い羽根のような霧氷が続いていた。氷は辛うじて体重を支えられるくらいの硬さだったが、六〇センチから一メートルの厚さで岩を覆っていたので、私は着実に登り続けた。だが、岩壁はほんの少しずつ急になり、それにつれて氷も薄くなった。徐々に登攀スピードが落ち、眠気を誘うようなリズムになる――振って、振って、蹴り込む、蹴り込む、振って、振って、蹴り込む、蹴り込む。そのとき左手のピッケルが霧氷の数センチ下にある閃緑岩《せんりょくがん》の壁を叩いた。

左、そして右と試してみたが、ピッケルは岩を打つだけだった。私を支えている氷の厚さは一〇センチほどしかないのは明らかで、構造的には干からびたコーンブレッドと同じような状態だった。足下は一二〇〇メートル下まで虚空のみ。私はトランプの家の屋根の上でバランスを取っていた。恐怖が波のように喉まで込み上げてきた。目がかすみ、呼吸が荒くなり、ふくらはぎが小刻みに震え始めた。少しでも厚い氷が見つかるのを期待して、ぎこちない動作で右へ数センチ移動してみるが、ピッケルは岩に弾かれただけだった。

恐怖で体を硬くした私は、無様な格好でいま来た道を下り始めた。霧氷はだんだんと厚くなり、二五メートル下ったところで、まあまあしっかりしたテラスに降り立った。しばらく休んで気持ちを落ち着かせると、道具に頼って上体を反らせ、上にある岩壁を眺めて、氷が硬そうなところや、氷の下の岩の層が変わっている場所など、とにかく霧氷で覆われた上部岩壁を登れそうな何かを探した。首が痛くなるまで見上げていたが、結局何も見つけることはできなかった。登攀は終わった。あとは降りるしかない。

大量の降雪と絶え間なく吹く風のせいで、その後三日間、私はテントに閉じ込められた。

時間はゆっくりと過ぎていった。時間を速く進ませようと、手持ちの煙草がなくなるまで立て続けに煙草をふかし、そして、本を読んだ。この旅で、私は取り返しのつかない多くの判断ミスを犯していた。そのひとつが荷物に詰める本選びだった。私が持ってきたのは『ヴィレッジ・ヴォイス』のバックナンバー三冊とジョーン・ディディオンの新しい小説『日々の祈りの書』だった。『ヴォイス』は充分に楽しめた——ここ氷帽の上では、この雑誌がそれによって莫大な利益を上げている（別に悪いわけじゃないが）都会情報は、あるとげとげしさ、ある種の不条理な感覚を帯びた。だが、このような状況でテントの中にいるときには、世界に対するディディオンの壊死的な反応はあまりに痛切すぎた。『祈りの書』の最後のほうで、登場人物のひとりが相手に「ここにいても何の意味もないよ、シャーロット」と言う。シャーロットはこう答える。「何にならほんとうの意味があると言いたいのかわからないわ。だから、私はもう少しここにいようと思うの」

読むものがなくなると、テントの天井にあるリップストップの織り目をじっと見つめているしかなくなった。仰向けになって何時間もそうしているあいだに、私は長く白熱した自問自答に陥る。天候が回復したらただちに海岸へ向かうべきか、それとも、しばらくここにとどまって、もう一度山に挑むべきか、と。実のところ、北壁での小さな冒険で私の気持ちはひどくくじけていて、もう二度とサムに登りたくなかった。かと言って、しっぽを巻いてボウルダーに戻るという考えも——トレーラーのうしろにポンティアックを停めて、工具ベルトをつけ、つい一か月前に意気揚々と捨て去ったくだらない穴あけ作業に戻るのも——まるで気に入らなかった。とりわけむかつくのは、初めから私が失敗すると確信していた連中の、おためごかしの慰めを聞かされることだ。

嵐になって三日目の午後には、どうにも我慢ができなくなった。凍った雪の塊には背中をつつかれ、じっとりとしたナイロンの壁には顔を舐められて、シュラフの中からはひどい臭いが漂ってくる。私は足元に散らかっているがらくたを掻き分けて、小さな緑色の小物袋を探し出した。その中には、勝利の一服にと持ってきたものが入った金属のフィルム缶があった。頂上から戻ったときのために取っておくつもりだったが、どうせすぐには頂上へは登れそうにないのだから、かまうものか。缶の中身の大半を煙草の巻紙の上にあけ、ゆがんだ、見てくれの悪いマリファナ煙草を作り、それを吸う。みるみるうちに煙草は吸いさしになった。

当然、マリファナはテントをさらに窮屈に、息苦しく、耐えがたい場所に思わせるだけだった。さらに、マリファナのせいでひどく腹がすいてきた。オートミールを少し食べれば調子が良くなるだろうと思ったが、それを作るには長く、ばかばかしいほど面倒な手順が要る。嵐の中で鍋一杯分の雪を集め、コンロを組み立てて火をつけて、オートミールと砂糖を探し、皿から昨日の夕食の残りかすをこそげ落とさなければならないのだ。コンロを用意して、雪を溶かしていると、焦げくさい臭いがした。コンロとその周辺を徹底的に調べたが異常はなかった。原因がわからないまま、麻薬の幻覚症状の一種だと思おうとしたとき、すぐうしろでパチパチと音がした。

振り向いたとたん、コンロの点火に使ったマッチを投げ捨てたごみ袋が燃え上がり、大きな炎が上がるのが見えた。両手で炎を叩いて、すぐに消し止めたが、そのときにはすでに、テントのインナーが目の前で溶けて、大きな穴があいていた。テントと一体になった雨除けのフライシートは炎を免れたので、まだいくらかは風雪をしのげたが、テントの中の気温はあっというまに二〇度近く下がってしまった。

左の手のひらがひりひりと痛み出す。見ると、やけどでピンク色のみみず腫れができていた。だが一番の問題は、テントが私のものですらないということだ――それは父からの借り物だった。その高級なアーリー・ウィンターズ・オムニポ・テントは、この旅の前には一度も使ったことがなく――まだ品質表示票がついていた――、父が私に渋々貸してくれたものなのだ。数分のあいだ、焦げた髪と溶けたナイロンの臭いに包まれて、私はかつては優雅な姿をしていたテントの消えた個所を呆然と眺めていた。自分がどういう人間かがよくわかった。父がこれだけはやって欲しくないと願っていることをやってしまうこつを、私は実によく心得ているのだ。

火事のせいで私は、人間が知っているどんな麻薬も癒してはくれない虚脱状態に陥った。オートミールを作り終える頃には、気持ちが決まった。嵐がやんだらすぐにキャンプをたたんでトマス湾へ戻ろう。

二十四時間後、私はサムの北壁にあるベルクシュルントの下端で、ビバークザックに入って丸くなっていた。これまでで最悪の天気だった。雪は激しく降り、一時間に二・五センチ近く積もった。岩壁の上部からチリ雪崩がシューッと音を立てて落ちてきては、波のように私に降りかかり、二十分ごとにビバークザックをすっかり埋めていく。

その日の始まりは順調だった。テントから出たときには、まだ尾根の上部に雲が動いていたが、風は弱まり、氷帽にはところどころ陽が差してまだら模様を作っていた。明るさに目が眩むほどの陽光が、ゆっくりと移動して、キャンプに降りそそいだ。私は氷河の上にスポンジのマットを敷くと、冬用の長い下着のまま大の字に寝そべった。まぶしく暖かな陽だまりの中に寝転んで、減刑されたばかりの囚人の喜びを味わった。

寝そべっていると、嵐の前に登ったルートのちょうど左側にあたる、サムの北壁を半分東に寄ったところに、カーブを描きながら上へと続いている狭いチムニーが目に留まった。カメラに望遠レンズを取り付けて覗いてみると、きらきらした灰色の氷——しっかりとしまった、いかにも頼りになりそうな硬い氷——が、チムニーの溝の内側に張っているのが見えた。チムニーの走っている位置のせいで、上から下まで氷が途切れずに張っているかどうかはわからなかった。だが、もし張っていれば、そのチムニーを通って、最初の登攀で失敗した霧氷で覆われた岩壁を越えられるかもしれない。太陽の下で寝そべったまま、私は、一度の試みで敗北を認めたら、また、多少の悪天候でこの遠征すべてを中止にしたら、この先一か月どれだけ悔やむだろうかと考えた。一時間もしないうちに、私は登山用具をまとめて、スキーで壁の基部へと向かっていた。

チムニーの中の氷は確かに上まで続いていたが、とても薄かった――ごく薄いベルグラにすぎなかったのだ。おまけに、その溝は、たまたま壁から剝がれ落ちたあらゆる堆積物がつたい落ちてくる天然の漏斗《じょうご》だった。登り始めると、絶え間なく落ちる粉雪や氷の破片や小さな石を浴びることになった。四〇メートル登ったところで、冷静さの最後の一片が古い漆喰のように剝がれ落ち、私はそこで引き返した。

ベース・キャンプまで降りてしまう代わりに、翌朝には自分が落ち着きを取り戻していることを期待して、チムニーの下にあるベルクシュルントの中で夜を過ごすことにした。だが、その日の朝の晴天は、五日間続く強風の前の一瞬の静けさでしかなかった。午後の半ばに嵐がさらに激しさを増して戻ってくると、私のビバーク地は時を過ごすのに適した場所ではなくなった。私がうずくまっている岩棚はひっきりなしに落ちてくるチリ雪崩に洗われた。ビバークザック――〈バギーズ〉のサンドイッチ用の袋をそっくりそのまま大きくしたような薄いナイロンの袋――は五回も空気穴のところまで雪で埋まった。五回目に自分のまわりに積もった雪を掻いたところで、もうたくさんだと思った。登山用具をすべてザックに放り込み、ベース・キャンプへと下り始めた。

下降は恐ろしかった。雲と、ブリザードと、ぼんやりとした薄明かりの中では、雪と空の区別もつかなければ、上り斜面か下り斜面かの判断もおぼつかなかった。何も知らずにセラックのてっぺんで足を踏み外し、八〇〇メートル下のウィッチズ・コールドロン氷河の底で最期を迎えるはめになってもちっともおかしくない。私は不安におののいた。ようやく氷帽の凍結した平らな場所に着いたが、吹き寄せる雪で自分の足跡がとっくに搔き消されているのがわかった。目印も何もない氷原の上でどうやってテントを探せばいいのか。偶然キャンプに行きあたるという幸運を期待して、一時間ばかりスキーであたりをぐるぐると回ってみたが、結局は小さなクレバスに片足を落とし、自分がまったく愚かなことをしているのを悟った――その場にうずくまり、嵐が通り過ぎるのを待つべきなのだ。

渦巻く雪の中で浅い穴を掘り、ビバークザックにくるまって、ザックの上に腰を下ろした。吹き寄せられた雪が私のまわりに積もる。足の感覚がなくなった。パーカーの首から雪が入り、シャツを濡らし、湿っぽい寒さが首の付け根から胸へとじわじわ広がっていく。もし、たった一本でもいいから煙草があれば、持ち前の体力を奮い立たせ、この最悪の事態、この最悪の旅すべてを鼻で笑ってやれるのだが。「ハムがあったら、ハムエッグが食べられるのになあ。もし、卵もあればの話だけど」。二年前、アラスカの別の山、ムース・トゥースの高みで同じような嵐に遭遇したときに友人のネイトが言ったこのことばを思い出した。そのときはものすごくおかしくて、実際に声を上げて大笑いしたものだ。だがいまは、そのことばを思い出しても、面白くも何ともなかった。ビバークザックを肩までしっかりと引き上げる。風がものすごい勢いで背中を押してきた。私は恥を忘れて両腕に頭を埋め、ひたすら自己憐憫にひたった。

ときには山を攀じ登っていて人が死ぬことは知っていた。だが、二十三歳の人間が死ぬということ――自分が死ぬという考え――は、当時の私の理解を超えたところにある、非ユークリッド幾何学や結婚と同じくらい抽象的な概念だった。一九七七年の四月に、逃げ出すようにボウルダーをあとにしたときには、頭の中はサムでの栄光と救済の夢であふれ、他の人間たちの行動を支配しているのと同様な因果関係に自分も縛られているのだとは思いもしなかった。なぜなら、あまりに長いあいだサムに恋焦がれ、その山に登りたくて矢も盾もたまらない気持ちばかりが先に立っていたので、天気やクレバスや霧氷で覆われた岩といったささいな障害が最後に自分の志の邪魔をするなどとは思いもよらなかったのだ。

日暮れには風がやんで、雲は氷河の上空五〇メートルにまで上がり、ベース・キャンプを見つけることができた。無傷でテントまで帰ったものの、サムが私の計画を粉々に打ち砕いたという事実はもはや無視するわけにはいかなかった。たとえそれがどんなに強固であろうとも、意志の力だけでは北壁を登ることはできないということを思い知らされたのだ。私はついに、なす術がないと悟った。

しかし、この遠征を無駄にしないチャンスはまだひとつだけ残っていた。一週間前私は、一九四六年にフレッド・ベッキーが開いたルートを見にスキーで山の南東側に行った――北壁を登ったあと、そのルートを降りようと考えていたのだ。この偵察のあいだに、私はベッキーのルートの左側にはっきりとした未登のラインを発見し――切れ切れの網状の氷が南東壁を斜めに走っていた――、それは頂上へ至る比較的やさしいルートとして記憶に残った。そのときは、そのルートには注意を向ける価値はないと思った。だが、北壁での無惨な失敗から、いまでは目標を低くする覚悟ができていた。

五月十五日の午後にようやく吹雪が弱まってくると、私はもう一度南東壁へ戻り、ゴシック様式の大聖堂の控え壁のように、頂上へ続く主壁に寄りかかっている尾根の最上部まで登った。頂上の五〇〇メートル下にある、その吹きさらしのナイフエッジのてっぺんで、私は一夜を過ごすことにした。暮れなずむ空は冷たく、雲ひとつない。はるか彼方の海岸地帯やその先まで見渡せた。たそがれ時、私の目は西に瞬くピーターズバーグの町の明かりに釘づけになった。それは、空中投下以来、私が人間世界にもっとも近づいた瞬間であり、そのはるか遠くの明かりを見ているうちに感情がいちどきに溢れ出し、私の心はすっかり無防備になった。人々はテレビでレッドソックスの試合を見たり、電灯が煌々とともるキッチンでフライドチキンを食べたり、ビールを飲んだり、愛を交わしたりしているのだろう。眠ろうとして横になると、魂がねじれるような孤独感にさいなまれた。それまでの人生で、あれほど自分がひとりぼっちだと感じたことはなかった。

その夜は、警官や、吸血鬼や、暗黒街の処刑の夢にうなされた。誰かが「やつはそこにいる。現われたら、すぐに殺せ」とささやいているのが聞こえた。私はがばっと起き上がり、目を開けた。太陽が昇ろうとしていた。空全体が深紅に染まっている。まだ晴れていたが、南西の空高くにある一片のすじ雲がゆっくりとこちらに向かっていて、地平線のすぐ上には黒い線が見えていた。登山靴を履き、急いでアイゼンをつける。目覚めてから五分後には、ビバーク地点を離れてフロント・ポインティングで進んでいた。

ロープもテントもビバーク用具も、そしてピッケルを除けば金属類も何ひとつ持っていなかった。私は、超軽装備で、超スピーディーに登るつもりだった。天気が変わる前に頂上に達して、下まで戻るのだ。必死になって、息を切らせたまま、走るように登った。それから左上し、小さな雪田を横切ってベルグラの張った狭い溝と短い岩のバンドを登る。登攀はほぼ楽しいと言ってよかった——岩には内側にえぐれた大きなホールドがたくさんあり、氷は薄いが、傾斜の極端にきつい個所はなかった——が、太平洋からかなりのスピードで近づき、空を覆い始めている雲の塊が気がかりだった。

あっというまのように思えたのだが（その旅に私は時計を持っていかなかった）、気づくと私は明らかに最後の氷田の上にいた。その頃には、空は完全に雲で覆われていた。左上し続けたほうが簡単そうだったが、直上すればそれだけ早く頂上へ着く。身を守るものが何もないまま山の上で嵐につかまるのを極度に恐れていた私は、直上ルートを選んだ。氷壁は急峻になり、登るにつれてさらに少しずつ傾斜が増し、氷も薄くなった。左手のピッケルを振るうと、岩にあたった。別の場所を狙ったが、またもや鈍く不快な音がして、硬い閃緑岩をかすめた。もう一度、またもう一度と繰り返してみる。北壁での最初の試登の再現だった。股のあいだから、ゆうに六〇〇メートルは下にある氷河をちらっと盗み見る。胃がむかついた。私の落ち着きは風の中の煙のように吹き飛んだ。

一五メートル上で、その壁は頂上の肩の斜面に吸収されてやさしくなる。そしてさらに一五メートル、野球の三塁と本塁の距離の半分ほどを登れば、山は私のものになるだろう。だが、私は恐怖とためらいで麻痺したようになって、動くこともできず、体を硬くしたままピッケルにしがみついていた。もう一度、氷河へと続いているめまいがするほどの急斜面を見下ろし、それから顔を上げ、頭の上にある氷の薄い膜を擦り取る。五セント硬貨ほどの厚みしかない岩の縁に左手のピッケルのピックをひっかけ、それに体重をかける。何とか持ちこたえてくれた。右のピッケルを氷から引き抜くと、手を上に伸ばして、一センチほどのいびつな割れ目にピックがしっかりと挟まるまでねじ込んだ。いまや、ほとんど息もできないまま、アイゼンの爪でベルグラを引っかくようにして、足を上に動かす。それから、左腕を伸ばせるだけ伸ばして、輝く不透明な氷にやさしくピッケルを振るう、その下にある何を叩くことになるのかもわからないままに。力強いガシッという音がして、ピックが食い込んだ。数分後には、私は広く丸い岩棚の上に立っていた。グロテスクなメレンゲのような氷が突き出したいくつもの細長いひれ状の岩からなる頂上そのものは、そこから六メートル真上に堂々とそびえていた。

脆い霧氷のせいで、最後の六メートルは難しく、恐ろしく、厄介だった。だが、しばらくすると、不意にそこより高い場所がなくなった。そんなはずがない。信じられなかった。私のひび割れた唇が大きく開き、痛みを伴う大きな笑みへと変わるのがわかった。私はデヴィルズ・サムの頂上にいた。

山の名前にふさわしく、頂はこの世のものとは思えない悪意に満ちた場所で、霧氷で覆われたファイルキャビネットほどの幅もない恐ろしく狭い扇形の岩だった。のんびりと時間を過ごす気にもなれない。一番高い場所に両脚を広げて立つと、左の靴の下には北壁の急斜面が二〇〇メートル下まで続き、右の靴の下には南壁が八〇〇メートル落ち込んでいた。ここまで登った証拠に写真を何枚か撮り、数分かけて曲がったピックを伸ばそうと努めた。それから、立ち上がり、慎重に向きを変えて、ベース・キャンプへ向かった。

五日後、私は雨の降る海辺で、コケと柳と蚊に彩られた景色に驚きながら、キャンプをしていた。その二日後、小型のモーターボートがトマス湾に入って来て、私のテントからそう遠くない浜で停まった。ボートを操縦していた男は、ピーターズバーグから来た森林伐採業者で、ジム・フリーマンと名乗った。今日は仕事が休みで、家族と一緒に氷河見物とクマ探しにやって来たのだと言う。彼は私に「狩りでもしてるのかい?」と尋ねた。「いや」と私はおどおどしながら答えた。「実はデヴィルズ・サムに登ってきたところなんだ。ここにはもう二十日もいる」

フリーマンはボートの索止めをもてあそびながら、しばらく何も言わなかった。それから、真顔で私を見つめると、唾を吐き「なあ、悪い冗談はやめてくれよ」と言う。私はまごついて、口ごもりながら冗談ではないと答えた。フリーマンが私の話をまったく信じていないのは明らかだった。また、肩まである私のもつれた髪や体臭に好意的でないのも。だが、私が町まで乗せてくれないかと頼むと、彼は渋々ながら「ああ、もちろん」と言った。

海は波が高く、フレデリック海峡を渡るのに二時間かかった。話をするうちに、フリーマンは私に対して徐々に好意的になってきた。彼はまだ、私がサムに登ったことを信じていなかったが、ボートがランゲル・ナローズに入る頃には、信じるふりをしてくれた。ボートを降りるときには、チーズバーガーをおごると言ってきかなかった。おまけに、その夜は彼の家の裏庭に放置してあるステップバンに泊めてくれた。

私はしばらくのあいだ古いバンの後部座席で横になっていたが、寝つかれなかった。それで、起き出して〈キトーズ・カーヴ〉という酒場へ歩いていった。ピーターズバーグに戻ってきたときに覚えた幸福感や圧倒的な安堵感は薄れ、代わりに予期せぬ憂鬱が襲ってきた。キトーズで話をした人々は、私がサムの頂上へ登ったことを疑っていないようだった。実際、彼らにはどうでもいいことなのだ。夜がふけると、酒場から人が消え、客は私とうしろのテーブルにいるネイティブ・アメリカンだけになった。私は一人で酒を飲みながら、ジュークボックスに二十五セント玉を入れては同じ曲を五回も繰り返してかけ、最後には女のバーテンダーに怒鳴られた。「ちょっと、あんた、もういいかげんにしてよ。もう一度『恋人を失くす50の方法《フィフティ・ウエイ・トゥ・ルーズ・ユア・ラヴァー》』をかけたら、この私がそのレコードをどっかに失くしてやるよ」。私はへどもど謝ると、すぐに出口へ向かい、おぼつかない足取りでフリーマンのバンに戻った。古いオイルの甘い匂いが漂う車内で、取り外されたシフトレバーの脇の床に寝そべって、正体なく眠り込んだ。

　若いときには、欲しいものは当然自分のものになると考えがちで、何かがどうしても欲しければ、それを手に入れるのは神から与えられた権利だとたやすく思い込む。サムの頂上に腰を下ろしてから一か月もしないうちに、私はボウルダーに戻り、アラスカに発つときに組み立てていた同じ分譲アパート、スプルース・ストリート・タウンハウスで羽目板に釘を打っていた。給料を一時間四ドルにあげてもらい、その夏の終わりには、建設現場のトレーラーからウエスト・パールの一間《ひとま》のアパートへ引っ越したが、私の人生にそれ以外の変化は見られなかった。少なくとも、四月に思い描いていたような輝かしい変化はなかった。

それでも、デヴィルズ・サムに登ったことで、私のかたくなで無邪気な幼さは少しばかり消え失せた。山ができることと、できないことについて、そして夢の限界というものについて、私は何がしかを学んだ。もちろん、当時の私はそのことに気づいていなかったが、いまはそれを学んだことに感謝している。

著者覚え書き

クライミングの世界に縁のない大半の人々にとって、山を攀じ登るという行為は、どうがんばってもおぼろげにしか理解できない。クライミングは三流の映画やもっともらしい比喩のお気に入りの素材である。のこぎりの歯のような高峰に攀じ登っている夢は、精神科医が夢中になって食いつく類のものだ。この行為は、それ以外のスポーツが陳腐なお遊びに思えるくらい、無謀で悲惨な物語にくるまれている。クライミングという概念が一般の人々に呼び起こすイメージは、しばしばサメや殺人バチと同類のものだ。

本書の目的は、この肥大しすぎた神秘性を取り除くこと――そして、少しでも光がさし込むようにすることにある。クライマーのほとんどは本当に正気を失っているわけではなく、ただ、人間の条件における特別悪性の緊張感という病に冒されているだけなのだ。

本書について誤解のないよう、この本のどの文章も、核となる疑問――なぜ、正常な人間がそんなことをしたがるのか――に真正面から取り組み、明確な結論を下してはいないことを言っておかなければならない。常に論点の周囲をまわり、ときに背後から長い棒で突ついたりはしているが、いかなるときも、実際に檻の中に飛び込み、獣と向かい合って直接闘うようなことはしていない。それでも読者諸兄がこの本を読み終えたいまは、クライマーはなぜ登るのかということはもちろん、彼らがなぜあれほどまで激しくそれにのめり込んでいるのかということについても、よりはっきりとおわかりいただけたと思う。

私自身の山への執念の大本は一九六二年にまで遡る。私はオレゴン州コーヴァリスで育ったごく普通の子どもだった。父親は分別のある厳格な人で、五人の子どもたちには常に数学やラテン語をしっかり勉強するようにしつこく言っていた。そのために、子どもたちは幼くして、自分は将来必ず医者か弁護士になるものと信じ込んでいた。だが、どういうわけか、その厳格な父が私の八歳の誕生日に、小型のピッケルを贈ってくれ、初めての登山に連れて行ってくれた。父親が何を考えていたのかはわからないが、たとえ父が私にハーレーダビッドソンを与え、私をヘルズ・エンジェルのメンバーに加えていたとしても、彼の親としての願いがこれほど見事に裏切られることはなかっただろう。

十八歳になる頃には、私にとってクライミングだけが唯一の関心事となった。クライミングをすべてに優先させ、仕事や学校、友達や将来の職業、セックスや睡眠などは二の次になり、さらには、まったく顧みられなくなっていった。一九七四年には登山への関心がさらに高まる。その年の最大の出来事は、初めてのアラスカ遠征だった。私は六人の仲間と、一か月かけて、厳粛で畏怖の念を感じるほど美しい花崗岩の尖塔群、アリゲッチ・ピークスを目指した。六月のある日の午前二時三十分、私は十二時間登り続けて、ザナドゥーと呼ばれる山の頂にたどり着いた。頂上はおろおろしてしまうほど狭いひれ状の岩で、そこがたぶんその山群の最高点らしかった。そして、その頂上を踏みしめたのは、私たちが初めてだった。北極圏の夏のひと晩中続く神秘的なたそがれの中、はるか下に、周囲の山々の岩塔やスラブが内側から光を放っているかのようにオレンジ色に輝いていた。私の手を木のように強張らせるボーフォート海からの冷たい風が、ツンドラをよぎって泣き叫んでいた。それまでの人生で最高に幸せだった。

一九七五年の十二月、私は最低の成績でカレッジを卒業した。その後八年間は、コロラドやシアトルやアラスカでコンクリート・ブロック製の一間のアパートに住み、百ドルの車に乗って、家賃と次の登攀旅行の費用を稼ぐためだけに、流れの大工や漁師をして働いた。だが、ついにそういう生活にも耐えられなくなった。毎晩ベッドに横になって眠れないまま、気がつくと、山で経験した死と隣り合わせの窮地をあれこれと思い起こしていた。雨の中、ぬかるんだ建築現場でのこぎりで梁をひいていると、家族を養い、家を手に入れ、庭用のテーブルセットを買い、きちんと貯金をしている大学時代の友人たちのことが頭に浮かんできた。

私はクライミングをやめる決意をし、当時付き合っていた恋人にそう告げた。彼女は私のことばに不意を突かれ、結婚を承諾した。だが、私は自分がいかにクライミングと深く結びついているかを見そこなっていた。それを断つのは想像以上の苦しみだった。私の禁欲生活はたった一年しか続かず、それが終わったとき、結婚生活も束の間終わりに向かうかに見えた。だが、さまざまな問題を乗り越えて、私は何とか結婚生活とクライミングを両立させることができた。そして、その頃には、ピッチごとに神の顔を覗き、常により極限的な登攀を追い求めるような、瀬戸際の勝負を続ける気はなくなっていた。いまでは、一週間ずっとウィスキーに浸りっきりのアルコール依存症から、日曜の夜に少しだけビールを飲むアルコール依存症に変わったように感じている。私はすすんで平凡なクライマーになったのだ。

クライマーとしての私の野望は、ライターとしての仕事に反比例した。一九八一年、私の書いた記事が初めて全国的な雑誌に売れ、一九八三年の十一月にはワープロを買い、これが最後になることを祈りながら作業道具を挿したベルトを外し、生活のために書き始めた。以来、書くことに専念している。近頃では、建築や自然史やポップカルチャーに関する記事を依頼されることが多くなってきた――これまでに、『ローリングストーン』誌に火渡りについて、『スミソニアン』にはかつらについて、『アーキテクチャラル・ダイジェスト』には新摂政時代風の建築について書いている――が、いまでも、登山に関する記事が私にもっとも身近で、もっとも大切なものであることに変わりはない。

本書にある十二のエッセイ中、十一編は雑誌に載せるために書いたものだ（最後の一編「デヴィルズ・サム」は本書のために書き下ろした）。この本に掲載されたエッセイは、最初に記事が活字となる際に、何人かの編集者や事実関係をチェックしてくださる方々から指示をいただき、多大な恩恵を得——ときには、損害も受けた。特に『アウトサイド』誌のマーク・ブライアントとジョン・ラスムス、『スミソニアン』誌のジャック・ワイリー、ジム・ドアティー、ドン・モーザーには計り知れない助力を頂き、大変感謝している。上記の五人はみな、有能なライターであると同時に素晴らしい編集者で、感性と節度を持って、私が間違った方向へ行きそうになるたびに軌道修正するという面倒な作業を行なってくれた。

また、次にあげる方々にもお礼を申し上げたい。『アウトサイド』誌のラリー・バーク、マイク・マクレー、デイヴ・ショーナーワー、トッド・バルフ、アリソン・カーペンター・デイヴィス、マリリン・ジョンソン、ミッシェル・ステーシー、リズ・カウフマン、バーバラ・ローリー、スーザン・キャンベル、ラリー・エヴァンズ、ジョー・クランプ、ローラ・ホーンホールド、リサ・チェイス、スー・スミス、マシュー・チャイルド、ロブ・ストーリー。『スミソニアン』誌のキャロライン・デスパード、エド・リッチ、コニー・ボンド、ジュディ・ハーキソン、ブルース・ハサウェイ、ティム・フット、フランシス・グレノン。『ニュー・エイジ・ジャーナル』誌のフィル・ザレスキー、デイヴィッド・エイブラムソン。『アメリカン・アルパイン・ジャーナル』のH・アダムズ・カーター、『クライミング』誌のマイケル・ケネディ、アリソン・オシアス、『マウンテン』誌のケン・ウィルソン。本書を具体化してくれたピーター・バーフォード、温かく見守ってくれたデボラ・ショーとニック・ミラー。エージェントのジョン・ウェアー、「K2の不幸な夏」の初出原稿を共同執筆してくれた、同じくフリー・ライターのグレッグ・チャイルド。

山での忘れられない日々にロープを結び合った次の人々に感謝の意を表わしたい。フリッツ・ヴィースナー、バーンド・アーノルド、デイヴィッド・トリオン、エド・トリオン、トム・デイヴィス、マーク・フランシス・トワイト、マーク・ファガン、デイヴ・ジョーンズ、マット・ヘール、クリス・グーリック、ローラ・ブラウン、ジャック・タックル、イヴォン・シュイナード、ルー・ドーソン、ローマン・ダイアル、ケイト・ブル、ブライアン・ティール、ジョン・ウェイランド、ボブ・シェルトン、ネイト・ジンサー、ラリー・ブルース、モリー・ヒギンズ、パム・ブラウン、ビル・ブラード、ヘレン・アプソープ、ジェフ・ホワイト、ホリー・クラリー、ベン・リード、マーク・ラデマチャー、ジム・ベイロッグ、マイティー・ジョー・ラディック、スコット・ジョンストン、マーク・ヘッセ、チップ・リー、ヘンリー・バーバー、ピート・エサンズ、ハリー・ケント、ダン・カーソン、ロバート・ガリー。

最後に、八歳の息子にサウス・シスター山へ登るという不幸な決断をさせてくれたリュー・クラカワーとキャロル・クラカワー、ボウルダーとシアトルとポートアレキサンダーで何年ものあいだ私を雇い、何度も再雇用してくれたスティーヴ・ロトラー、私が会ったクライマーの中でもっとも天賦の才に恵まれ、私に困難な山の登り方とそこでの生き残り方を教えてくれたエド・ウォード、私にアラスカと、書き方を教えてくれたデイヴィッド・ロバーツ、また、私にとって最高の編集者であり親友でもあるリンダ・マリアム・ムアにお礼を申し上げたい。

訳者あとがき

本書は『空へ』『荒野へ』の二著で我が国の読者にも知られるようになったアメリカのノンフィクション作家ジョン・クラカワーの処女作 *Eiger Dreams* (1990) の全訳である。

クラカワーの名前を世界的に有名にしたのはなんといっても『空へ』(原題 *Into Thin Air* 邦訳・文藝春秋刊) であろう。一九九七年に刊行されるや、全米で五十万部を超すベストセラーとなった『空へ』は、クラカワーがシアトルで発行されている「アウトサイド」誌から特派されて、近年ブームになっているエヴェレストのガイド付き営業登山の実態レポートのために、自ら営業隊の客となって世界最高峰に挑んだときの記録である。だが、クラカワー自身予想もしなかったことに、そのレポートは悲劇的な大量遭難の記録になってしまった。嵐に見舞われたエヴェレスト頂上付近で、彼の隊の仲間を含む十二人もの登山者が命を落としたのである。文字どおり九死に一生を得て生還したクラカワーが、遭難に至る過程を冷静に、しかし苦渋に満ちた筆致で描き出した『空へ』は、近年稀にみる山岳書の傑作である。一方、『空へ』の前年に出版された『荒野へ』(原題 *Into the Wild* 邦訳・集英社刊) は、現代アメリカ社会のあり方に強い疑念を抱き、放浪の末アラスカ内陸部のウィルダネスを目指してついには餓死に近い最期を遂げる一人の若者の足跡を追った、悲痛なノンフィクションである。

さて、本書『エヴェレストより高い山』は前記の二著とはやや趣を異にしている。登山と人間をめぐる十二編からなるこのエッセイ集は、言ってみれば、『荒野へ』や『空へ』を生んだ作家クラカワーの原点とも言える作品なのだ。

収められた各エッセイのテーマは実にバラエティに富んでおり、しかもハードなクライミングについて予備知識のない読者にも面白く読めるように、書きぶりに配慮がなされている。さらに本書の成り立ちとねらいについては「著者覚え書き」にも詳しいので、訳者がここで蛇足を加える必要もないのだが、原著の刊行年がやや古いことも考慮して、いくつかのエッセイについて少し補足しておきたい。

「アイガーの夢」　アイガー北壁はグランド・ジョラス、マッターホルンの両北壁と並んでヨーロッパの三大北壁と呼ばれ、長いあいだクライマーたちの憧れとなっていた。だが近年では、さらに困難な岩壁が幾つも登られるようになり、少なくともノーマル・ルート（一般にその壁で最初に登られたルート）に関しては技術的に至難ではなくなっている。だがそれはあくまで好天に恵まれ、壁のコンディションが良好なときの話。ひとたび天候が崩れれば、このエッセイにあるように登攀は極度に難しくなる。なお、著者たちが下山中に出会ったクリストフ・プロフィはフランス屈指のアルピニストであり、一九八五年夏には、ヘリでの移動時間も含めて、なんと二十五時間四十分という猛スピードで三大北壁を単独で継続登攀している。

「ギル――伝説の男」　数学教授にしてボルダリングというゲームの創始者はまさにアメリカ・クライミング界の伝説であり、彼がコロラドで登った数多くのプロブレムは今も世界中のクライマーを引き付けている。なお、ギルの最高の登攀と言われるスインブルはその後何回か再登され、一九九二年には日本の草野俊達《としみち》も登っている。

「ヴァルディーズの氷」　ここに登場するドクター・エンビックは、かつてアメリカ山岳会副会長として日本を訪れ、日本の岩場を登ったこともある。クラカワーも書くとおり、なかなかに騒がしい、ポパイのような腕を持った男である。ヴァルディーズで難しい氷瀑を幾つも登った鈴木昇己《しょうみ》はヒマラヤ経験も豊富な山岳ガイド。

「シャモニの休日」　シュカのビデオでバンジージャンプを披露するイザベル・パティシエも日本に来てクライミングをしたことがある。可愛いフランス娘だが、フリークライミングのコンペではいつも上位に入賞する。また、エヴェレストの頂上からのパラグライダー初飛行に成功したジャン＝マルク・ボアヴァンはその後、一九九〇年二月に南米のエンジェル滝からパラシュートで飛んで墜落死している。けた外れの冒険にはやはり死の危険が伴うようだ。

「キャニオニアリング」　これを読んで、キャニオニアリングって日本の沢登りにそっくりじゃないかと感じた人は多いだろう。沢登りは谷の入り口から源頭までの遡行が普通だが、キャニオニアリングはゴムボートで下ることもあるのが違うだけだ。フランスでも似たようなことが行なわれているのを読んだことがある。

「エヴェレストより高い山」　ここに出てくる人騒がせな山アムネマチンは青海省にある連山だが、主峰（六二八二メートル）の初登頂は一九八一年五月に日本の上越山岳会隊によってなしとげられた。

「双子のバージェス」　この文章が書かれたあと、エイドリアンはついにエヴェレスト登頂に成功した！　アランのほうは、ボニントンの計画が頓挫したのか、エヴェレストには行っていない。

「K２の不幸な夏」　本文中でK２南壁を舞台に離れ業を見せたイェジ・ククチカは、その後メスナーに次いで八〇〇〇メートル峰全十四座登頂を果たしたが、一九八九年十月、八五一六メートルのローツェ南壁に挑み墜死した。四十一歳であった。

　さて、著者のクラカワーは「著者覚え書き」にもあるように、ある時期からクライミングの第一線を退き、いわば日曜登山家として山を楽しみながら、アウトドア雑誌を中心に記事を書いてきた。本書はそんな彼の雑誌記事を集大成したものである。登山家の心理と生態をさまざまな角度から描き出すこのような柔軟なエッセイは、生半可なクライマーに書き得ないのはもちろんだが、逆に厳しいクライミングにどっぷり浸ってまわりが見えなくなっている人間にも書くことは難しいだろう。登山をよく知っていながら、一歩退いて客観的にこの世界を見ることができる著者だからこそ、豊饒だがひとつ間違えれば死に至る、この特異なスポーツの魅力や危険を的確に伝えうるのではあるまいか。

本書収録の文章のうち、「デヴィルズ・サム」はのちに少し手を入れて『荒野へ』の二つの章を形作っている。また「エヴェレストより高い山」の一部も『空へ』に取り入れられている。さらには「K2の不幸な夏」の詳細なレポートぶりは、『空へ』を書くに当たってのよき訓練になったにちがいない。そんな意味でも、まさしく本書は、作家クラカワーの原点と言えるだろう。

二〇〇〇年四月

森　雄二

クライミング用語解説

確保支点（アンカー）　自分の体を固定したり、登っているクライマーを確保するために設置する支点。氷にねじ込むアイススクリューや岩に打ち込むロックピトンのような金属物もあれば、岩角や太い灌木も確保支点になる。

肩ばしご　岩場のごく短いが全く手がかりのない個所をパートナーの肩に乗って越える方法。

ガリー（岩溝）　岩壁のあいだに切れ込んだ広い溝。氷や雪が詰まっていることも多く、クーロアール（仏）ともいう。

懸垂下降　確保支点に二重にして通したロープを伝って降りる下降法。降りきったら、ロープの片方の端を引いて回収する。

ゴルジュ　渓谷の幅が狭まり、両側が高い絶壁になっている個所。ゴルジュはフランス語で「喉」の意。

ジャミング　長く続く岩の割れ目（クラック）に手（ハンドジャミング）や足（フットジャミング）を突っ込み、くさびどめにして登る方法。

ステミング　幅の広い岩の割れ目や、本を開いたような形状の岩を、左右の壁に手足を突っ張って登る方法。氷瀑の登攀にも応用される。

スノー・ペグ　雪に刺して確保支点にする金属製の薄く長い板。

スラブ　凹凸の少ないのっぺりとした広大な一枚岩の岩壁。

セラック（氷塔）　氷河上にできる氷の壁や塔。不安定なものが多く、氷河の移動によって昼夜を問わず崩壊することがある。

チムニー　体が入るくらいの幅のクラック。

テンション・トラヴァース　支点に通したロープの張りを利用して岩場を横断する技術。

バットレス（胸壁）　大岩壁を支えるように斜めに張り出した壁。原義は建築用語の「控え壁」。

ハーネス　腰にセットしてロープを結ぶための安全ベルト。

バンド　岩場に水平あるいは斜めに走る帯状の岩。登路として利用されることが多い。

ピトン　岩や氷に打ち込んだりねじ込んだりして確保支点にする軽金属の釘。元々フランス語だが、英語化している。

ビバーク　テントを張らずに行なう野営。同じく元はフランス語だが英語化している。

プロテクション　リード（別項参照）するクライマーが、安全確保策としてロープを通して行くために、登りながら途中にセットする支点。

フロント・ポインティング　アイゼンの前爪とピッケルのピックを傾斜の強い氷や雪に突

き刺して登る技術。
ベルクシュルント　氷河と山の岩壁が接する地点にできる裂け目。
ベルグラ　岩壁に張った薄く硬い氷。手がかりを隠し、ピッケルを刺すにも薄すぎて、登攀の妨げになることが多い。元はフランス語。
ホールド　手がかりや足がかりになる岩の凹凸。
マントル　垂直な岩場から水平なレッジ（別項参照）に攀じ登る際に行なう動作。マントルは「炉棚」の意。暖炉の炉棚に登るときのような動作をするのでこの名がついた。
モレーン　氷河が運んだ堆石、あるいはその集合によってできたガレ場。氷河の末端や二つの氷河の合流地点などに見られる地形。
リード　ロープの先頭で登ること。
レイバック　直角に交わるコーナーのような岩場を登る際、手はコーナーに走るクラックの縁をつかんで手前に引き、足は対面する岩に突っ張って体を支えながら登る技術。非常に体力を要する。
レッジ（岩棚）　岩壁にある水平あるいは少し傾斜した棚。確保するための足場や、ビバークの場所を提供してくれる。日本では「テラス」と呼ぶ場合が多いが、英語圏では「レッジ」を多用する。

解説

人間賛歌の群像劇

角幡唯介

私は今、この原稿をコペンハーゲン中央駅前の表通りから一本裏に入った安ホテルの一室で書いている。ちょうど窓からうっすら黄色い西日が差し込み、冬の短い日が終わりを告げようとしているところだ。

昨日、日本を出国し、アエロフロート機でモスクワを経由してデンマークに入った。コペンハーゲンには一日だけ滞在し、明日にはグリーンランドに入る予定である。グリーンランドに入った後は飛行機とヘリを乗り継いで最北部へ移動する。そして村で半月ほど準備をしたのち、北緯七十八度から八十度周辺の氷床や海氷を二カ月以上歩きまわることにしている。今、私は次の探検のための移動の真っ最中なのである。

だから、この原稿の依頼を受けたときは、正直言って、おいおい勘弁してくれよという気持ちだった。依頼が来たのは日本を出る一週間ほど前で、私は多忙をきわめていた。旅の準備も終えていないし、長期不在にそなえて連載原稿もある程度書きためておかなければならない。十日前に出したばかりの新刊の著者インタビューもあるし、二カ月後に出す新書のゲラ作業も残っている。それに、最悪なことに確定申告の時期もドンピシャでかさなっており、その作業だけでも確実に三日は要するだろう。新規の執筆依頼など到底、対応できる状況ではなく、本来なら丁重にお断りするところだ。ところが、なんということだろう。依頼のメールを読むと、ジョン・クラカワーの『エヴェレストより高い山』の復刊版解説を書いてくれとあるではないか。冗談はよしてもらいたい。クラカワーは私がもっとも影響を受けたノンフィクション作家だ。断れるわけがないじゃないか。

即座に私は依頼を引き受けたが、その後も多忙を理由にやはり断ろうかと何度か悩んだ。だが、この本はクラカワーのデビュー作であり、山や冒険に携わる人々の心情をつづった山岳エッセイの名作だ。その名作の解説を他のどこの馬の骨ともわからないやつに書かれるのが我慢ならず、結局、意地でも自分で書くことにした。

クラカワーといえば、エベレストのツアー登山化を取材しに行き、たまたま大量遭難の現場に立ち合うことになった傑作ルポ『空へ』と、放浪青年クリス・マッカンドレスの生と死を叙情的に描いた『荒野へ』の冒険系ノンフィクション二冊がよく知られている。しかし、デビュー作である本書には、彼の作家としての魅力が、ある意味、この代表作二作以上に発揮されているように思える。

作家クラカワーの魅力とは何か。それは文体である。この原稿を書くにあたり、私は七、八年ぶりに、モスクワまでのアエロフロート機で本書を読み直したが、再読で中身をよく記憶していたにもかかわらず、面白くて一気に読んでしまった。内容がわかっているにもかかわらず一気読みしてしまうのは、純粋に文体が優れているからである。これは面白い作家の本に共通する前提条件であるが、面白い本であるためには、まずは内容以前に文章それ自体が面白くなくてはならない。立派なことを書いた学者の本が全然面白くないのは、文体がなってないからだ。中身に何が書いてあろうと関係なく、作家は文章のリズムと構成の展開で読者をひきつけなければならない。そして、この文体の魅力は努力や訓練ではどうにもならないところがあり、最終的には書き手の感覚や直観で決まる。クラカワーの文章は抑制がきいていて落ち着きがあり、対象と節度ある距離感を保っている。自身の行為を書くときも（たとえば「アイガーの夢」や「ヴァルディーズの氷」「デヴィルズ・サム」等における自分の登攀シーン）、まるで他人のことを書いているような客体的な視点で描写する。それに話の場面展開などの構成が絶妙で、読者を飽きさせない。そして何よりも気の利いたユーモアに満ちていることが、彼の文章の最大の魅力だ。

『エヴェレストより高い山』の魅力は、このクラカワー流のユーモアが爆発しているところにある。いや、爆発という言い方は適切ではないかもしれない。クラカワーのユーモアは露骨ではなく、あくまで遠回りな修辞や言い回しを用いつつ核心をつくような奥ゆかしい表現を使うため、爆笑を呼ぶのではなく、くすくす笑いを誘うような構造になっているからだ。ともかく、言葉を説明するための修辞表現や人物描写に、いちいち面白く描いてやろうといういたずら心が垣間見え、しかもその表現が適切なので文章そのものに引き込まれてしまうのだ。

だが、クラカワーのユーモアの秘密はそうした文章表現だけにあるわけではない。その最大の核心は、彼の人間に対する共感的な態度にある。

クラカワーは本書のなかで数々のクライマーたちを、基本的に変人としてあつかっている。クライミングは死と手を携えて舞踏する行為だ。薄いベルグラにアイゼンとピッケルの先端を食いこませ、その数センチの接触に体重をあずけて命をたくす。一歩一歩、身体を引き上げるごとに乳酸がたまり、腕が血流ではちきれそうになって墜落の恐怖が増し、その刹那、神の顔をのぞき見る。このように常に死の緊張感と戦いながら登るクライマーは、ある意味、副腎髄質から分泌されるアドレナリン中毒者であり、ひとたびその毒性に侵されると中々そこからのがれることは難しい。「アイガーの夢」に出てくる墜落した軍人も、「ヴァルディーズの氷」に出てくる〈リード野郎〉の若者も、「クラブ・デナリ」のエイドリアン・ザ・ルーマニアンも、そして「デヴィルズ・サム」で書いた若い頃のクラカワー自身も皆、社会に適応できない変人たちである。

クラカワーは、自分自身がそうだったこともあり、こうした変人たちを突き放すことをせず、独特の距離感で描写する。あくまで寄り添い、彼らの心情に共感しつつ、彼らが危険を冒してつかみ取ろうとする何かを、たとえそれがクライミングをしないすべての人から見て無価値であろうと、肯定するのだ。彼の卓越したユーモアは、その変人としか形容しようのないクライマーたちに対する共感の過程から生まれてくる。クライマーが求めているものは言葉で説明することは難しいし、もしかしたらクライミングを究極に突き詰めても、その先端には何もなくて、虚無しかないのかもしれない。しかしその何かを、登ることによって追い求めること自体には価値があるだろう。でも、その追い求める姿勢を真正面から肯定的に文章化してしまうと自己憐憫にしかならない。だから諧謔《かいぎゃく》してユーモアに落とし込むしかないのである。

　基本的にクラカワー作品に通底しているのは、この人間に対する節度ある共感だ。それがもっとも色濃く出ていたのが『荒野へ』のクリス・マッカンドレスに対する文章であるが、『空へ』でも商業ツアー登山に参加する、そもそもエベレストに登る資格のない人たちに対するやさしい視線があったし、『信仰が人を殺すとき』にも、ただ断罪するのではない人間の弱さに対する尽きぬ興味が見て取れた。ユーモアを駆使して変人たちの人間賛歌をうたった本書『エヴェレストより高い山』は、その意味で、その後の作家クラカワーの作品を凝縮した原形質のような作品だといえる。

　私は、クラカワーをもっとも影響を受けたノンフィクション作家と書いたが、その理由は、彼も私と同じように登山・冒険という行為をきっかけに文章作品を書くようになったから、ということだけにあるのではない。それよりむしろ彼のユーモアが今述べたような人間に対して寄り添う姿勢から生まれ出ているというところに、より大きな理由がある。自分も彼のように読んでいて心地よいユーモアに満ちた本を書いてみたい。私にとってそのような高みにあるのが、この『エヴェレストより高い山』というエッセイ集である。

（かくはた　ゆうすけ／ノンフィクション作家、探検家）

エヴェレストより高《たか》い山《やま》
登山《とざん》をめぐる12の話《はなし》

朝日文庫

2018年6月30日　第1刷発行

著　者　ジョン・クラカワー
訳　者　森《もり》　雄《ゆう》二《じ》
発行者　須田　剛
発行所　朝日新聞出版
〒104-8011　東京都中央区築地5-3-2
電話　03-5541-8832（編集）
03-5540-7793（販売）
印刷製本　大日本印刷株式会社

Published in Japan by Asahi Shimbun Publications Inc.
定価はカバーに表示してあります

ISBN978-4-02-261929-7
落丁·乱丁の場合は弊社業務部（電話03-5540-7800）へご連絡ください。
送料弊社負担にてお取り替えいたします。

トーマス・バーゲンソール著／池田 礼子、渋谷 節子訳
アウシュビッツを一人で生き抜いた少年
A Lucky Child

子供が真っ先に「価値なし」と殺された収容所で、最後まで諦めないことを教えた両親の愛情と人々の勇気によって、奇蹟的に生き延びた少年の自伝。

アントニー・ビーヴァー著／堀 たほ子訳
スターリングラード
運命の攻囲戦 1942-1943

第二次世界大戦の転換点となった「スターリングラードの大攻防戦」を描く壮大な戦史ノンフィクション。《解説・村上和久》

エヴァ・シュロス／吉田 寿美訳
エヴァの震える朝
15歳の少女が生き抜いたアウシュヴィッツ

アンネ・フランクの義姉が告白する、『アンネの日記』の続きの物語。十五歳の少女が辿った絶滅収容所の苛烈と解放の足音と。《解説・猪瀬美樹》

河原 理子
フランクル『夜と霧』への旅

強制収容所体験の記録『夜と霧』の著者、精神科医フランクルの「それでも人生にイエスと言う」思想を追うノンフィクション。《解説・後藤正治》

緒方 貞子
私の仕事
国連難民高等弁務官の10年と平和の構築

史上空前の二二〇〇万人の難民を救うため、筆者は難局にどう立ち向かったか。「自国第一主義」が世界に広がる今、必読の手記。《解説・石合力》

慎《シン》 武《ム》宏《アン》
増補版 祖国と母国とフットボール
ザイニチ・サッカー・アイデンティティ

「蹴球は朝鮮の国技」と教えられる在日コリアンサッカー選手たちの様々なドラマを、祖国＝韓国・北朝鮮と母国＝日本への思いを軸に描き出す。

萩尾　望都
一瞬と永遠と
人生の意味、雪の情景、忘れ得ぬ編集者、手塚治虫ら様々な表現作品への思い――。独特の感性と深い思索に圧倒されるエッセイ集。《解説・穂村　弘》

清水　良典
増補版　村上春樹はくせになる
何度も現れる「闇の力」は何を意味する？　主要作品の謎とつながりを読み解く。デビューから『多崎つくる～』まで、主要なハルキ作品を網羅。

高橋　源一郎
非常時のことば
震災の後で
「3・11」以降、ことばはどう変わったのか？　詩や小説、政治家の演説などからことばの本質に迫る、文章教室特別編。《解説・荻上チキ》

中島　みゆき
中島みゆき全歌集
1975-1986
多くのファンの心をとらえ続ける中島みゆき。「時代」「わかれうた」「悪女」など全一七八曲を収録した歌詞集第一弾。《解説・谷川俊太郎》

中島　みゆき
中島みゆき全歌集
1987-2003
四つの年代でシングルチャート一位を獲得している唯一の女性アーティスト。「地上の星」など全二二九曲を収録した歌詞集第二弾。《解説・田家秀樹》

松岡　正剛
知の編集工学
これからの時代に必要とされる「情報編集力」の養い方を詳細に説く。独自の方法論を展開した「編集工学」入門編。《解説・山口昌男》

アレックス・カー
美しき日本の残像
茅葺き民家を再生し、天満宮に暮らす著者が、思い出や夢と共に、愛情と憂いをもって日本の現実の姿を描き出す。《解説・司馬遼太郎》

佐野 洋子
あれも嫌い これも好き
猫・病気・老い・大事な人たち。還暦すぎての刺激的な日々を本音で過激に語るエッセイ集。《解説・青山 南》

佐野 洋子
役にたたない日々
料理、麻雀、韓流ドラマ。老い、病、余命告知——。淡々かつ豪快な日々を綴った超痛快エッセイ。人生を巡る名言づくし！《解説・酒井順子》

丸山 健二
人生なんてくそくらえ
自分の人生を生きるのに、誰に遠慮が要るものか。仕事、親、国家、死に真っ向から挑み、「やりきれない世」を生き抜く力を引き出す孤高の人生論。

車谷 長吉
人生の救い
車谷長吉の人生相談
「破綻してはじめて人生が始まるのです」。身の上相談の投稿に著者は独特の回答を突きつける。凄絶苛烈、唯一無二の車谷文学《ワールド》！《解説・万城目学》

伊藤 比呂美
読み解き「般若心経」
死に逝く母、残される父の孤独、看取る娘の苦悩。苦しみの生活から向かうお経には、心を支える言葉が満ちている。《解説・山折哲雄》